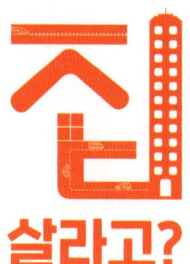

집 살라고?

집 살라고?

발행일 2022년 8월 20일
발행처 인성재단(종이향기)
발행인 조순자
편저자 윤만
편집·표지디자인 김미선

※ 낙장이나 파본은 교환해 드립니다.
※ 이 책의 무단 전제 또는 복제행위는 저작권법 제136조에 의거하여 처벌을 받게 됩니다.

정 가 24,000원   ISBN 979-11-91292-77-0

집 살라고?

 핵심 업무지구 **2**곳 이상 직주근접

강남권, 여의도권, 광화문권
서울 3도심으로 출퇴근이 가능한 지역 역세권 아파트

| 서울 서초구 방배동 ─────── **2호선, 4호선** [사당역세권] | 16 |
| 서울 구로구 신도림동 ─────── **1호선, 2호선** [신도림역세권] | 25 |

강남권, 여의도권, 마곡권
업무지구 3곳으로 출퇴근이 가능한 지역 역세권 아파트

고양시 일산동구 마두동 ─────── **경의중앙선** [백마역세권]   37

여의도권, 광화문권, 마곡권
업무지구 3곳으로 출퇴근이 가능한 지역 역세권 아파트

서울 마포구 공덕동 ─────── **경의중앙선, 공항선, 5호선, 6호선** [공덕역세권]   47

강남권, 여의도권
업무지구 2곳으로 출퇴근이 가능한 지역 역세권 아파트

| 서울 동작구 흑석동 ─────── **9호선** [흑석역세권] | 55 |
| 서울 동작구 본동 ─────── **9호선** [노들역세권] | 63 |

강남권, 판교권
업무지구 2곳으로 출퇴근이 가능한 지역 역세권 아파트

경기 성남시 분당구 이매동	수인분당선, 경강선	이매역세권	71
경기 성남시 수정구 태평동	수인분당선	태평역세권	79
경기 성남시 분당구 정자동	신분당선, 수인분당선	정자역세권	85
경기 용인시 수지구 성복동	신분당선	성복역세권	95
경기 성남시 수정구	수인분당선	가천대역세권	103
경기 광주시 역동	경강선	경기광주역세권	111

강남권, 광화문권
업무지구 2곳으로 출퇴근이 가능한 지역 역세권 아파트

서울 중구 신당동	3호선	약수역세권	119
서울 성동구 금호동	3호선	금호역세권	127
서울 성동구 옥수동	3호선	옥수역세권	135

여의도권, 마곡권
업무지구 2곳으로 출퇴근이 가능한 지역 역세권 아파트

서울 강서구 염창동	9호선	염창역세권	143
서울 강서구 가양동,등촌동	9호선	증미역세권	151
서울 강서구 등촌동	9호선	등촌역세권	159
서울 강서구 가양동	9호선	가양역세권	167

부동산 거래 노하우 현장답사 시 최대한 많은 물건을 봐야하는 이유   175

 핵심 업무지구 **1곳** 이상 직주근접

강남권으로 출퇴근이 가능한 지역 역세권 아파트

고양시 덕양구 행신동	경의중앙선	행신역세권	179
경기 남양주시 별내동	경춘선, 8호선	별내역세권	187
경기 남양주시 다산동	8호선	다산역세권	195
경기도 파주시	GTX-A	운정역세권	203
경기 화성시 동탄	SRT GTX-A	동탄역세권	211
경기도 용인시 기흥구	수인분당선, GTX-A	용인역세권	223
서울 송파구 장지동	위례신사선	위례중앙역세권	231

부동산 거래 노하우 능숙한 모습을 보이는 것이 꼭 좋지는 않다. 239

여의도권으로 출퇴근이 가능한 지역 역세권 아파트

서울 영등포구 신길동	신림선, 신안산선	신풍역세권	241
서울 동작구 신대방동	신림선	보라매공원역세권	249
경기 부천시 중동	1호선	중동역세권	257
서울 영등포구 도림동	신안산선	도림사거리역세권	265

부동산 거래 노하우 매수시 조금이라도 깎아서 사는 방법 273

광화문권으로 출퇴근이 가능한 지역 역세권 아파트

서울 은평구 녹번동	3호선	녹번역세권	275
서울 노원구 월계동	1호선	석계역세권	283
부동산 거래 노하우 세를 빠르게 놓는 방법			293

마곡권으로 출퇴근이 가능한 지역 역세권 아파트

경기 김포시 고촌읍	김포골드	고촌역세권	295
서울 강서구 방화동	5호선, 9호선	방화역세권	301
경기도 김포시 운양동	김포골드	운양역세권	309
부동산 거래 노하우 매도를 좋은 가격에 빠르게 하는 방법			317

판교권으로 출퇴근이 가능한 지역 역세권 아파트

경기 광주시 곤지암읍	경강선	곤지암역세권	319
경기 안양시	4호선	인덕원역세권	327
부동산 거래 노하우 부동산 소장님의 기억에 남는 손님 되기			335

집 살라고
고민 중인 모든 분들께
이 책을 바칩니다.

- **집을 살 것인가 사지 말 것인가?**

이 고민을 하는 사람이 정말 많다.

당장 여러분 주변을 둘러봐도 누군가는 이 고민을 하고 있지 않은가? 무주택자 뿐 아니라 집이 있는 유주택자도 여윳돈이 생기면 '집을 하나 더 살까?' 고민을 한다.

여러분도 같은 고민을 하고 있어서 이 책을 집어 들었을 것이다.

나는 주 1회 유튜브 채널 "땅땅무슨땅"에서 라이브 상담을 진행하고 있다. 구독자들의 질문이 쏟아지는데 대부분이 하는 질문이 이거다.

"지금 집 살까요 말까요?"

"산다면 어디를 살까요?"

부동산 초보중에 초보가 하는 질문이기도 하면서, 또 뼈를 때리는 핵심 질문이기도 하다. 집값이 오를지 내릴지를 물어보는 질문과 함께 어느 지역의 집값이 오를지를 함께 물어본다. 그냥 용하다는 도사님이나 선녀님을 소개해주는 게 더 나을 지경이다.

내 대답은 늘 비슷하다.

"무주택이라면 자금이 준비되면 너무 고민하지 말고 집을 사세요."

"여유가 되면 핵심 업무지구인 강남, 여의도, 용산, 마곡, 판교에 집을 사세요."

"자금이 충분한 게 아니라면 위 핵심 업무지구로 출퇴근이 가능한 지역 중에서 역과 가까운 곳 집을 사세요."

집을 사되 수요가 풍부한 곳을 잘 선별해서 사라는 이야기이다. 집값이 지금 꼭지인지 어깨인지 무릎인지 추측만 할 뿐이지 정확히 알 수는 없다. 부동산 대세 하락기 때에도 가격 방어가 될 수 있고, 상승기 때에는 시세가 많이 오를 수 있는 직주근접이 되는 지역의 역세권 아파트가 답이다.

왜 직주근접 역세권 아파트인가?

주거지(아파트) 투자는 단순하게 접근하는 것이 정답이다. 매매와 임대 수요가 많은 곳을 고르면 틀림없다. 투자 수요가 줄어드는 하락이나 횡보장이 온다고 해도 임차수요(집을 빌려서 거주하는)는 꾸준하기 때문에 현재 삶의 질이 좋은 곳을 고르는 게 중요하다.

삶의 질을 따져 본다면 어떤 것이 가장 중요할까? 집 내부 구조? 아파트 단지의 커뮤니티 시설? 대형마트와의 접근성? 아니면 한강이나 산이 보이는 조망권이 확보된 집? 모두 집을 고를 때 중요한 요소이지만 가장 중요한 건 역시나 직주근접이다. 집살라고 하는 사람 중 일터가 없는 사람은 없기 때문이다

직주근접이란 일자리가 많은 업무지구와 주거지가 거리 뿐아니라

시간 개념까지 포함하여 가까운 것을 이야기 한다.

출퇴근에 쓰는 시간만큼 아까운 것도 없다. 일자리가 많은 업무지구에 살면 가장 좋겠지만 집값이 너무 비싸서 현실적으로 어려움이 있다. 지하철을 타고 일자리까지 출퇴근을 빠르게 할 수 있는 곳이 최적의 주거지가 된다. 그러면 출퇴근에 쓰는 시간이 어느 정도 안쪽으로 들어와야 직주근접이라 할 수 있을까? 내 집에서 나와서 30분이 안 걸리는 시간에 업무지구에 도착할 수 있는 정도는 되어야 '출퇴근하기 괜찮네.'라고 할 수 있다.

여기에는 몇 가지 전제조건이 필요하다.

첫째, 자가 차량이나 버스는 교통량의 흐름에 따라 이동시간에 변수가 있을 수 있으니 정시성이 보장되는 지하철로 이동시간이 30분 안쪽이어야 한다.

둘째, 지하철역에서 집까지 오는 시간이 많이 걸리면 의미가 없기 때문에 집에서 10분 안쪽으로 지하철역에 도착할 수 있어야 하고, 이는 짧을수록 더 좋다.

셋째, 아직 개통하지 않은 노선이라도 구체적인 사업 일정이 정해진 경우이거나 삽을 뜬(공사를 시작한) 노선이라면 지하철 이용이 가능하다고 가정하고 분석한다.

이같이 직주근접의 조건에 해당되는 주거지라면 매매뿐 아니라 임차 수요도 꾸준하기 때문에 가장 안전한 투자처라고 볼 수 있다.

이런 조건으로
분석했어요.

❶ 수도권을 분석했습니다.

대한민국 인구의 절반이 수도권에 살고 있습니다.

많은 분들이 관심을 가지고 보는 지역을 집중 분석 했습니다.

❷ 일자리 밀집지역인 수도권 핵심 업무지구와 접근성이 좋은 곳을 분석했습니다.

강남권, 여의도권, 광화문권, 마곡권 그리고 판교권입니다.

❸ 핵심 업무지구 여러 곳으로 출퇴근이 가능한 곳을 우선하여 분석했습니다.

맞벌이 부부가 많은 만큼 업무지구 1곳 보다는 2곳, 2곳 보다는 3곳으로 출퇴근이 가능한 곳을 우선 분석했습니다.

❹ 분석 내용은 이렇습니다.

+ 업무지구와 물리적 직선거리

+ 지하철 이동시 소요시간

+ 역세권 30평대 아파트 거래 가격

+ 추천 아파트 소개(단지 소개, 거래 가격, 현장답사 시 체크사항)

◇ 도서 집필 당시의 거래 가격을 기록하였기 때문에 책을 보는 시점에는 시세 변경이 있을 수 있습니다. 정확한 실거래가는 '국토교통부 실거래가 공개 시스템' 홈페이지를 참고해 주세요.

◇ 아파트 면적 단위는 m²(제곱미터)로 표기하는게 맞지만, 편의상 현장에서 많이 쓰이는 평 단위로 표기했습니다.

◇ 많은 지역의 다양한 아파트를 분석하다 보니 책에 표기된 정보들에 오류가 있거나 변동된 사항이 있을 수 있습니다. 현장 답사시 반드시 다시 한번 체크하시길 바랍니다.

강남권, 여의도권, 광화문권 업무지구
3도심으로 출퇴근이 가능한 지역 역세권 아파트

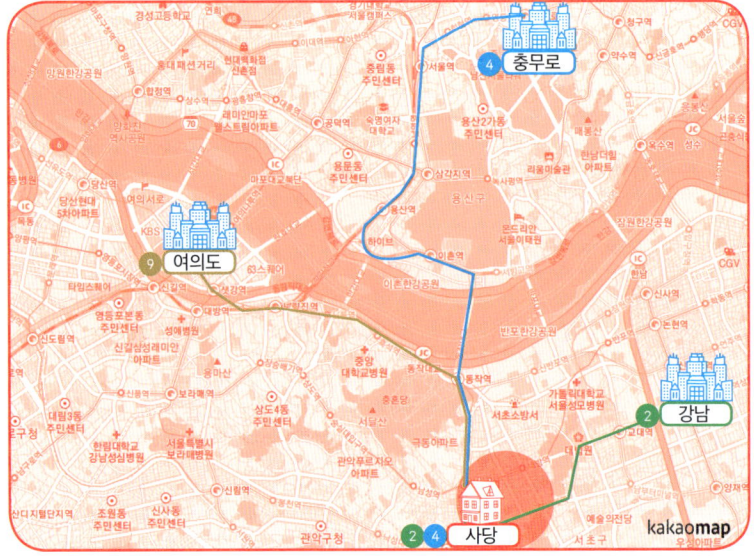

2호선과 4호선 환승역인 사당역세권은 서울 교통의 핵심지라고 볼 수 있다.

그도 그럴 것이 2호선을 타면 강남권으로 직결 연결되고, 4호선을 타면 서울역과 충무로권으로 연결된다. 특히 4호선은 동작에서 9호선으로 환승이 가능해서 여의도권까지의 접근성도 좋다. 세 곳 다 서울의 핵심 일자리 밀집지역이고 이 세 곳을 모두 출퇴근 가능한 곳이 사당역세권 이다. 사당역에서 강남역까지는 직선거리 약 4.8km이고 광화문역 까지는 직선거리 약 11km 여의도역 까지는 직선거리 약 7km이다.

② 사당역 → ② 강남역	
소요시간	약 9분

사당역 탑승 강남역 도착 뭐 부연설명이 필요가 없을 정도로 강남역의 초 직주근접 지역이 사당역세권이다. 2호선 순환선을 타고 사당역에서 강남역까지는 환승없이 4정거장이다. 소요시간은 약 9분으로 사당역은 강남 업무지구의 직주근접 주거지가 된다.

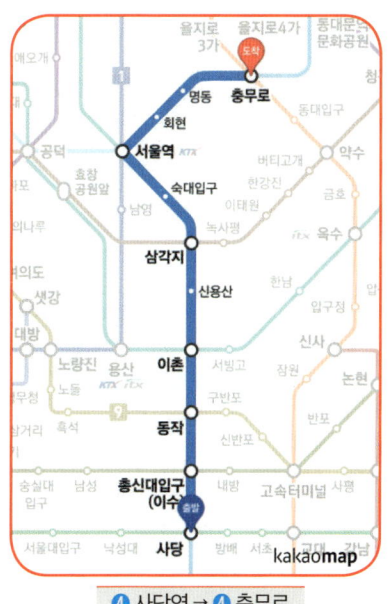

④ 사당역 → ④ 충무로	
소요시간	약 21분

사당역 에서 4호선을 타면 한강을 지나 강북으로 빠르게 이동이 가능하다. 일자리 밀집지역인 신용산, 서울역, 남대문, 충무로를 모두 지나가고, 충무로나 동대문역사공원에서 환승을 하면 광화문, 경복궁까지도 이동이 가능하다. 사당역에서 충무로역까지는 4호선으로 10정거장이다. 소요시간은 약 21분이다.

사당역의 가치가 한 단계 업그레이드된 것이 바로 2009년 9호선 개통이 되면서이다.

4호선을 통한 9호선 환승이 가능해지면서 사당역은 강남권, 광화문권에 이어 여의도권까지도 출퇴근이 가능한 직주근접 핵심 거주지가 되었다.

사당역에서 4호선을 타고 동작에서 9호선으로 환승하면 여의도역까지 빠르게 이동이 가능하다.

9호선 일반 열차 기준 총 7 정거장이고(급행 이용 시 4 정거장) 소요시간은 약 18분이 걸린다.

30평대 아파트 실거래가

강남권
여의도권
광화문권

출처: 호갱노노(국토교통부 제공 데이터, 2022년 7월 11일 기준)

사당역세권이 입지가 좋은 것이야 누구나 쉽게 알 수 있다.
하지만 아쉽게도 사당역 주변은 상업지와 오래된 주택가로 이루어져 있어서 단지형 아파트가 많지 않다.
방배동권으로 재개발 예정인 곳들이 있지만 입주까지는 시간이 많이 필요하다.
사당역세권 단지형 아파트를 살펴보자.

이 아파트 어때요?

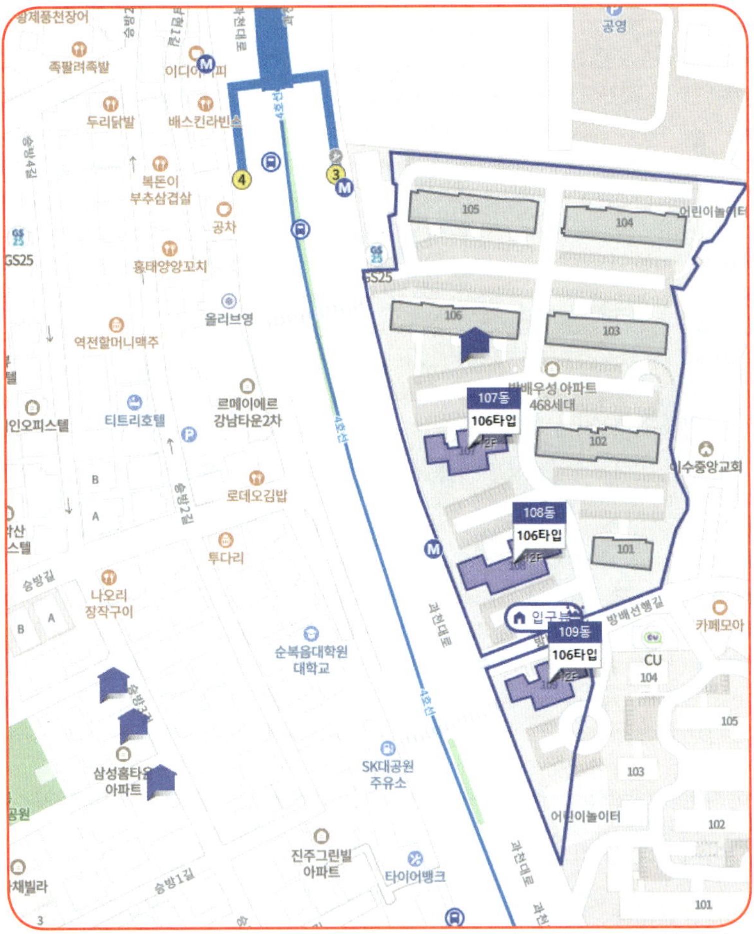

출처: 호갱노노(국토교통부 제공 데이터, 2022년 7월 11일 기준)

아파트명	방배우성	32평 실거래가		
세대수	468세대	15억 6,500	6층	21.04.10
준공년도	1991년	16억 2,000	5층	20.11.17
용적률		13억 6,000	11층	20.06.17
건폐율		12억 5,000	10층	20.04.07

방배우성

강남권
여의도권
광화문권

1991년 입주한 구축 아파트이다.

초역세권 아파트로 강남권 출퇴근하는 주민이 많이 사는 곳이다.

door to 강남역까지 20분이면 충분하기 때문에 강남권 직장인에게 만족도가 큰 곳이다.

연식이 있는 만큼 재건축에 대한 기대감이 있고 구축 아파트라서 주차난이 상당하다.

현장답사시 체크포인트

재건축 대상 아파트의 주차난을 경험해보지 못하였다면 꼭 저녁 8시 이후에 현장을 방문해 보자.

자잘한 차량 흠집 나 문콕에 크게 신경 쓰지 않을 수 있는지 멘탈 체크도 필수.

2중 주차가 필요해서 내 차가 중립기어가 가능한지도 확인이 필요하다.

방음벽이 있기는 하지만 아파트가 대로변에 붙어있기 때문에 도로 쪽 동과 안쪽 동간의 소음도 비교해볼 필요가 있다.

초등학교가 사당역 건너서 위치해 있어서 어린 자녀가 있다면 등하교 동선을 체크해 보자.

이 아파트 어때요?

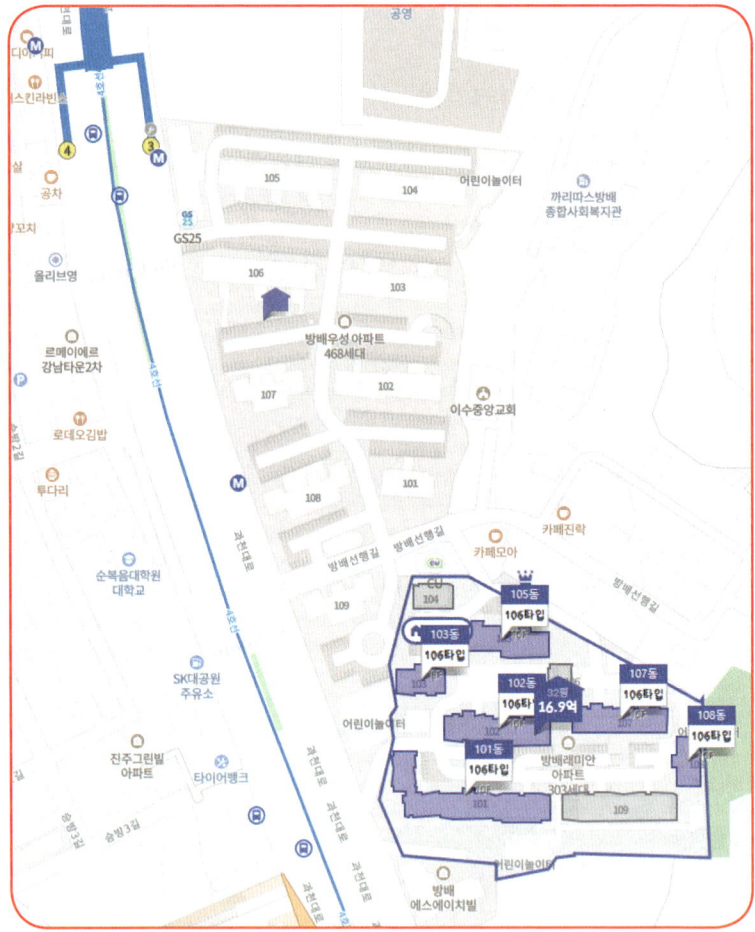

출처: 호갱노노(국토교통부 제공 데이터, 2022년 7월 11일 기준)

아파트명	방배래미안	32평 실거래가		
세대수	303세대	16억 9,000	5층	21.12.22
준공년도	2003년	17억 3,000	6층	21.06.28
용적률	201%	17억 5,000	10층	21.06.26
건폐율	24%	16억 2,000	8층	21.05.05

방배래미안

2003년 입주한 구축 아파트이다.
초 역세권 단지로 강남 출퇴근 만족도가 크다.
주차 스트레스가 없는 편이고 뒤쪽으로 산이 있어서 산바람을 즐길 수도 있다.

강남권
여의도권
광화문권

현장답사시 체크포인트

단지가 도로에서 깊게 들어간 형태라 큰 도로가 쪽 동과 안쪽동 차량 소음을 체크해볼 필요가 있다.
뒤쪽동은 오르막길에 있기 때문에 이동에 불편함이 없는지도 체크포인트이다.
초등학교가 사당역 건너서 위치해 있어서 어린 자녀가 있다면 등하교 동선을 체크해 보자.

땅땅무슨땅의 생각!

서울 서초구 방배동 2호선, 4호선 사당역세권은요~

사당역은 둘째가라면 서러운 지하철 교통의 핵심지이다.

서울을 통틀어서 강남, 강북, 여의도권까지 한 번에 지하철 출퇴근이 가능한 지역을 찾기가 쉽지 않다. 게다가 뒤로 우면산을 끼고 있어서 둘레길 산책도 가능하고, 대형마트도 있어서 장보기도 편하다.

체크해야 할 것은 워낙에 차량 이동이 많은 남태령고개에 위치해 있다 보니 저녁 퇴근시간에는 과천 쪽에서 넘어오는 차량의 정체가 심하다. 2곳 아파트 모두 차량으로 진입 시 정체구간에 내가 섞이게 되는 경우가 있어서 현장답사 시에는 오후 6~8시 사이에 꼭 가보기를 추천한다.

대로변이라 차량 소음의 정도도 체크해 봐야 한다. 소개한 두 아파트 모두 행정구역상 서초구인 방배동에 들어가는 것은 장점이지만, 현재는 사당역 주변으로 주거지보다는 상업지 위주로 형성되어 있어서 주거지로서의 색을 잘 내지 못한다는 아쉬운 점도 있다.

하지만 근 미래에 방배 5구역, 13구역, 14구역, 15구역 등 사당역 주변 재개발이 완료된다면 사당역세권이 주거지로서의 가치가 많이 올라갈 것이다.

강남권, 여의도권, 광화문권 업무지구
3도심으로 출퇴근이 가능한 지역 역세권 아파트

신도림역세권

서울 구로구 신도림동 ──────── 1호선, 2호선

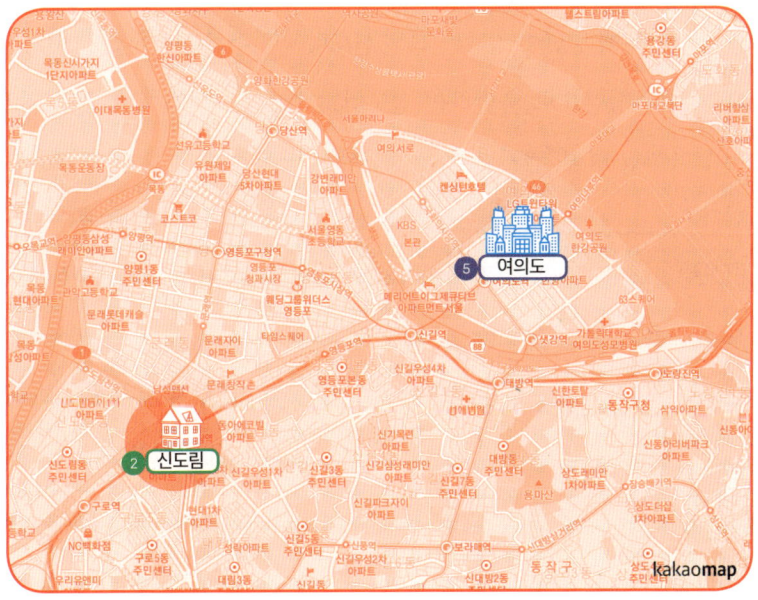

여의도와 신도림은 멀고도 가까운 느낌이 드는 곳이다.

물리적 직선거리는 3.3km 정도로(신도림역-여의도역) 가깝지만 두 지역 사이에 영등포라는 구도심권이 자리 잡고 있어서 신도림에서 여의도를 가려면 영등포를 통과해야 한다는 심리적 거리감이 있다.

게다가 신도림역에서는 환승 없이 여의도 내부로 들어오는 지하철 노선이 없다.

하지만 1호선 신길역에서 노들로 쪽으로 작은 다리를 건너면 여의도로 넘어갈 수 있고 대방역에서도 여의교를 걸어서 넘어가면 여의도 샛강역 쪽으로 바로 연결이 된다.

다리 길이는 약 300미터 정도로 도보로 5분 정도면 건너갈 수가 있다.

신도림역과 강남역은 물리적 거리로는 직선거리 약 12km로 출퇴근권으로는 어렵다고 생각될 수 있는데 2호선으로 환승 없이 강남으로 이어지기 때문에 강남이 직장인 경우 신도림에 거주하는데 무리가 없다.

특히 강남 방면으로 출발하는 신도림발 2호선 열차를 4번 승강장에서 탑승하면 텅 빈 열차가 오기 때문에 앉아서 편하게 강남까지 갈 수 있다.

신도림역에서 광화문권 시청역까지는 직선거리 약 10km이고 2호선으로 환승 없이 갈 수가 있다.

신도림역은 1호선, 2호선 환승역으로 강남, 여의도, 시청 서울의 핵심 업무지구 3곳을 모두 지하철로 갈 수 있는 직주근접 주거지이다.

신도림역에서 신길역까지는 1호선으로 2 정거장, 소요시간은 약 5분이다. 신길역에서 여의도로 도보로 이동하는 5~10분의 시간을 생각해도 신도림은 여의도 직주근접 지역이라고 볼 수 있다. 직장이 여의도의 동쪽이라면 한정거장 더 가서 대방역을 이용하여 여의도로 도보 진입한다고 해도 고작 1~2분 정도 추가시간이 소요되는 정도이다.

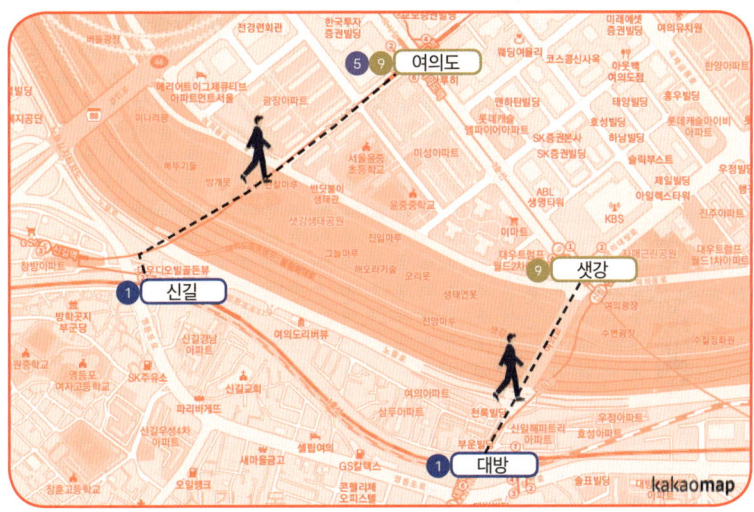

❷ 신도림 → ❷ 강남	
소요시간	약 27분

신도림역에서 강남역까지는 2호선으로 환승 없이 약 27분이면 도착을 한다.

신도림역에서 시청역까지는 2호선으로 환승 없이 약 20분이면 도착한다.

❷ 신도림 → ❷ 시청	
소요시간	약 20분

30평대 아파트 실거래가

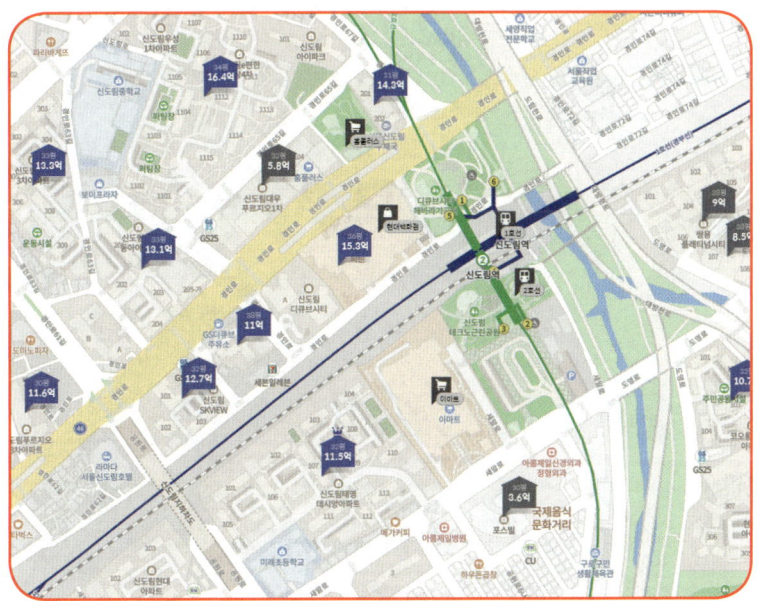

출처: 호갱노노(국토교통부 제공 데이터, 2022년 7월 11일 기준)

신도림역 서측 방향으로 단지형 아파트 밀집지역이 있다.
대부분이 2000년대에 입주한 아파트로 입주 20여년차가 되어간다.
많은 단지들에 30평형대 아파트가 있다.

이 아파트 어때요?

출처: 호갱노노(국토교통부 제공 데이터, 2022년 7월 11일 기준)

아파트명	신도림태영타운
세대수	1,252세대
준공년도	2000년
용적률	316%
건폐율	20%

32평 실거래가		
직10억 2,000	18층	22.06.08
직11억 5,000	7층	22.04.20
11억 5,000	12층	22.01.22
11억 6,000	2층	21.10.01

신도림태영타운

강남권
여의도권
광화문권

1252세대 대단지 아파트이다.

1호선,2호선 신도림역은 도보로 10분 정도 소요된다.

워낙 입지가 좋고 대단지이다 보니 신도림 이야기를 하면 늘 화두가 되는 아파트이고 미래초등학교를 품고 있는 초품아 아파트라서 학령기 자녀를 둔 가정에서 선호하기도 한다.

단지가 이마트와 붙어있고 길 건너 쪽에는 현대백화점이 있어서 생활 편의성이 매우 뛰어나다.

연식이 있지만 지하주차장도 2개 층이나 있고, 주차면적이 세대당 1.5대 이상이라 주차공간도 여유가 있고 전기차 충전기도 설치가 되어 있다.

역과 가까울뿐 아니라 도림천로도 근거리에 있어서 수변길 산책이나 자전거 타기에도 좋다.

실거래는 11억~12억 선에서 이루어지고 있고 동이 나 향에 따라 조금씩 가격차이가 있다.

현장답사시 체크포인트

초품아 아파트인 만큼 초등학교 저학년 자녀가 있는 가정이라면 선호할 아파트이다. 대단지에 속하는 아파트인 만큼 동 입구에서부터 초등학교까지의 도보 이동 동선을 파악해 보자.

철길과 가까우니 소음에 민감하다면 전철이 지나갈 때 잘 체크해 보자.

운동을 좋아한다면 단지 내 헬스장 시설도 직접 확인하자.

이 아파트 어때요?

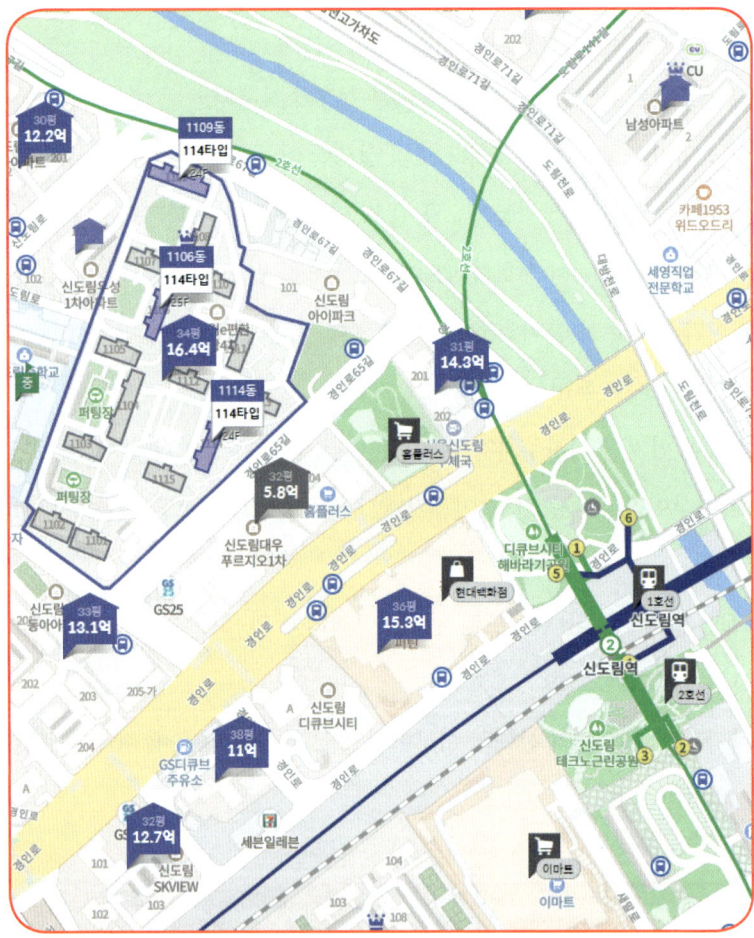

출처: 호갱노노(국토교통부 제공 데이터, 2022년 7월 11일 기준)

아파트명	신도림4차e편한세상
세대수	853세대
준공년도	2003년
용적률	249%
건폐율	13%

34평 실거래가		
16억 3,500	19층	21.10.13
14억 7,500	2층	21.08.18
15억 3,500	23층	21.07.02
15억 2,300	11층	21.06.02

32 집 살라고?

신도림4차 e편한세상

강남권
여의도권
광화문권

853세대 대단지 아파트이며 이제 20년 차가 된 브랜드 아파트이다.

1호선 2호선 신도림역은 도보로 5분 정도 걸린다.

구조도 좋고 건폐율 13%로 단지 내 쾌적성도 확보가 되어서 이 지역 일대 아파트들 중 대장으로 불린다.

단지 내 조경이 잘 되어있어서 쾌적성이 극대화된 곳이다.

그만큼 가격도 비싼데 34평형이 실거래가 16억대까지 거래가 있었다.

신도림역 역세권 아파트이며 마트 백화점 등 생활 편의성도 뛰어나다.

주차는 매우 여유가 있어서 주차 걱정은 전혀 할 필요가 없다.

신도림초 신도림중이 지근거리에 있어서 학령기 자녀가 있는 가정에게 인기도 많다.

현장답사시 체크포인트

안양천이 옆에 위치한 만큼 안양천공원을 도보로 다녀와 보자.

이 아파트 어때요?

출처: 호갱노노(국토교통부 제공 데이터, 2022년 7월 26일 기준)

아파트명	디큐브시티		36평 실거래가		
세대수	524세대		15억 3,000	27층	21.08.31
준공년도	2011년		14억 9,000	37층	21.05.11
용적률	746%		13억 6,000	45층	20.12.23
건폐율	56%		12억	19층	20.11.17

디큐브시티

강남권
여의도권
광화문권

1호선 2호선 신도림역 초 역세권의 주상복합 아파트이다.

2011년 입주로 아직도 신축 느낌이 나고 디큐브시티, 현대백화점 등 몰세권으로 생활 편리성이 극대화된 아파트이다.

아파트 지하로 현대백화점, 마트, 영화관, 지하철, 서점이 모두 연결이 되기 때문에 진정한 슬세권(슬리퍼 신고 다니는 곳)이라 할 수 있고 30층에 자체 키즈카페가 있어서 유아가 있는 가정에게도 선호도가 높다. 입지나 편의성 등에서 알 수 있듯이 가격대도 신도림에서 고가에 속하는데 실거래가가 15억대까지 이루어졌다.

층간소음이 없도록 설계가 잘 되었다는 평들이 많고 철길 옆이지만 새시가 워낙 잘되어있어서 창문을 닫으면 철도소음은 들리지 않는 수준이다.

헬스장 시설이 고급스러운 것으로 알려져 있는데 옆 쉐라톤과 동일한 라이프 피트니스사 제품으로 알려져 있다.

현장답사시 체크포인트

지하 통로로 역과 백화점이 연결되어 있다는 게 얼마나 편리한 건지 직접 다녀와 보자.

30층에 벽까지 쿠션 처리가 된 큰 놀이방이 있는데 아이와 함께 이곳을 들리게 된다면 다른 아파트 선택은 어려워 지기 때문에 아이 없이 부모님들만 살짝 보고 오자. 1층에 어린이집에 들어갈 수 있는 조건이 되는지 방문하여 확인해 보자.

사우나 등 주민 커뮤니티 시설은 꼭 둘러보고 오자.

땅땅무슨땅의 생각!
서울 구로구 신도림동 1호선, 2호선 신도림역세권은요~

과거의 신도림은 공장이 많은 공업지역으로 그 낙후된 이미지가 굉장히 오랫동안 지속되었었다. 하지만 2000년대에 들어서면서 신축 아파트들이 생겨나기 시작했고 디큐브시티라는 복합몰과 주상복합 아파트까지 들어오면서 역세권 주거지이며 생활편의성이 뛰어난 곳으로 새롭게 평가받기 시작했다.

30평대 아파트가 10억대 중반으로 서울 웬만한 이름 있는 동네와 견주어도 될 정도의 시세를 형성하고 있다. 오래되고 낡은 지하철 1, 2 호선이지만 워낙에 핵심지를 지나가는 노선이라서 여의도 강남 광화문 구로디지털단지 등 부부의 일자리가 서로 다른 가정에게 최고의 선택지가 신도림이라고 볼 수 있다. GTX가 통과할 예정이라 투자자 입장이라면 GTX 진행상황을 예의 주시해서 봐야 할 부분이다.

신도림에서 안양천을 건너면 목동으로 연결되기 때문에 목동 학원으로 라이딩이 가능하다면 자녀교육도 문제가 없다.

투자로도 실 거주로도, 미래가치뿐 아니라 현재 편의성까지도 모두 챙길 수 있는 곳이 신도림 역세권이라고 볼 수 있다.

강남권, 여의도권, 마곡권 업무지구
3곳으로 출퇴근이 가능한 지역 역세권 아파트

백마역세권

고양시 일산동구 마두동 ──────── 경의중앙선

경의중앙선 백마역 앞에 있는 지역이 고양시 일산동구 마두동이다.

백마역에서 강남까지는 직선거리 약 28km 정도로 자가 차량이든 지하철이든 출퇴근하기에는 부담스러운 거리이다.

하지만 GTX-A노선을 백마역 인근 대곡역에서 탈 수 있기 때문에 GTX-A노선 개통 후에는 백마역세권이 강남으로 출퇴근이 가능한 지역이 된다.

GTX-A노선은 2024년 정도에 개통 예정이다.

백마역에서 마곡 업무지구까지는 직선거리 약 11km, 여의도 업무지구까지는 직선거리 약 19km이다.
물리적 거리가 멀지는 않지만 지하철 교통편이 불편해 백마역에서 마곡이나 여의도는 출퇴근권이 아니었다.
하지만 김포공항에서 일산으로 올라오는 서해선이 개통되면 백마에서 김포공항까지 서해선을 타고 이동해서 공항선, 5호선, 9호선으로 환승하면 마곡 업무지구와 여의도까지 빠르게 이동이 가능하다.
서해선 백마역은 2023년 개통 예정이다.

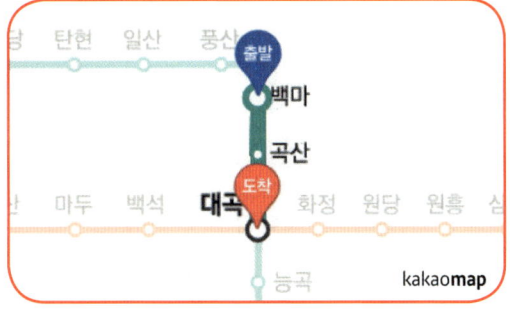

경의 중앙선 백마역에서 2 정거장, 소요시간 약 4분이면 대곡역으로 이동이 가능하다.

대곡에서 GTX-A노선을 탑승하면 강남 삼성역까지 십여분 만에 도착하기 때문에 환승시간을 감안해도 백마역에서 강남 삼성역 하차까지 20분대면 가능하다.

GTX-A 노선 개통은 2024년으로 예정되어 있는데, 삼성역의 경우에는 지하 7층 규모 복합환승센터 신규 조성으로 인해 개통까지 몇 년정도 더 소요될 예정이다.(2028년 예정)

삼성역 개통이 지연되기 때문에 수서역은 차질 없이 개통될 것이라고 하니 강남권까지 개통이 2년여 남은 상황이다.

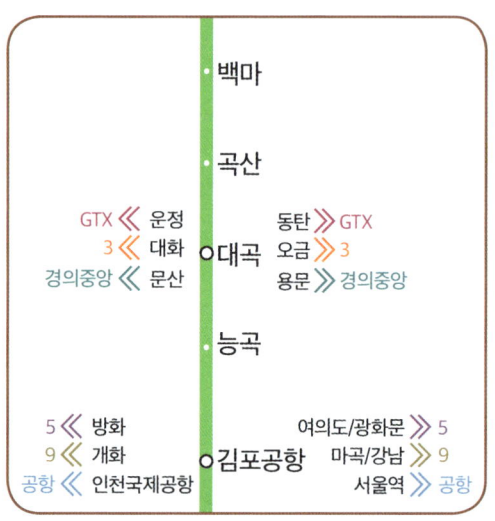

백마역에서 서해선을 타면 김포공항까지 4 정거장이면 도달한다. 김포공항에서 공항선, 5호선, 9호선을 이용하면 마곡 업무지구와 여의도 업무지구까지 도달이 가능하다.

서해선이 개통되면 백마역에서 마곡나루역까지 1회 환승 총 5 정거장이면 도달이 가능하고, 백마역에서 여의도역까지 1회 환승 총 9 정거장(급행 기준)이면 도달이 가능하다.

30평대 아파트 실거래가

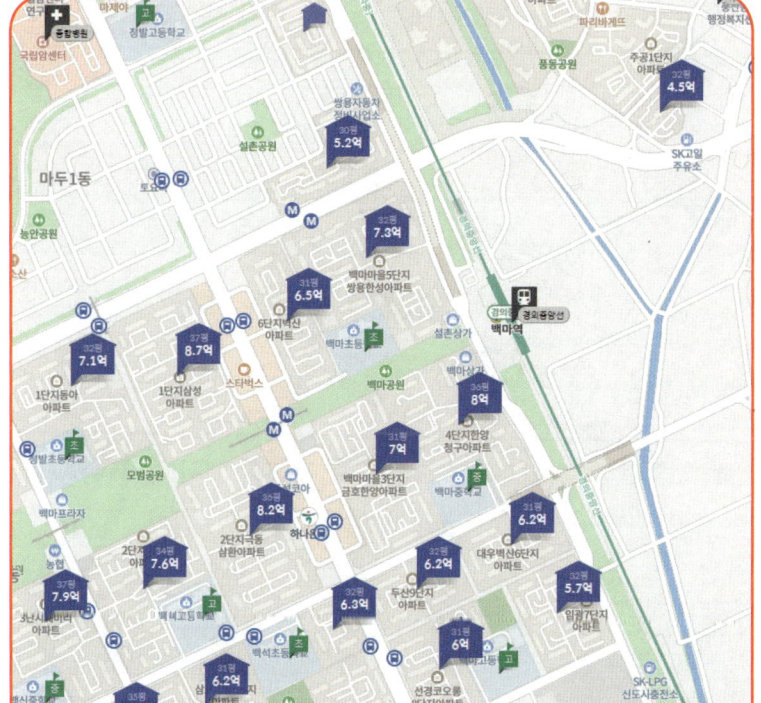

출처: 호갱노노(국토교통부 제공 데이터, 2022년 7월 26일 기준)

백마역세권 아파트 단지들은 대부분이 90년대에 입주를 했다.

아파트 밀집 지역으로 다양한 평형대가 있다.

이 아파트 어때요?

출처: 호갱노노(국토교통부 제공 데이터, 2022년 7월 11일 기준)

아파트명	백마마을5단지
세대수	1,152세대
준공년도	1994년
용적률	168%
건폐율	15%

32평 실거래가		
7억 3,000	8층	22.06.11
7억 3,500	15층	21.12.11
6억 7,000	18층	21.06.25
6억 6,000	18층	21.06.19

백마마을5단지

백마역 초역세권 단지이다.
백마초등학교를 단지내에 품고있는 역세권+초품아 아파트이면서 1기 신도시 재건축 이슈 호재를 한몸에 받고있는 단지이다.

강남권
여의도권
마곡권

현장답사시 체크포인트

새 정부 부동산 핵심정책인 1기신도시 재건축 이슈가 있는 단지인 만큼 재건축 관련해서(용적률 상향 혜택 적용 가능 등)특이사항이 있는지 상세히 문의해 보자. 근접해 있는 백마역, 백마초등학교, 학원가를 도보로 다녀보자.

🏢 **이 아파트 어때요?**

출처: 호갱노노(국토교통부 제공 데이터, 2022년 7월 26일 기준)

아파트명	백마마을4단지	36평 실거래가		
세대수	668세대	7억 9,500	13층	22.06.24
준공년도	1994년	7억 6,500	5층	22.05.16
용적률	182%	7억 7,000	3층	22.03.21
건폐율	7%	8억 2,000	11층	22.02.12

백마마을4단지

백마역 초 역세권 아파트이자 36평형 48평형 대형평형으로만 이루어진 단지이다.

백마중학교를 단지내에 품고있는 역세권+중품아 아파트이면서 1기신도시 재건축 이슈 호재를 한몸에 받고 있는 단지이다.

강남권
여의도권
마곡권

현장답사시 체크포인트

새 정부 부동산 핵심정책인 1기신도시 재건축 이슈가 있는 단지인 만큼 재건축 관련해서(용적률 상향 혜택 적용 가능 등)특이사항이 있는지 상세히 문의해 보자.
초등학교 중학교 백마역 그리고 중심 학원가까지 도보로 다녀보자.
건폐율 7%가 주는 현장의 쾌적성(동간거리)을 느껴보자.

고양시 일산동구 마두동 경의중앙선 백마역세권은요~

마두동 백마역세권은 1년 후 개통 예정인 서해선 백마역, 2년 후 개통 예정인 대곡역 GTX-A 노선의 호재까지도 한번에 받는 지역이다.

본문에는 적지 않았지만 백마역에서 경의 중앙선을 타면 환승 없이 상암 DMC까지 약 20분, 홍대 입구까지는 약 25분 소요된다.

현재도 상암동 방송국 쪽 직장인이나, 홍대 상권 종사자들도 주거지로 볼 수 있는 곳이 백마역세권이다.

새 정부의 1기신도시 재건축 인센티브 정책이 윤곽을 나타내게 되면 일산지역 역세권 아파트들의 미래가치는 한번 더 올라가게 된다.

거기에 더해서 GTX-A노선 호재와 서해선 호재까지 한꺼번에 받는 백마역세권 아파트들의 인기는 더욱 높아질 것으로 보인다.

근 미래에 강남, 여의도, 마곡, 상암, 홍대까지도 출퇴근이 가능하게 될 지역이면서 재건축 이슈도 꾸준한 곳이 백마역세권이고, 그런곳의 30평대 아파트를 7억 원대에 살 수 있다는 것은 좋은 기회일 수 있다.

여의도권, 광화문권, 마곡권 업무지구
3곳으로 출퇴근이 가능한 지역 역세권 아파트

공덕역세권

서울 마포구 공덕동 ──── 경의중앙선, 공항선, 5호선, 6호선

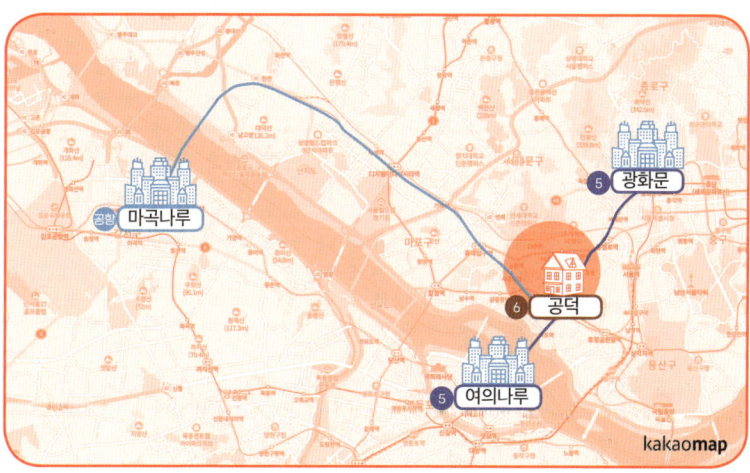

공덕역은 경의 중앙선, 공항선, 5호선, 6호선까지 무려 4개의 노선이 지나가는 황금 역세권이다.

쿼드러플 역세권이라는 흔치 않은 환승역이고 그에 걸맞게 여의도, 광화문, 마곡 등 서울의 주요 업무지구까지 빠르게 이동이 가능하다.

공덕역에서 여의도역까지 직선거리로 약 3.5km이고 광화문역까지는 직선거리로 약 3.8km이다.

마곡나루 역까지는 직선거리 약 11.2km로 물리적 거리가 좀 되지만 공항선을 이용하면 공덕역과 마곡나루 역도 충분히 출퇴근이 가능하다.

지하철

공덕역에서 여의도역까지는 5호선으로 환승 없이 3 정거장, 소요시간 약 5분이다. 광화문역까지도 5호선으로 환승 없이 4 정거장, 소요시간은 약 7분이다. 공덕동은 여의도와 광화문의 직주근접 주거지가 되고, 역세권 아파트에 산다면 door to 광화문역, 여의도역까지 15분 안쪽이면 도착이 가능하다.

공덕역에서 마곡나루 역까지는 공항선으로 환승 없이 3 정거장, 소요시간 약 14분이다. 여의도, 광화문, 마곡나루 모두 공덕역에서 지하철로 단시간에 도달이 가능한 업무지구이다.

30평대 아파트 실거래가

출처: 호갱노노(국토교통부 제공 데이터, 2022년 7월 27일 기준)

공덕역 주변으로 단지형 아파트들이 많이 있다.

초 역세권 아파트부터 도보로 5분 이상 이동해야 하는 아파트까지 역에서 가까운 곳에서 먼 곳까지 다양한 아파트들이 있고, 입 주년 차도 초신축부터 20년 넘은 구축까지 다양하게 존재한다.

대단지도 있고 100세대 겨우 넘는 작은 단지도 있고, 주거용 오피스텔도 많이 있다.

다양한 주거형태가 존재하는 것만 봐도 쿼드러플 역세권이라는 게 실감이 나는 곳이 공덕역 주거지이다.

이 아파트 어때요?

출처: 호갱노노(국토교통부 제공 데이터, 2022년 7월 27일 기준)

아파트명	공덕삼성1차	34평 실거래가		
세대수	651세대	15억 6,000	13층	22.03.23
준공년도	1999년	16억 1,000	14층	21.11.19
용적률	266%	16억 2,500	9층	21.10.19
건폐율	18%	15억 4,000	13층	21.08.20

공덕삼성1차

1999년 입주한 구축 아파트이다.

공덕역 초역세권 아파트로 아파트 입구에서 공덕역 5호선 출입구까지 5분 컷이 가능하다.

큰 도로에서 살짝 들어간 곳에 위치해 있어서 초 역세권이면서 차량 소음이 없는 단지이다.

학교, 마트 모두 지근거리에 있어 생활 편리성이 뛰어나다.

최근 리모델링 추진위가 결성되었고, 워낙에 입지가 좋은곳이라 리모델링 후 신축이 되었을 때 어느 정도의 가치를 할지 기대가 되는 단지이다.

현장답사시 체크포인트

지하주차장이 있지만 아파트로 연결되는 형태는 아니기 때문에 주차장에서 집으로 들어가는 동선을 파악해 보자.

5호선 출입구까지는 초 근접 거리지만 공항선이나 경의선 탑승구까지 가는길은 익숙해질 필요가 있다

공항선 경의선 탑승구까지도 도보로 이동해 보자.

최근 리모델링 추진위가 결성되었으니 현재까지의 진행상황, 추가분담금, 입주 시 받는 평형 등 현장에 얻을 수 있는 최신 정보를 알아보자.

이 아파트 어때요?

출처: 호갱노노(국토교통부 제공 데이터, 2022년 7월 27일 기준)

아파트명	공덕파크자이	34평 실거래가		
세대수	288세대	17억 7,000	4층	22.04.01
준공년도	2015년	17억 8,000	7층	22.03.19
용적률	453%	17억 2,000	12층	21.12.31
건폐율	52%	17억 4,000	12층	21.10.14

공덕파크자이

2015년 입주한 비교적 신축인 아파트이다.

공덕역세권 아파트들이 약간 오르막에 위치한 곳들이 많은데 공덕 파크자이는 대로변 완벽한 평지에 위치해 있다.

신축답게 헬스장, 독서실, 골프장 등 주민 커뮤니티 시설이 잘 되어 있고 주차도 여유가 있다.

288세대로 소형단지라서 커뮤니티 시설이 좀 작다는 아쉬움은 있다.

도보권에 마트 병원 학교 경의선 숲길 스타벅스까지 있어 생활편의성이 아주 뛰어나고 공덕역세권 아파트들 중에서도 최고의 입지를 자랑한다.

> **현장답사시 체크포인트**
>
> 맞바람이 잘 들이치는 타입의 집들이 있으니 집을 보기 전에 부동산에 물어보자. 헬스장 등 커뮤니티 시설이 있지만 규모가 작다고 느낄 수 있으니 현장에서 확인해 보자.

땅땅무슨땅의 생각!

서울 마포구 공덕동 경의중앙선, 공항선, 5호선, 6호선 공덕역세권은요~

부동산 투자의 핵심 키워드 딱 하나만 고른다면 두말할 거 없이 교통이다.
교통이 편리한 곳에 사람이 몰리게 되어있고 매매수요뿐 아니라 임차수요, 곧 전월세 수요도 꾸준할 수밖에 없다.
부동산 대세 하락장이 와도 환승역세권 아파트들은 전세 가격이 받쳐주기 때문에 하락폭도 최소화할 수 있다.
지하철 4개가 지나가는 쿼드러플 역세권이 마포구 공덕동 공덕역이다.
미래에는 여의도가 종착역인 신안산선도 공덕을 거쳐서 서울역까지 연결될 예정이어서 그때에는 팬타 역세권으로 교통 왕이라는 유명세를 더욱 떨치게 될 곳이 공덕역이다.
여의도 2 정거장, 광화문 4 정거장, 마곡 3 정거장 그리고 최근 떠오르는 대통령 집무실이 들어온 용산도 경의 중앙선으로 2 정거장 5분이면 도달한다.

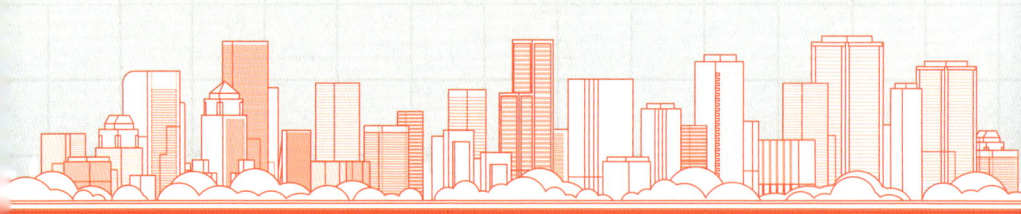

강남권, 여의도권 업무지구
2곳으로 출퇴근이 가능한 지역 역세권 아파트

흑석역세권

서울 동작구 흑석동 ─────── 9호선

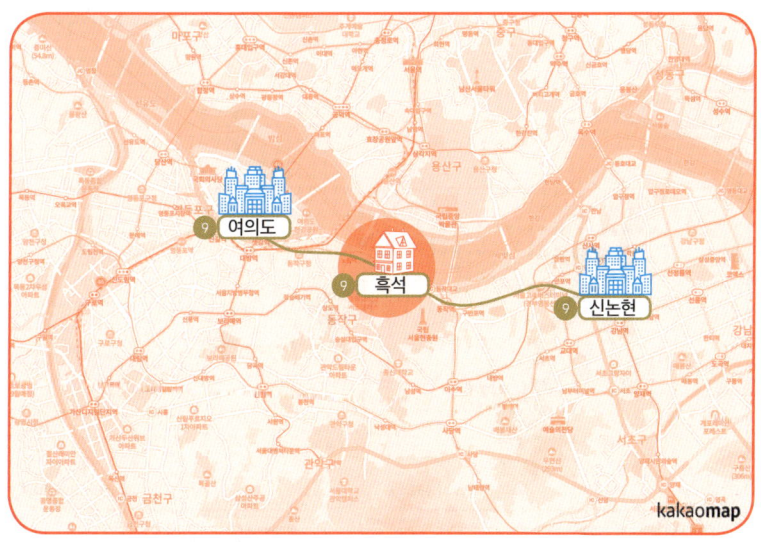

서울 핵심지를 동서로 가로지르는 황금노선 9호선 흑석역이 서는 지역이 흑석동이다.

흑석동은 과거 언덕에 주택가가 빼곡히 들어선 지역이었는데 재개발 사업 진행과 9호선 개통이라는 큰 이슈가 생기면서 많은 사람이 찾는 주거지로 탈바꿈하였다.

구역 해제된 곳들도 결국 다시 진행될 거라는 기대감에 투자자들의 관심이 끊이지 않는 곳이기도 하다.

핵심 일자리 여의도와 강남의 중간쯤에 위치해 있어서 맞벌이 부부 일자리가 이 두 곳으로 갈라진다면 주거지로 선택하기 좋은 지역이다.

흑석역과 여의도역은 직선거리로 3.7km 정도 되고, 흑석역과 강남 신논현역은 직선거리고 5.6km 정도이다.

물리적 거리도 멀지 않고 지하철 9호선을 이용하면 직주근접이 가능한 곳이 흑석동이다.

9호선 흑석역에서 여의도역까지는 소요시간 약 8분, 정거장 수로는 4 정거장이다. 역세권 아파트에 거주한다면 door to 여의도역까지 20분이면 충분하다. 흑석역에서 강남역이 위치한 9호선 신논현역까지도 환승 없이 14분이면 가능하다. 정거장 수로는 6 정거장이고 중간에 고속터미널 역에서 7호선으로 환승하면 논현, 학동, 강남구청, 청담 등 강남 일대로의 이동이 가능하다. 흑석역이 급행역은 아니어서 출퇴근 시간에도 승하차에 큰 불편함은 없다.

30평대 아파트 실거래가

출처: 호갱노노(국토교통부 제공 데이터, 2022년 7월 27일 기준)

흑석동이 한강변에 있는 만큼 한강뷰 확보가 가능한 곳과 아닌 곳의 차이가 있다.

또 신축단지들과 구축 단지, 재개발 주택이 섞여있다 보니 흑석동의 시세를 알아볼 때는 잘 구분지어서 체크해봐야 한다.

이 아파트 어때요?

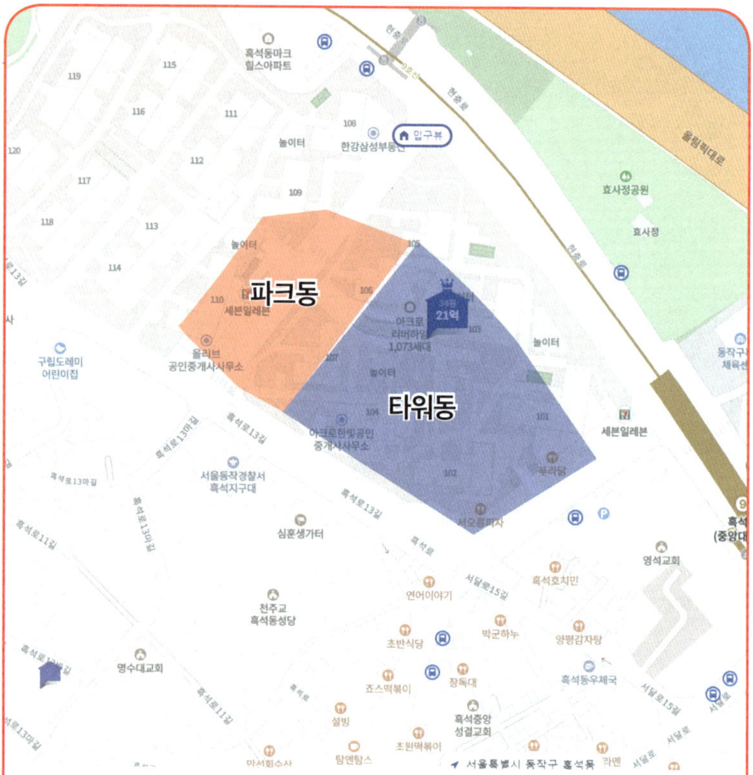

출처: 호갱노노(국토교통부 제공 데이터, 2022년 7월 27일 기준)

아파트명	아크로리버하임
세대수	1,073세대
준공년도	2019년
용적률	205%
건폐율	30%

34평 실거래가		
21억	11층	22.05.26
24억 8,000	10층	22.04.16
25억 4,000	5층	22.02.11
23억	11층	21.12.18

아크로리버하임

아크로라는 이름값만으로도 가격 프리미엄이 붙는다.
그중에서도 한강변에 있는 아크로들은 늘 신고가 갱신으로 이슈가 되는 단지들이고 흑석역 초역세권 아크로 리버하임도 마찬가지이다.
타워동과 파크동으로 나뉘어 있는데 타워동은 일반적으로 생각하는 타워 형태의 아파트이고 파크동은 도심 속에서 전원 느낌을 낼 수 있는 타운하우스 형태이다.
단지 인근에 용양봉저정공원 산책길도 잘 되어있다.
2018년 입주 프리미엄 브랜드에 초역세권 한강변 아파트로 흑석동 대장 아파트로 자리 잡았다.

강남권
여의도권

현장답사시 체크포인트

타워동과 파크동은 비교가 의미 없을 정도로 다른 주거지이다.
입지가 같아서 두 곳을 현장에서 비교하는 경우도 있는데 내 취향이 어떤 것인지는 어느 정도 미리 결정하고 가는 게 좋다.
한강변 아파트인 만큼 전망 값이 있다는 것을 인지하고 가격을 체크하자.
한강뷰 고층을 선택하게 된다면 지역 대장 아파트 중에서 RR(로열동 로열층)이 되는 것이다.

이 아파트 어때요?

출처: 호갱노노(국토교통부 제공 데이터, 2022년 7월 27일 기준)

아파트명	명수대현대
세대수	660세대
준공년도	1988년
용적률	
건폐율	

30평 실거래가		
16억 2,000	3층	21.08.17
16억 4,000	7층	21.07.31
15억	7층	21.04.12
15억	7층	21.01.06

명수대현대

1988년에 한강변에 입주한 구축 아파트이다.

흑석역 2번 출구에서 도보로 5분이 안 되는 거리이고 단지 옆에 흑석초등학교가 있다.

구축 아파트라서 주차는 2중 3중으로 해야 할 만큼 불편함이 있다.

단지에서 한강 연결이 된다는 점, 흑석동이 오르막이 많은데 평지에 위치한 단지라는 점이 장점이다.

한강뷰가 가능한 동이 있고, 초등학교가 보이는 동도 있다.

매일 겪는 주차난과 생각지 못한 수리비 등이 있을 수 있지만, 재건축이나 리모델링이 되고 나면 브랜드에 따라 흑석동 최고의 아파트로 탈바꿈할 수도 있다.

강남권
여의도권

현장답사시 체크포인트

최고의 입지를 자랑하지만 2중 주차를 경험해보지 못했다면 7시 이후 방문하여 주차 상황을 직접 느껴보도록 하자.

재건축 대상이긴 하지만 안전진단 신청도 해야 하는 단계라서 실제 재건축 진행 후 실입주까지 하려는 생각이라면 시간이 많이 필요하다는 것을 인지하고 둘러보자.

중앙난방이라 별도 난방 조절이 없으니 집에 들어가면서 느껴지는 실내온도를 느껴보자.

땅땅무슨땅의 생각!

서울 동작구 흑석동 9호선 흑석역세권은요~

9호선 효과를 아주 톡톡히 보고 있는 곳이 흑석동 9호선 흑석역세권 아파트들이다. 얼마 전만 해도 좁은 길 언덕 주택가에 업무지구로 이동하려면 버스를 기다려 타야 하는 지역이었다. 하지만 역시 부동산은 입지 아니겠는가?
한강변에 자리 잡은 덕에 여의도와 강남을 잇는 9호선이 흑석동에 서게 되었고, 아크로 리버하임, 마크힐스 등 한강뷰가 멋지게 펼쳐지는 고급 브랜드 아파트들도 입주를 했다. 이젠 흑석 아크로 산다, 마크힐스 산다 이야기하면 누구나 고급 주거지 고급 아파트에 산다는 느낌을 갖게 되었고 흑석동 자체의 이미지를 업그레이드시키는데 큰 역할을 하기도 했다. 9호선 지하철로도 여의도 강남권 이동이 편리한데, 현충로 라인으로 버스 노선도 많아서 여의도 강남 외에 용산이나 서울역 등으로의 이동도 편리하다. 대단지 아파트 주거지 치고 주위 인프라가 부족한 부분이 있다. 백화점은 용산이나 여의도 반포 등에 있고, 학원은 반포에 많이 있다. 흑석동은 재개발이 계속 진행 중이고 한강변 명수대 현대나 한강현대 아파트의 재건축, 리모델링 등도 가능성이 있어서 계속적으로 업그레이드가 될 지역이다.
실거주로 생각한다면 아파트별 경사도나 역과의 거리, 학원 라이드 동선, 백화점 동선 등 실생활과 관련된 것들을 체크해 보자.

강남권, 여의도권 업무지구
2곳으로 출퇴근이 가능한 지역 역세권 아파트

노들역세권

서울 동작구 본동 ─────── 9호선

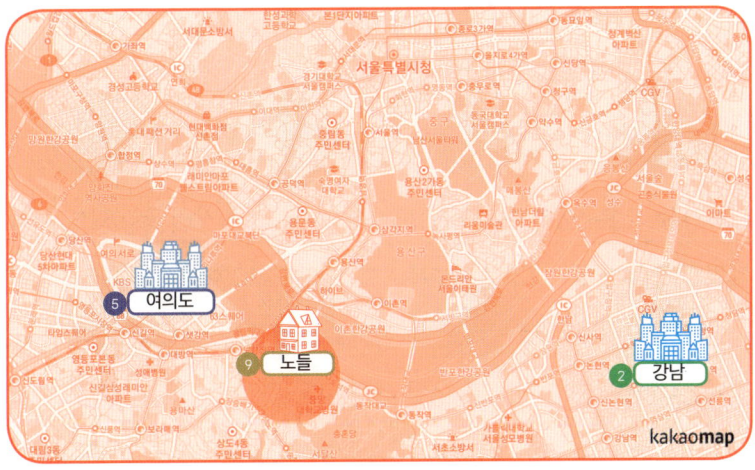

한강변이면서 강남, 여의도 직주근접 지역인 곳이 동작구 본동 노들 역세권이다.

노들역에서 한강 쪽으로 조금만 나가도 저만치에 63 빌딩이 보일 정도로 여의도 초근접 지역이고 강남권 신논현역도 환승 없이 빠르게 이동이 가능하다. 물리적 거리도 노들역에서 여의도역까지 직선거리로 약 2.7km 신논현까지는 약 6.5km 정도이다.

서울의 동서를 관통하는 황금노선인 9호선 노들역이 생긴 후 동작구 본동의 가치는 완전히 달라졌다.

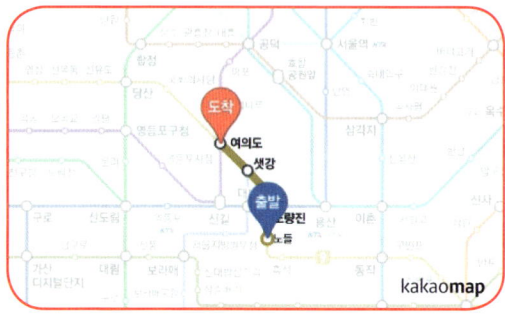

9호선으로 환승 없이 여의도로 바로 진입하는 게 노들역이다.

3 정거장 약 9분이면 여의도에 도착할 수 있고, 직장이 동여의도 쪽이라면 샛강역까지 2 정거장 약 5분이면 여의도 진입이 가능하다.

출퇴근 시간 지옥철로 알려진 게 여의도를 관통하는 9호선이지만 2~3 정거장이라면 얼마든지 참을만한 구간이다.

강남권 신논현역까지도 9호선으로 7 정거장, 소요시간 약 16분이면 도달을 한다.

9호선으로 환승 없이 여의도, 강남으로 빠르게 이동이 가능한 곳이 노들역이다.

30평대 아파트 실거래가

출처: 호갱노노(국토교통부 제공 데이터, 2022년 7월 11일 기준)

노들역 주변으로 구축에 속하는 아파트 단지들이 몇 개 있다.

대단지 아파트보다 소형, 중형 단지들로 이루어져 있다.

단지 위치나 크기 연식에 따라 가격 차이가 있는 편이다.

이 아파트 어때요?

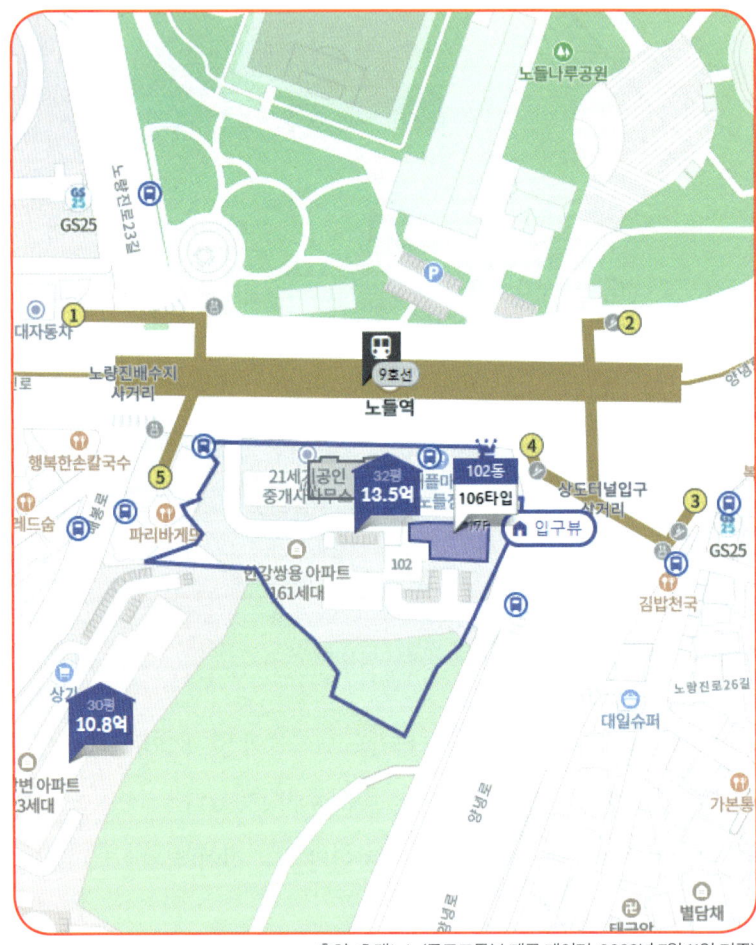

출처: 호갱노노(국토교통부 제공 데이터, 2022년 7월 11일 기준)

아파트명	한강쌍용
세대수	161세대
준공년도	1999년
용적률	271%
건폐율	30%

32평 실거래가		
13억 5,000	6층	21.10.26
11억 8,000	5층	21.07.02
9억 7,000	4층	20.06.27
8억 7,300	9층	19.11.02

한강쌍용

9호선 노들역 초역세권 아파트이다.

집 바로 앞이 지하철 입구라서 여의도 직장인에겐 최고의 입지라고 볼 수 있다.

23년 된 아파트로 리모델링 가능 시기가 넘었지만 아직 별다른 움직임은 없다.

아파트와 한강 사이에 공원이 있어서 한강뷰가 가능하고 공원 내 축구장이 있어서 축구경기도 볼 수 있다.

강남권
여의도권

현장답사시 체크포인트

한강대교를 넘어와 상도터널로 들어가는 길목에 아파트가 있다.

자동차가 빠르게 달리는 구간이니 소음이나 기타 불편함은 없는지 현장에서 확인해 보자.

한강 조망권 되는 집도 한두 층 차이만 나도 그 느낌이 다르기 때문에 높은 층 매물이 있다면 가격이 비싸더라도 일단 집에 들어가서 전망을 확인하는 게 좋다.

이 아파트 어때요?

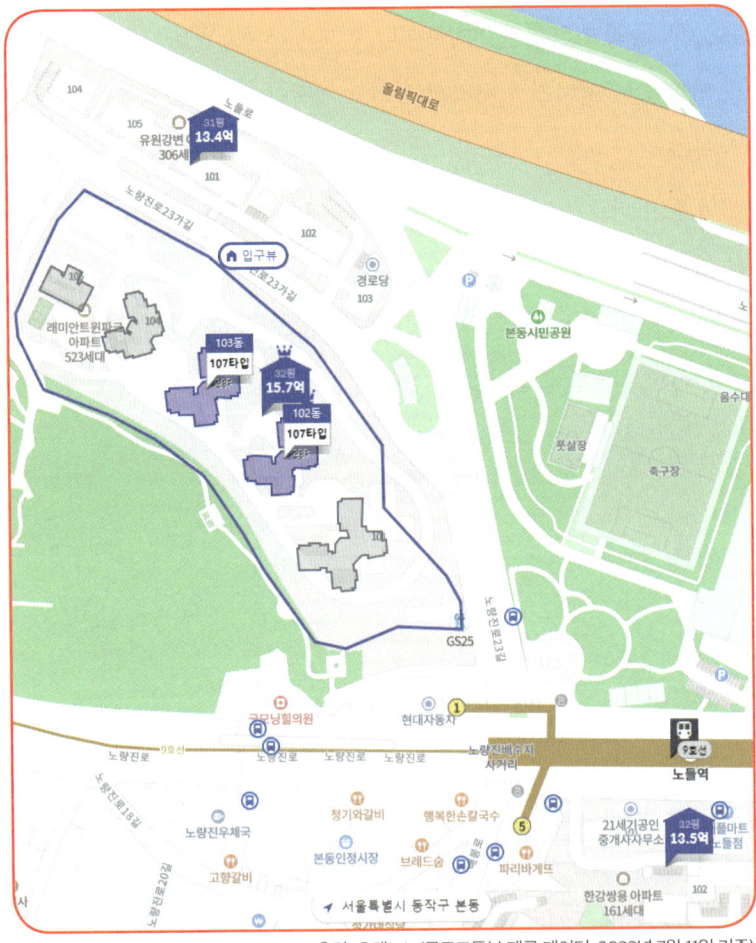

출처: 호갱노노(국토교통부 제공 데이터, 2022년 7월 11일 기준)

아파트명	래미안트윈파크
세대수	523세대
준공년도	2011년
용적률	250%
건폐율	14%

32평 실거래가		
15억 7,000	2층	22.03.01
17억 3,000	8층	21.08.22
17억 5,000	18층	21.04.01
15억 6,000	8층	21.03.12

래미안트윈파크

노들 역세권 아파트 중에는 가장 큰 단지이면서 비교적 최근 연식인 대장 아파트이다.

주차도 여유가 있고 축구장과 한강 전망이 확보된 라인은 영구 조망권의 가치를 가진다.

대장 아파트인 만큼 가격대도 가장 높게 형성되어 있다.

> **현장답사시 체크포인트**
>
> 방향에 따라 축구장과 한강뷰가 가능한 집이 있고 사육신 역사공원 뷰가 가능한 집이 있다.
> 그리고 딱히 전망이랄 게 없는 집도 있다.
> 전망에 대한 가치는 개인적일 수는 있으나 한강뷰에 대한 프리미엄이 있는 것은 사실이니 이점을 감안해서 보자.
> 아파트가 지하철역에서 점점 멀어지는 형태로 배열되어 있기 때문에 작은 차이긴 하지만 그 느낌 정도는 체크해 보자.
> 초등학교까지 거리가 있는데 아이와 함께 걸어서 다녀와 보자.

땅땅무슨땅의 생각!

서울 동작구 본동 9호선 노들역세권은요~

9호선 노들 역세권 아파트들의 장점은 딱 2개로 정리된다.

첫 번째는 황금노선 9호선으로 인한 교통의 편리성, 두 번째는 한강뷰이다. 이 2개의 장점을 모두 챙길 수 있으면 좋겠지만 한강뷰를 포기한다면 그만한 확실한 이유가 있어야 한다.

지옥철로 알려진 9호선이긴 한데 급행역이 아니라서 출퇴근 시간도 나름 탈 만하다. 어차피 여의도까지 2~3 정거장이라 급행 완행의 의미도 없고 신논현까지도 7 정거장이면 도착을 한다.

아쉬운 점은 학교, 대형마트를 여의도나 용산으로 다녀야 하는 불편함이 있다. 과거 개발하려 했던 노들섬 오페라 하우스 재추진 소식도 있어서 노들섬 개발에 대한 호재도 받을 수 있다.

역세권 직주근접이 무엇인지 보여주는 곳이 9호선 노들 역세권 아파트이다.

강남권, 판교권 업무지구
2곳으로 출퇴근이 가능한 지역 역세권 아파트

이매역세권

경기 성남시 분당구 이매동 ──────── 수인분당선, 경강선

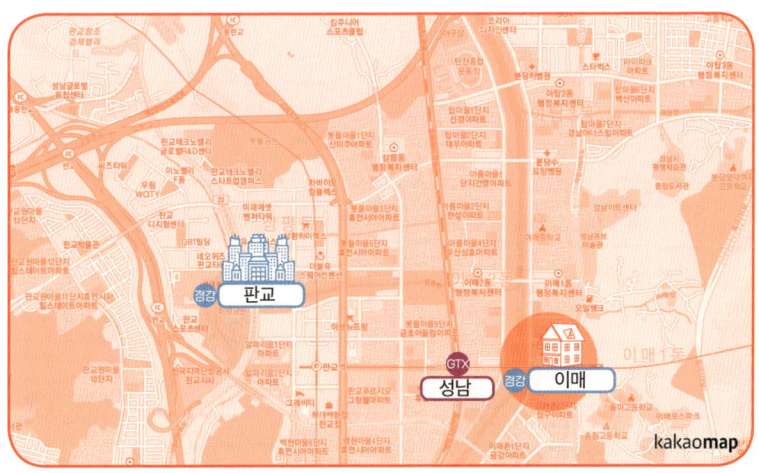

이매역은 판교역에서 경강선으로 1정거장이고 직선 거리로도 1.5km 정도 되는 판교 업무단지의 직주근접이 되는 지역이다.

현재는 판교 직주근접인곳이 이매역세권 주거지들인데 추후 GTX-A 성남역이 이매역과 판교역 사이에 생길 예정이라 그때는 이매역이 판교뿐 아니라 강남삼성역, 서울역까지 출퇴근이 가능한 황금직주근접 지역이 될 수 있다. GTX-A 성남역이 개통되면 강남까지 다이렉트로 10분내로 도달이 가능하다.

이매역은 판교 근거리에 위치해 있지만 화려한 판교역 업무단지, 상업

지와는 전혀 다른 분위기로 차분한 주거환경인 지역이다.

신·구축의 차이가 있지만 동일 평형 기준으로 판교 아파트의 약 70% 선에서 거래가 이루어지고 있다.

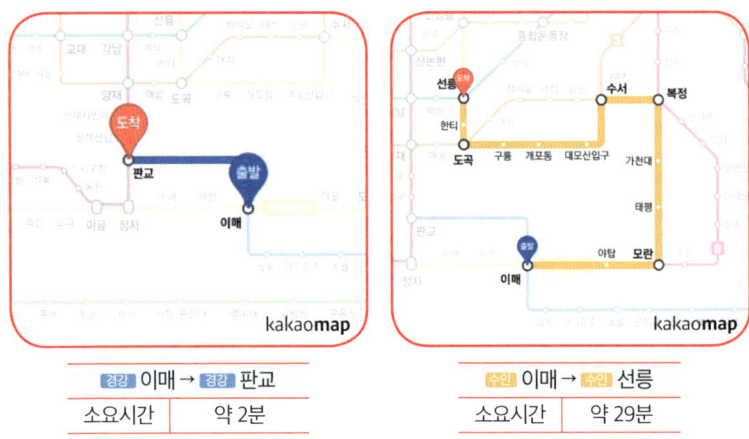

이매역에서 판교역까지는 경강선으로 환승 없이 1 정거장이다. 소요시간은 약 2분으로 음악 한 곡을 채 듣기도 전에 도착하는 거리이다.

수인 분당선을 이용하면 이매역에서 강남 선릉역까지 12 정거장, 소요시간은 약 29분 정도이다.

GTX-A가 개통하여 이용하게 된다면 이매동 성남 역에서 수서까지 1 정거장, 삼성역까지 2 정거장이면 도달이 가능하게 되고 이매동은 강남을 10분대에 다닐 수 있는 강남 직주근접 주거지가 된다.

30평대 아파트 실거래가

출처: 호갱노노(국토교통부 제공 데이터, 2022년 7월 11일 기준)

이매역 주변으로 90년대 초에 지은 구축 아파트들이 자리 잡고 있다. 이매역 초 역세권인 아파트들도 있고, 이매역에서 500m 정도 서측 탄천 넘어로는 GTX-A노선 성남 역에 가까운 아파트들도 있다.

이 아파트 어때요?

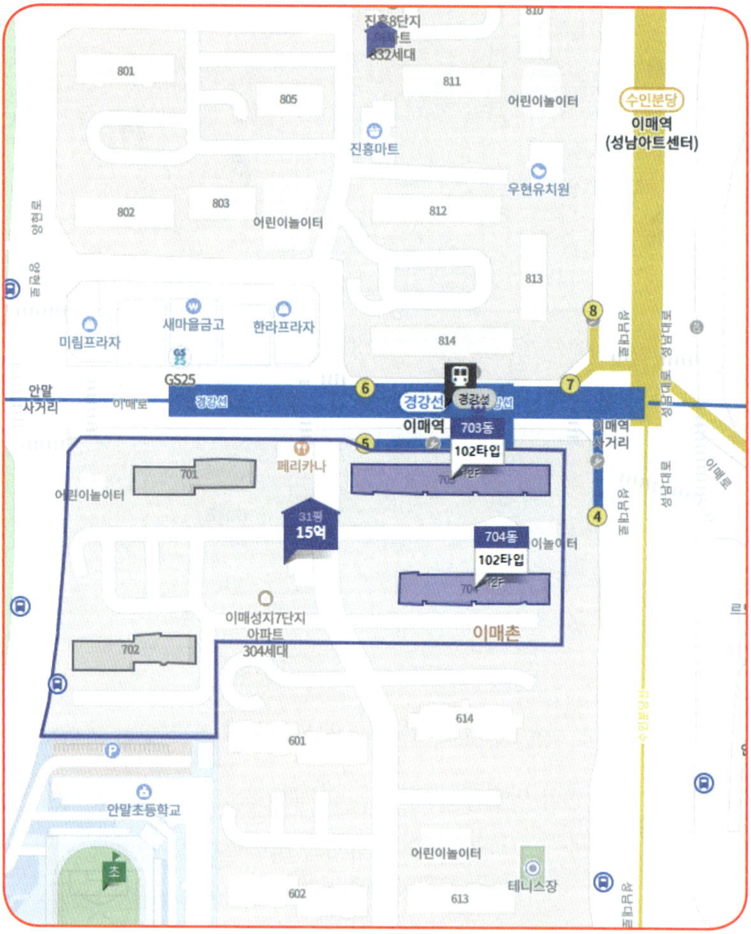

출처: 호갱노노(국토교통부 제공 데이터, 2022년 7월 11일 기준)

아파트명	이매촌7단지성지	31평 실거래가		
세대수	304세대	14억 3,000	1층	22.05.07
준공년도	1992년	15억 6,000	3층	22.05.01
용적률	162%	15억 8,000	11층	21.11.17
건폐율	14%	13억 8,000	11층	20.11.19

이매촌7단지 성지

4개 동으로 이루어진 이매역 초 역세권 아파트이다.
1992년 입주한 구축 아파트이며 준공된지 30년을 넘어서서 재건축 가능연한이 된 단지이다.
14%라는 낮은 건폐율로 단지 내에 녹지공간도 많고 쾌적성이 뛰어나다.
안말초등학교가 바로 옆에 있어서 초등학생 자녀가 있는 가정이라면 저학년부터 혼자 등하교할 수 있다는 장점이 있고 탄천이 바로 옆에 있어 산책하기에도 좋다.
30년이 넘은 구축이다 보니 주차는 불편함이 있다.

현장답사시 체크포인트

아파트를 고를 때 전망 값이라는 게 있는데, 같은 아파트 같은 라인이어도 높은 층, 전망이 좋은 방향은 더 비싸기 마련이다.
이매촌 7단지 성지아파트를 볼 때는 탄천 뷰가 가능한 집은 꼭 보자.
같은 값인데 탄천 뷰가 되는 집과 아닌 집이 있다면 고민할 필요가 없다.
가을 탄천 단풍길을 집에서 바라보는 모습을 상상해 보자.
건폐율 14%로 인한 넓은 녹지공간과 동간거리도 느껴보자.

이 아파트 어때요?

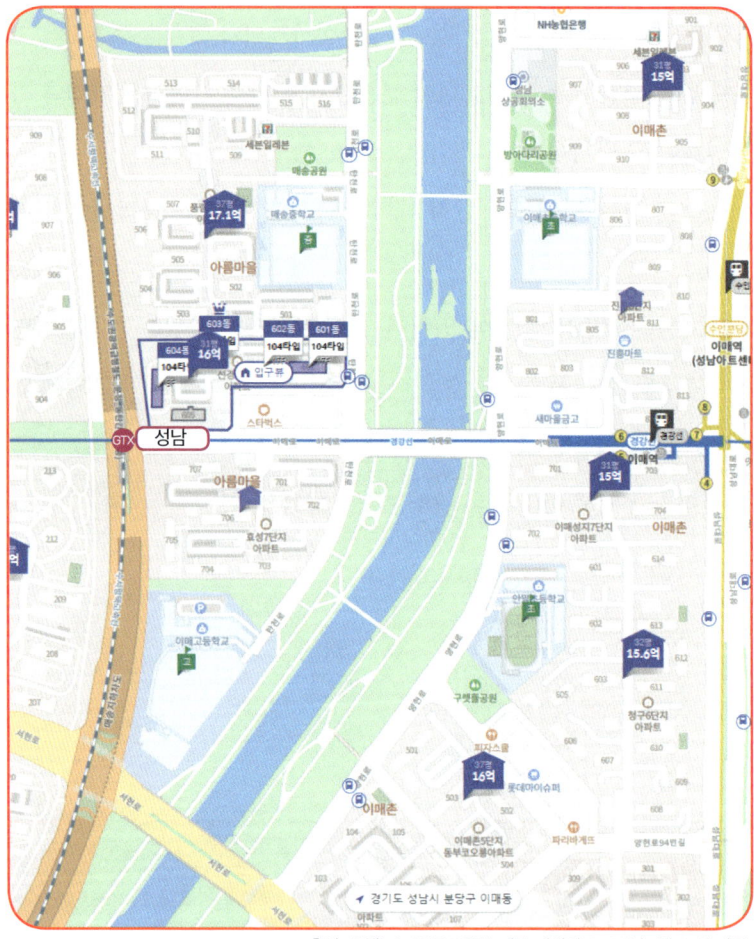

출처: 호갱노노(국토교통부 제공 데이터, 2022년 7월 27일 기준)

아파트명	아름마을6단지선경	31평 실거래가		
세대수	370세대	16억 200	4층	22.04.18
준공년도	1993년	15억 6,500	3층	22.03.22
용적률	183%	15억 6,000	2층	22.01.28
건폐율	14%	16억 4,000	10층	21.09.13

아름마을6단지선경

이매역에서는 약 500m 정도, 판교역에서는 약 900m 정도 거리에 있는 아파트이다.

1993년 입주한 구축 아파트로 30년 차가 되었기 때문에 재건축이나 리모델링에 대한 기대감도 있다.

좌로는 GTX-A 성남 역, 판교역, 굿모닝 파크까지 누릴 수 있고 우로는 탄천과 이매역이 위치하는 입지 깡패로 알려진 아파트 단지로 재건축이나 리모델링 후에는 분당 판교의 대장이 될 수 있을 정도의 핵심 입지이다.

구축인 것 치고는 주차 상황이 나쁘지는 않다.

> **현장답사시 체크포인트**
>
> 부동산 현장 답사 시 현재가치만 보는 경우가 있는데 그런 실수를 범하지 마라 2년 정도 후면 GTX-A노선이 개통되는데 성남 역 초초 역세권이 되는 곳이 6단지 선경아파트이다.
> 단지 앞을 서성이며 미래를 상상해 보자.
> 집 앞에서 열차를 타면 강남까지 10분에 도달하게 되고, 저녁에 운동하러 탄천을 나갈지 굿모닝 파크로 나갈지 고민도 하게 될 것이다.
> 굿모닝 파크가 완성되면 판교상권도 더욱 편하게 이용이 가능해지고, 훗날 재건축 진행이 된다면 GTX-A 역세권으로 인한 주상복합 상권이 형성될 수도 있다.
> GTX-A노선이 개통된 2년 후, 그리고 재건축까지 완료된 미래도 머릿속으로 그려가며 현장을 보자.

경기 성남시 분당구 이매동 수인분당선, 경강선 이매역세권은요~

분당구 이매동은 판교 근방에 있다는 것만으로도 많은 투자자들의 손길이 스쳐간 곳이다. 게다가 경강선으로 판교역 1 정거장이라 이매 역세권 구축 아파트의 인기는 지금도 상당하다. 입주한 지 30년에 달하는 구축 아파트임에도 판교역 주변 신축들의 약 70% 시세를 형성할 정도로 인기가 많다.

이매역 수인 분당선을 이용하면 지금도 수서, 도곡, 선릉까지 이동이 가능한데 여기에 GTX-A 노선까지 개통하면 이매동 일대가 매매뿐 아니라 임차수요까지도 폭발적으로 늘어날 것으로 예상이 된다.

현재 소유주 입장에서는 자금융통이 급히 필요한 상황이 아니라면 팔아야 할 이유가 전혀 없다.

훗날 이매동 일대가 재건축이 되어 신축 주상복합이 된다면 GTX역 주변에 필요한 A급 브랜드들 상권이 형성될 가능성이 크고 이렇게 되면 교통, 일자리, 상권, 공원까지 모두 갖춘 특급지로 거듭날 수 있다.

굿모닝파크가 완성되면 판교로의 도보접근성도 좋아진다.

강남권, 판교권 업무지구
2곳으로 출퇴근이 가능한 지역 역세권 아파트

태평역세권

경기 성남시 수정구 태평동 ─────── 수인분당선

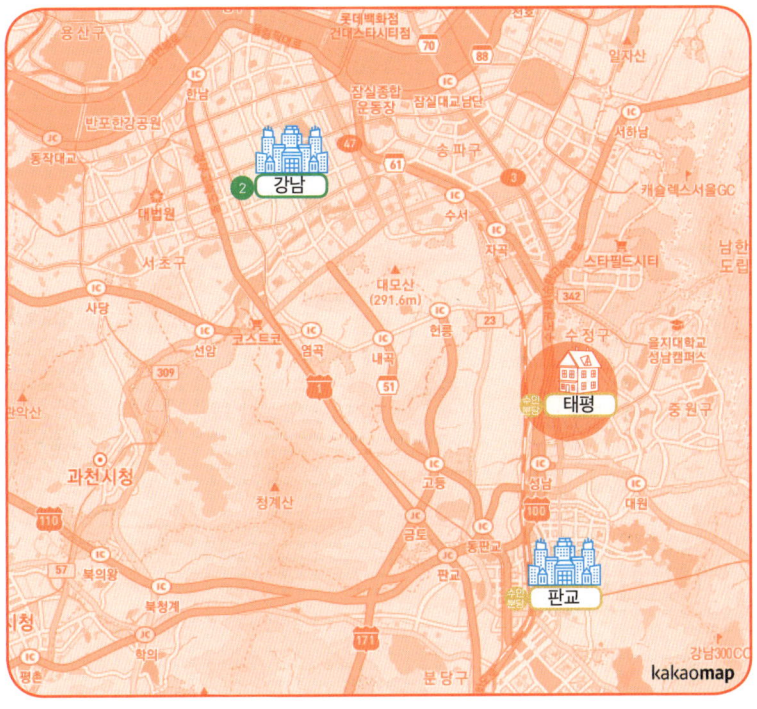

수인 분당선 태평역은 행정구역상 성남시 수정구 태평동과 수진동에 걸쳐져 있다. 태평역 주변 대로변으로는 큰 상가들이 밀집해 있는데 조금만 멀어져도 오래된 주택가들이 빽빽이 차 있다.

강남과 분당으로 이어지는 인기 노선인 수인 분당선이지만 단지형 아파트가 거의 없어서 주거지로서 많이 알려진 곳은 아니다. 강남과 판교 모두 물리적 거리도 멀지 않다.

수인 분당선 태평역에서 신분당선 판교역까지 직선거리로 약 5.2km이고 수인 분당선, 2호선 환승역인 선릉역까지는 직선거리 약 10km이다.

지하철

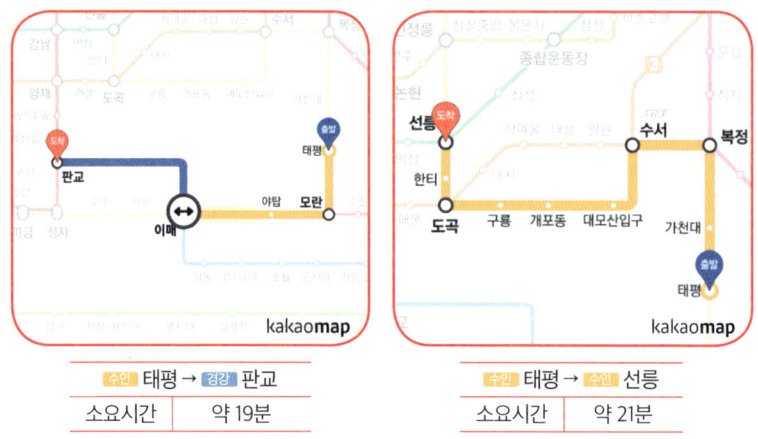

태평역에서 판교역까지는 수인분당선에서 경강선으로 1회 환승이 필요하고 4 정거장에 소요시간은 약 19분이다.

태평역에서 선릉역까지는 수인분당선으로 환승 없이 9 정거장이고 소요시간은 약 21분이다.

30평대 아파트 실거래가

출처: 호갱노노(국토교통부 제공 데이터, 2022년 7월 27일 기준)

태평역 주변은 단지 형태를 이룬 아파트 찾기가 쉽지 않다. 역 주변으로 상업지와 준주거, 일반주거지가 섞여있고 일반 주거지에는 대부분 오래된 빌라들이 자리잡고 있다.

이 아파트 어때요?

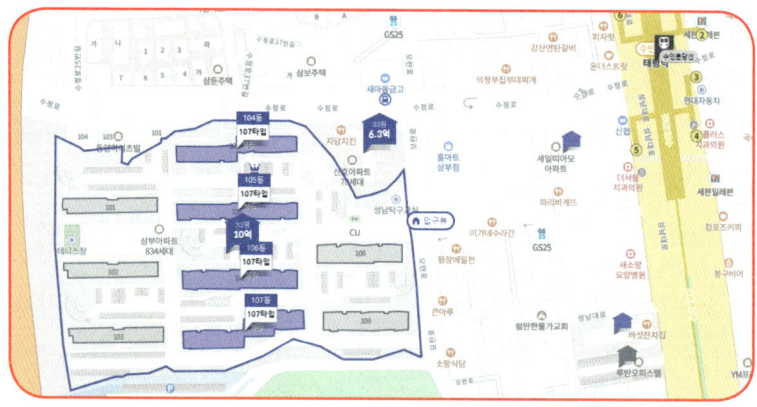

출처: 호갱노노(국토교통부 제공 데이터, 2022년 7월 11일 기준)

아파트명	삼부
세대수	834세대
준공년도	1996년
용적률	236%
건폐율	23%

32평 실거래가		
10억	7층	21.10.23
9억 5,000	9층	21.07.20
8억 9,990	4층	21.07.10
8억 9,000	12층	21.02.06

삼부

1996년 입주한 27년 차 된 구축 아파트이다. 태평역까지는 도보 5분이 채 안 걸리는 역세권 아파트이다. 구축 아파트다 보니 주차는 빡빡한편이다. door to 판교역, door to 선릉역이 30분 안쪽이면 해결되는 직주근접이 가능한 위치에 있다.

리모델링 연한은 충족해있지만 활발한 움직임은 없다. 조금만 있으면 재건축 가능한 30년에 도래하기 때문에 대단지로 재건축되길 기대하는 주민들도 있는데 역세권 용적률 상향이라던가 서울공항 이전이 실현되어 인근 고도제한 해제된다거나 하는 등 외부적 요인이 필요한 부분인데 해결해야 할 사안이 많다.

탄천과 수진공원을 바로 즐길 수 있어 거주 만족도가 크다. 단지 옆으로 (도보 3분 거리) 성남시민 100만을 대표하는 밀리언 근린공원을 내년 말(2023)까지 3만 7288m^2(1만 1300평) 규모로 조성할 예정이다.

강남권
판교권

현장답사시 체크포인트

초등학교가 저학년이 다니기에는 거리감이 좀 있을 수 있으니 아이와 함께 직접 도보로 다녀와 보자.

성남을 대표하는 밀리언 근린공원이 2023년 말까지 만들어질 예정이다. 삼부아파트 초 근접 공원이자 성남 100만을 대표하는 네이밍을 가진 공원이니 공사가 잘 진행되고 있는지 눈으로 직접 확인해 보자.

태평 역세권이지만 위례나 송파로 가는 8호선이 서는 모란역과도 도보 10분 안쪽이기 때문에 태평역이나 모란역 둘 다 도보로 이동해 보자.

단지 옆으로 고속화도로가 지나가기 때문에 인접동을 볼 때는 새시를 열었을 때와 닫았을 때 소음 차이를 느껴보자.

땅땅무슨땅의 생각!

경기 성남시 수정구 태평동 수인분당선 태평역세권은요~

141.63㎢에 100만 명에 육박하는 인구가 살고 있는 곳이 성남시이다. 분당구가 먼저 개발이 되어 서울 못지않은 주거, 일자리, 상업 인프라를 구축하였고 가격도 웬만한 서울 핵심지 다음으로 높은 가격에 형성되어 있다.
같은 성남시에서도 분당구보다 서울과 더 가까운 쪽이 수정구이기도 하고 성남 서울공항 이전과 개발 이슈도 끊임없이 나오고 있다. 서울공항 이전 이슈가 있을 때마다 영향을 받는 곳이 태평 역세권이기도 하고 성남을 대표하는 밀리언 근린공원도 태평역 주변으로 만들어진다.
현재로도 판교, 강남 직주근접 지역이며 미래에 있을 호재들도 굵직한 사항들이라 기대해볼 만한 곳이 태평역세권이다.

강남권, 판교권 업무지구
2곳으로 출퇴근이 가능한 지역 역세권 아파트

정자역세권

경기 성남시 분당구 정자동 ──── 신분당선, 수인분당선

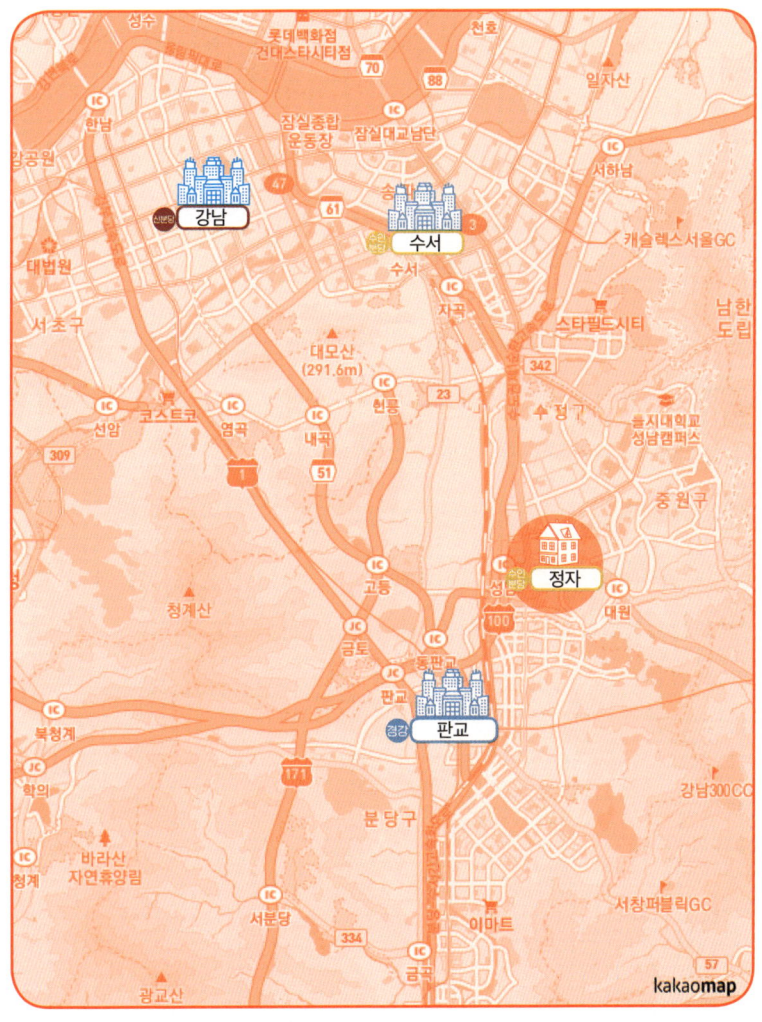

1기 신도시의 탄생을 알면 분당을 이해하기 쉽다.

1기 신도시는 노태우 정부에서 집값을 잡기 위해서 서울 근교에 만들게 된 신도시이다.

80년대 말에 발표해서 90년대 초에 입주를 한, 당시로서는 아주 파격적으로 추진력 있게 진행한 신도시 사업이었다.

경기도 성남시의 분당신도시가 대표적이고, 고양시의 일산신도시 군포시의 산본신도시 부천시의 중동신도시 안양시의 평촌신도시가 1기 신도시에 포함이 되었다.

그러면 1기 신도시중 강남의 영향을 가장 많이 받은 곳을 뽑으라면 어디일까? 당연히 강남권과 교통연결이 잘 된 곳인 성남시 분당구를 뽑을 수 있다.

경부고속도로로 서울 강남권과 연결은 물론, 수인 분당선, 신분당선으로 강남과 직결로 지하철 연결도 된다.

수인 분당선을 이용하면 강남권 수서역으로 연결이 되고, 신분당선을 이용하면 판교, 강남역까지 연결이 된다.

분당의 강남이라 불리는 정자동은 카페거리, 맛집거리, 고급 주상복합 아파트까지 즐비한 분당 내에서도 고급 주거지이다.

 **지하철**

정자동에서 강남권 수서역으로 가려면 수인 분당선을 이용하면 된다. 정자역에서 수서역까지 9 정거장, 탑승시간은 환승 없이 약 23분 걸린다. 신분당선을 타면 강남권으로 더 빠른 진입이 가능하다.

강남 중에서도 일자리 밀집지역인 핵심 강남으로 들어가는 노선이 신분당선이다. 현재는 수원 광교까지도 연결이 되고 있지만 처음 개통했을 당시인 2011년에는 강남역에서 정자동까지 연결이 되어서 분당 중에서도 정자동이 큰 수혜를 입었던 노선이기도 하다.

특히나 강남역~정자역 구간은 직선구간도 길어 표정속도가 61.6킬로미터에 달해서 소요시간도 굉장히 짧다.

정자역에서 강남역까지 정거장 수로는 5 정거장, 환승 없이 소요시간 약 18분이 걸린다.

신분당선으로 판교, 강남역까지 환승 없이 연결되는 곳이 정자역세권이다.

30평대 아파트 실거래가

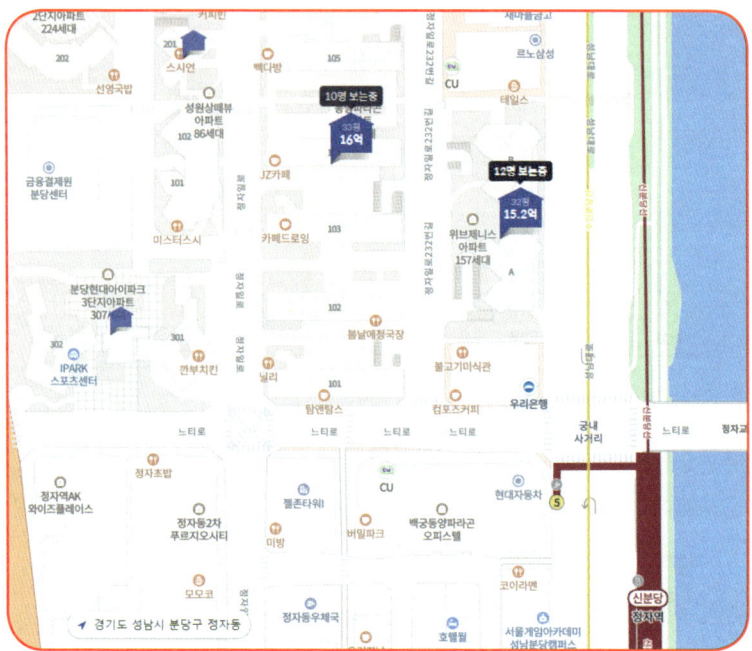

출처: 호갱노노(국토교통부 제공 데이터, 2022년 7월 13일 기준)

신분당선과 수인 분당선 환승역인 정자역은 탄천을 중심으로 좌측은 상권이 발달한 카페거리와 주상복합 아파트로 이루어져 있고, 우측으로는 상가건물과 재건축, 리모델링이 필요한 연식이 있는 아파트들이 자리 잡고 있다. 편리한 주상복합과 상권 인프라까지 누릴 수 있는 곳이 탄천 좌측 지역이다.

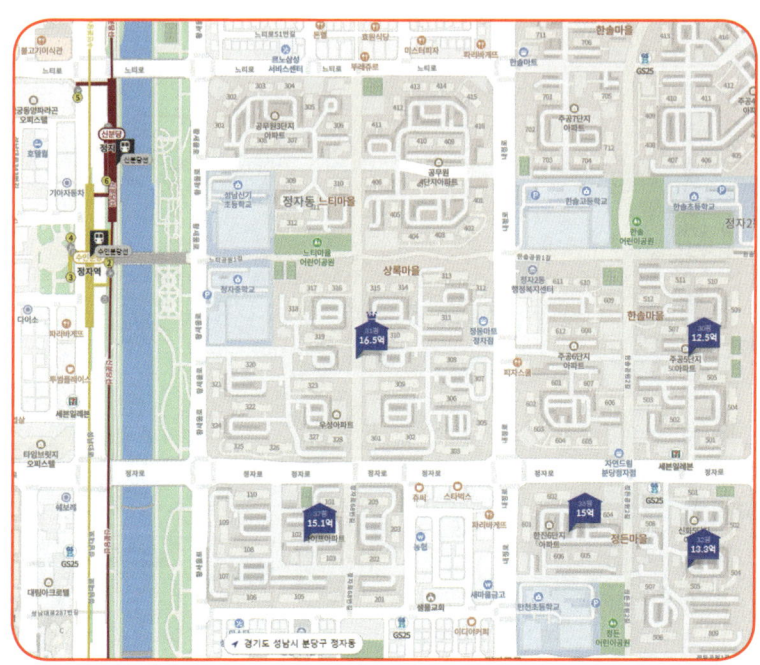

출처: 호갱노노(국토교통부 제공 데이터, 2022년 7월 13일 기준)

탄천 우측 방향으로는 재건축이나 리모델링이 필요한 90년대에 입주한 구축 아파트들이 자리 잡고 있다.

초중고가 이쪽 방향에 있어서 거주수요가 받쳐주는 곳이기도 하고 재건축 후에는 시세를 분출할 수 있는 곳이라 구축이라고 시세가 저렴하지 않다.

상권이 발달해 있으며 주상복합의 편리성도 누리는 탄천 서측 정자동을 선택할 것인지, 구축이지만 재건축 리모델링의 기대감이 있으며 학세권(학교 인접)까지 누리는 탄천 동측 정자동을 선택할지는 개인의 상황에 맞게 결정하면 되겠다. 가격은 두 곳 다 비슷하게 형성되어 있다.

이 아파트 어때요?

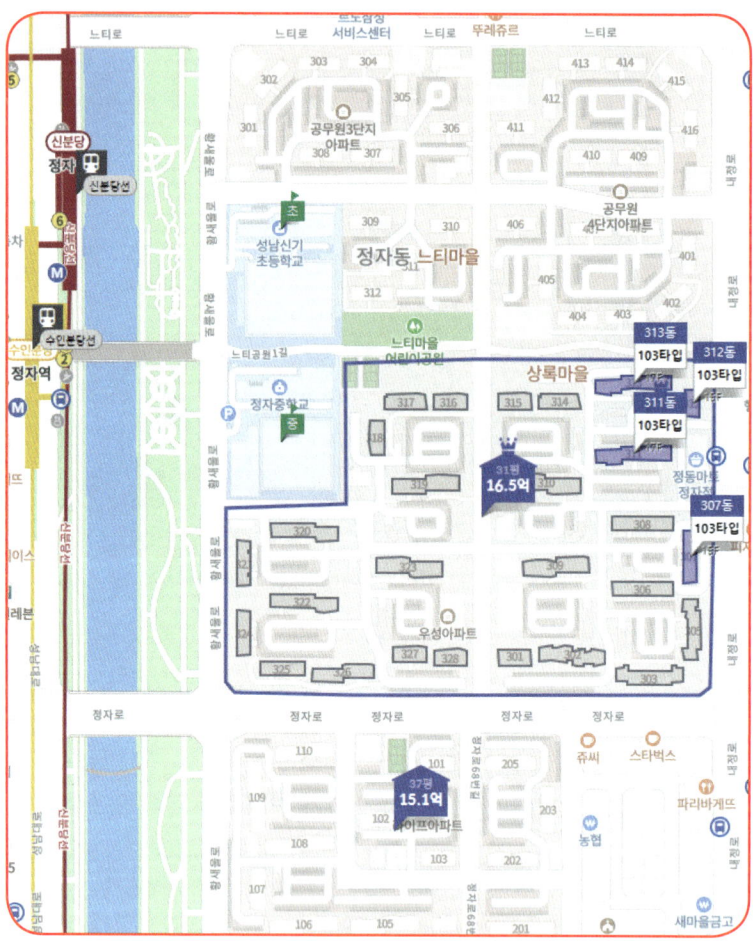

출처: 호갱노노(국토교통부 제공 데이터, 2022년 7월 13일 기준)

아파트명	상록마을3단지우성	31평 실거래가		
세대수	1,762세대	16억 5,000	9층	22.05.13
준공년도	1994년	14억 7,000	14층	22.04.07
용적률	265%	16억 8,000	15층	22.04.05
건폐율	19%	16억 1,000	10층	22.03.26

상록마을3단지우성

1994년 입주한 구축 아파트이다.
초, 중, 고가 모두 지근거리에 있어서 학령기 자녀를 둔 가정에게 인기가 많은 곳이다.
바로 다리 건너 정자역세권 상권을 이용할 수 있고 탄천 산책길 외에도 단지 내부 산책로도 잘되어 있다.
구축이니만큼 주차가 여유 있지는 않아서 늦은 시간은 이중주차를 해야 할 수 있다.

강남권
판교권

현장답사시 체크포인트

단지 중앙을 가르는 단지 내 산책길을 직접 걸어보자.
저녁 운동을 탄천으로 가서 자전거를 타도 좋고 가볍게 움직이고 싶을 땐 단지 내를 걸어도 좋을 정도로 산책길이 잘 꾸며져 있다.
정자동 상권이 익숙하지 않다면 도보로 정자역 쪽을 걸어가서 식사도 하고 차도 한잔 해보고 오자.
판교권이 직장이라면 자전거 출퇴근도 가능한 거리이니 자전거길도 현장에서 확인해 보자.

이 아파트 어때요?

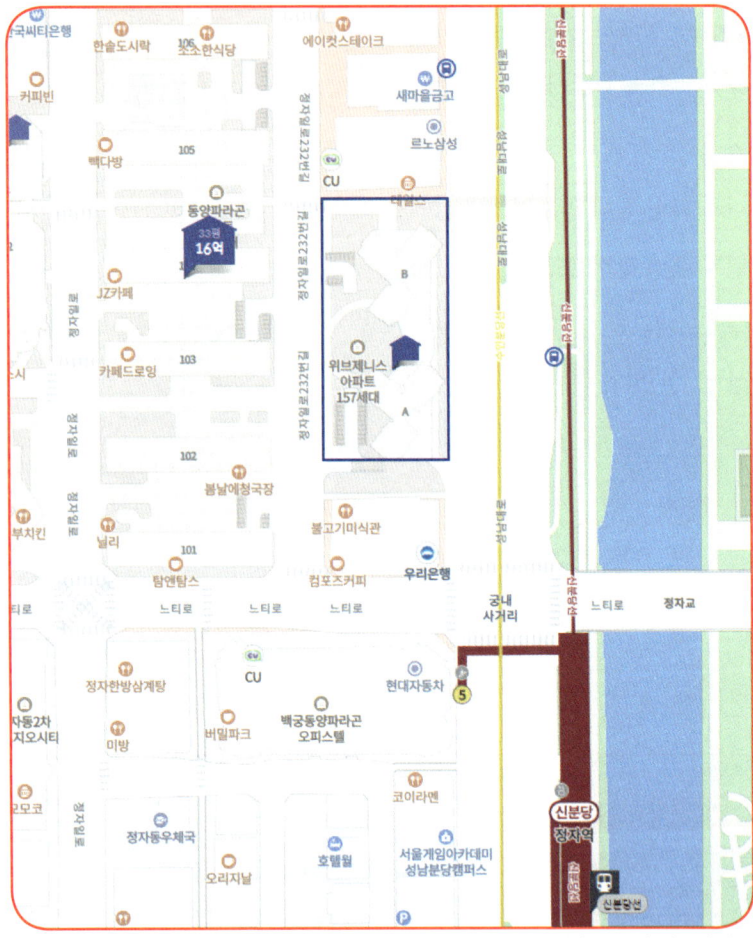

출처: 호갱노노(국토교통부 제공 데이터, 2022년 7월 13일 기준)

아파트명	위브제니스
세대수	157세대
준공년도	2003년
용적률	428%
건폐율	35%

32평 실거래가		
15억 2,000	19층	21.07.09
12억 5,000	12층	20.08.21
11억 4,500	9층	20.07.09
11억	5층	20.06.23

위브제니스

2003년 입주한 주상복합형 아파트이다.
정자역세권에 위치해 있으며 고층 탄천 뷰가 되는 곳은 멋진 경관을 자랑한다.
아파트 주변으로 학원, 마트, 카페, 맛집 등 없는 게 없을 정도로 생활 인프라가 뛰어나서 타 지역이 갈 필요가 없을 정도이다.

현장답사시 체크포인트

주민편의시설이 있는 2층 피트니스, 골프연습장, 독서실 등을 살펴보고 오자.
전망이 좋은곳은 탄천뿐 아니라 불곡산까지 보이기 때문에 고층과 저층의 전망 가치를 비교해가며 보자.

땅땅무슨땅의 생각!

경기 성남시 분당구 정자동 신분당선, 수인분당선 정자역세권은요~

분당 정자동이 뜬 것은 카페거리가 유명세를 타면서이기도 하지만 결정적인 것으로 신분당선을 꼽을 수 있다.

강남역과 다이렉트로 연결이 되면서 정자동은 정비된 신도시에다가 강남 출퇴근의 편리성도 함께 누리는 핵심 주거지로 떠올랐기 때문이다.

게다가 2기 신도시인 판교가 바로 옆에 생기면서 판교 테크노밸리 업무지구의 배후 주거지로도 급부상을 했다.

판교에 비해 집값은 저렴하지만 여전히 정자동은 분당의 고급 주거단지인곳이 맞다.

지금도 강남 출퇴근이 편리한 것이 장점이 되는데 판교의 제2의 강남화가 가속화될수록 정자동의 가치는 더욱 높아질 것이다.

강남권, 판교권 업무지구
2곳으로 출퇴근이 가능한 지역 역세권 아파트

성복역세권

경기 용인시 수지구 성복동 ——— 신분당선

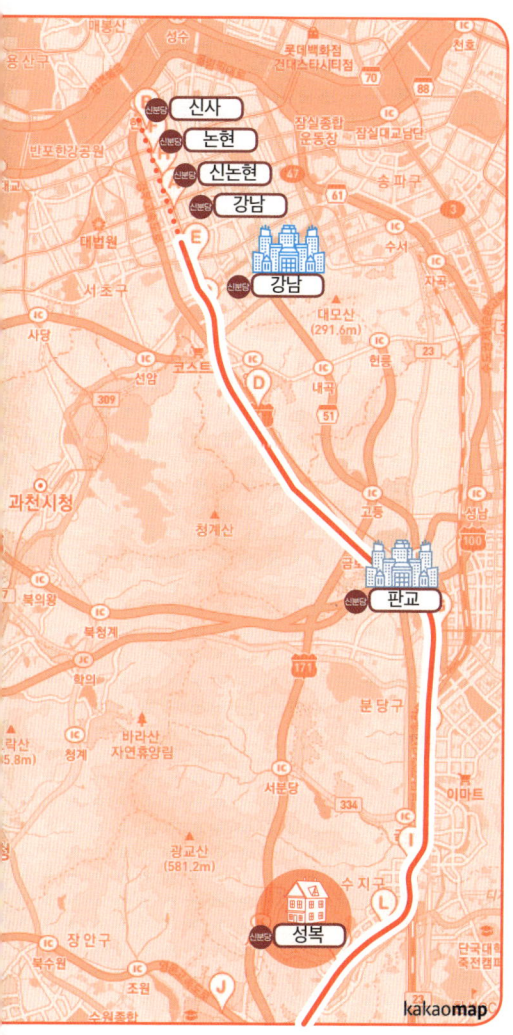

성복동은 강남, 판교, 수원, 광교까지 이어지는 서울 동부권 핵심 노선인 신분당선이 정차하는 곳이다.

직선거리가 긴 신분당선의 특성상 성복역에서 판교, 강남까지 빠르게 도달이 가능하다.

신분당선 성복역에서 판교까지 직선거리로 약 9.4km이고 강남역까지는 직선거리 약 21km이다.

현재 신분당선은 2호선 환승역인 강남역까지 운행중에 있고, 곧 강남역-신논현역-논현역-신사역으로 노선이 연장이 될 예정이다.(22년5월쯤 개통예정)

지하철

성복역에서 판교역까지는 신분당선으로 환승 없이 5 정거장이다. 소요시간은 약 13분으로 성복동은 판교 업무지구의 직주근접 주거지가 된다.

성복역에서 강남역까지는 신분당선으로 환승 없이 9 정거장이다. 소요시간은 약 29분으로 신분당선을 이용하면 강남역까지도 출퇴근이 가능한 곳이 된다.

30평대 아파트 실거래가

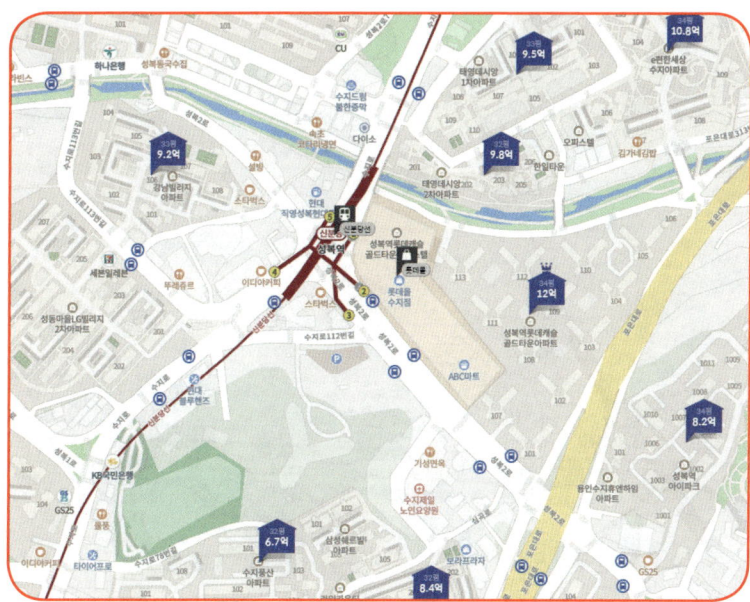

출처: 호갱노노(국토교통부 제공 데이터, 2022년 7월 13일 기준)

성복역 주변으로 2000년대 초중반에 지은 구축 아파트부터 2019년 입주한 신축 아파트까지 다양한 연식의 아파트들이 있다.
역과의 거리나 연식 등에 따라 가격 차이가 있는 편이다.

이 아파트 어때요?

출처: 호갱노노(국토교통부 제공 데이터, 2022년 7월 13일 기준)

아파트명	성복역롯데캐슬 골드타운
세대수	2,356세대
준공년도	2019년
용적률	568%
건폐율	46%

34평 실거래가		
11억 7,000	5층	22.06.18
12억 1,800	29층	22.06.11
11억 9,800	4층	22.06.04
12억	22층	22.05.28

성복역롯데캐슬골드타운

성복역 초역세권 아파트이며 2019년 입주한 신축 아파트로 성복동의 대장 단지라고 볼 수 있다.
신축답게 조형물이나 분수대 등 단지 내부 구성이 잘 되어있고, 성복천길 산책로가 바로 앞에 있어서 운동하기에도 좋다.
롯데몰이 단지와 붙어있어서 생활 편리성도 뛰어나다.

> **현장답사시 체크포인트**
>
> 신축인 만큼 사우나 등 주민 편의시설을 잘 살펴보고 오자.
> 가장 많이 이용하게 될 곳이 옆에 붙어있는 롯데몰과 성복천이 될 거다.
> 롯데몰과 성복천 산책로도 경험을 해보고 오자.

이 아파트 어때요?

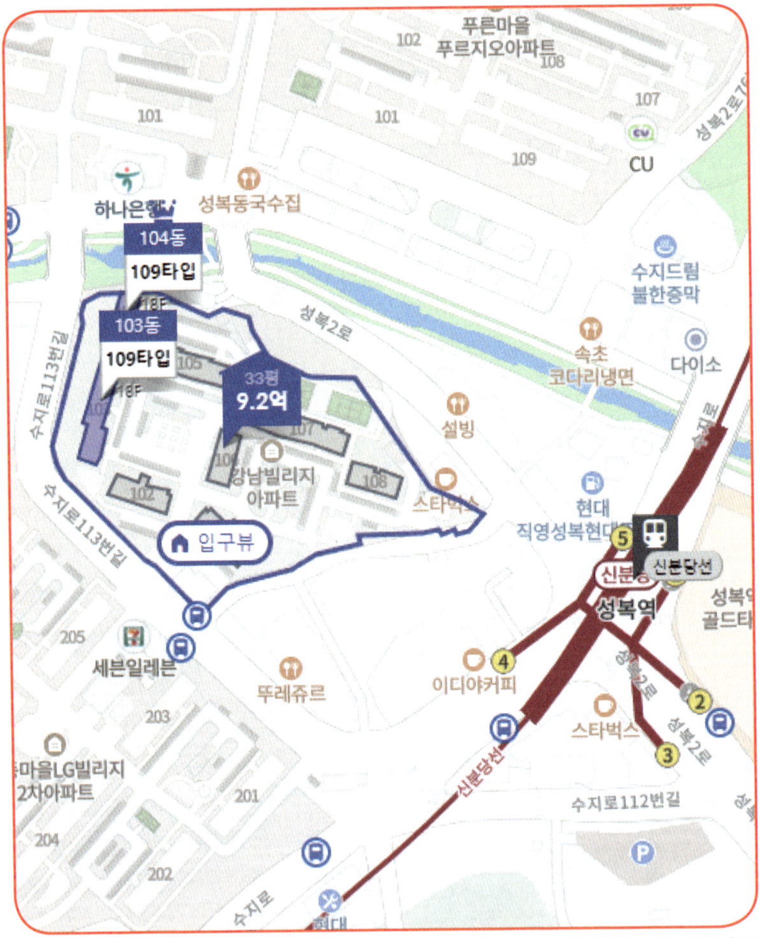

출처: 호갱노노(국토교통부 제공 데이터, 2022년 7월 13일 기준)

아파트명	성동마을 강남빌리지
세대수	428세대
준공년도	2001년
용적률	223%
건폐율	17%

33평 실거래가		
9억 1,500	8층	22.04.26
9억 3,000	5층	21.10.22
9억 6,500	11층	21.09.06
9억 3,000	8층	21.07.27

성동마을 강남빌리지

2001년 입주한 22년 차 된 구축 아파트이다.

초역세권 아파트로 집을 나와 지하철역 도착까지 5분도 걸리지 않는다.

성복천, 롯데몰, 데이파크스포츠센터 등이 가까이 있어 생활 편리성이 뛰어나다.

구축이지만 주차공간도 여유가 있고 특히 특목고 진학률이 높은 성복중학교로 배정되기 때문에 학부모들에게도 관심이 많은 단지이다.(학교 배정은 상황에 따라 변경될 수 있기 때문에 지역 주민센터나 학교에 재확인이 필요합니다.)

현장답사시 체크포인트

학군이 좋은 곳이지만 초등학교까지 거리가 좀 있다.
도보로 15분 정도 거리이고 저학년 자녀가 있다면 함께 학교까지 다녀와 보자.
후문 설치가 진행 중으로 알려져 있는데 정문과 후문 위치도 파악해 보고 성복천 산책길도 걸어서 다녀와 보자.

땅땅무슨땅의 생각!

경기 용인시 수지구 성복동 신분당선 성복역세권은요~

강남라인 골드 노선인 신분당선에서 30평대에 10억 선에서 단지형 아파트를 찾는 것은 어려운 일이다.

더군다나 환승이 아닌 신분당선 직결로 판교, 강남 출퇴근이 가능한 곳이라는 전제를 두면 더욱 어렵다.

하지만 가능한 곳이 있는데 성복역 주변 용인시 수지구 성복동과 풍덕천동이다.

신축과 구축의 가격차이가 확실한 곳이 성복역 주변 단지들인데 10억 선에서 노려볼 수 있는 구축 아파트가 있고 신축은 2~3억 이상 더 높은 가격에 호가가 형성되어 있다.

세월이 흐르면 노후 아파트는 결국 리모델링이나 재건축이 될 테지만, 역세권이라는 입지만큼은 변함이 없기 때문에 연식이 있더라도 초역세권 단지 중에서 선택을 하는 게 중요하다.

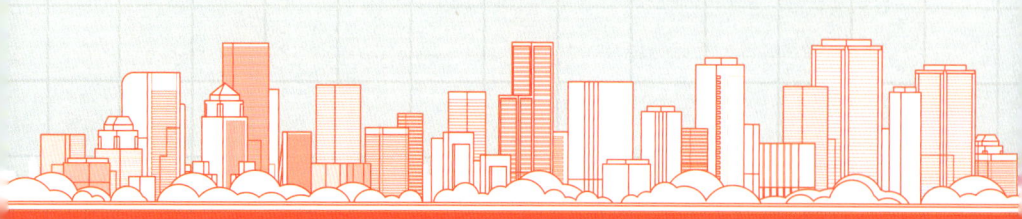

강남권, 판교권 업무지구
2곳으로 출퇴근이 가능한 지역 역세권 아파트

가천대역세권

경기 성남시 수정구 —————— 수인분당선

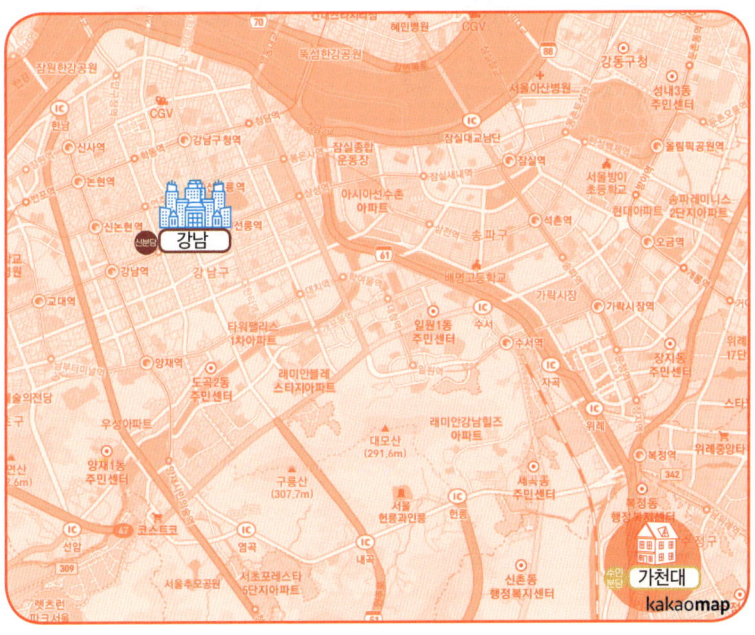

강남, 판교와 아주 근거리에 수인 분당선 가천대 역이 있다.

단지형 아파트가 많이 없어서 주거지로서 인지도가 크지 않은데 실제 강남, 판교까지의 이동시간을 보면 직주근접 주거지로서 가치가 있다.

가천대역에서 강남 선릉역까지 직선거리 9.3km 정도로 위례신도시에서 강남까지의 거리와 거의 비슷하다.

판교역까지는 직선거리 약 6.2km이다.

수인 가천대 → 선릉		수인 가천대 → 8 잠실	
소요시간	약 19분	소요시간	약 15분

가천대역에서 환승 없이 강남 선릉역까지 정거장 수로 8 정거장, 소요시간은 약 19분 걸린다.

잠실까지는 신분당선에서 8호선 환승이 필요하고 정거장 수로는 7 정거장, 소요시간 약 15분이 걸린다.

강남 핵심지까지 지하철로 20분 안쪽이면 이동이 가능한 곳이 가천대역이다.

판교까지는 수인 분당선에서 경강 건으로 1회 환승해야 하며 5 정거장 소요시간 약 16분이 걸린다.

수인 가천대 → 경강 판교	
소요시간	약 16분

30평대 아파트 실거래가

출처: 호갱노노(국토교통부 제공 데이터, 2022년 7월 13일 기준)

가천대역 주변으로 단지형 아파트가 많지 않다.

행정구역상 태평동에 속하는 곳이 가천대 역세권 주거지인데 오래된 주택단지가 많은 지역이며 큰 도로가 쪽으로 아파트 단지가 몇 개 있는 정도이다.

이 아파트 어때요?

출처: 호갱노노(국토교통부 제공 데이터, 2022년 7월 13일 기준)

아파트명	가천대역 쌍용스윗닷홈
세대수	191세대
준공년도	2005년
용적률	253%
건폐율	21%

34평 실거래가		
8억 9,500	6층	21.07.10
8억 8,500	13층	21.06.26
8억 7,000	6층	21.06.12
8억 3,000	12층	21.03.20

가천대역쌍용스윗닷홈

191세대 작은 단지의 아파트이다.
지하철역까지 2~3분 정도 거리의 초 역세권 단지이다.
구축이지만 주차에 여유가 있고 길 건너지 않고 초등학교를 갈 수 있다.
가천대역 주변 아파트들이 오르막길에 있는 경우가 많아 도보 이용 시 불편함이 있을 수 있는데 쌍용 스위트 닷홈 단지의 경우 오르막길 초입에 있어 다른 단지들에 비해서 불편함이 적다.
이런 부분 때문에도 가천대 역세권에서 많이 선호하는 아파트이고 현장답사를 오면 꼭 들리게 되는 곳이기도 하다.

강남권
판교권

> **현장답사시 체크포인트**
>
> 초등학교가 바로 옆에 있지만 오르막을 올라가야 해서, 저학년 자녀가 있다면 걸어서 학교까지 다녀와 보자.

이 아파트 어때요?

출처: 호갱노노(국토교통부 제공 데이터, 2022년 7월 27일 기준)

아파트명	가천대역 동부센트레빌1단지
세대수	248세대
준공년도	2006년
용적률	252%
건폐율	30%

32평 실거래가		
8억 3,000	13층	21.10.20
7억 8,000	6층	21.09.07
7억 8,000	11층	21.07.15
7억 8,000	4층	21.07.05

가천대역동부센트레빌1단지

2006년 입주 구축 아파트이다.
도로가에 붙어있어서 차량으로 진입하기 편리하지만 단지가 오르막 언덕에 있어 불편함이 있을 수 있다.
태평로에 붙은 주거지가 오르막에 있어서 타 단지와 비교 시 단점이라고 할 수는 없다.
단지 앞 길 건너 초등학교가 있다.

현장답사시 체크포인트

경사가 있는 만큼 아파트 전망이 뛰어나다는 장점도 있다.
아파트 내부를 볼 때 전망의 가치를 비교해가며 보자.
단지가 경사를 따라 길게 붙은 모양이라 지하철역 도보 이용 시 위쪽동 아래쪽동 간의 역세권까지 소요시간 차이도 체크해 보자.

땅땅무슨땅의 생각!

경기 성남시 수정구 수인분당선 가천대역세권은요~

가천대역은 주거지 부동산 시장에서 언급이 적은 지역이다. 그도 그럴 것이 실제 단지형 아파트가 많지 않기도 하고, 역 이름이 학교명이라 대학가 느낌의 상업지로 이루어진 지역일것 같은 느낌도 있다.

그럼에도 이 책에 실리게 된 것은 가천대 역이 강남으로 환승 없이 10여 분에 도달이 가능한 역세권이라는 점이고, 태평동 쪽 재개발도 진행 중이라 미래에 신축들이 꾸준히 유입된다면 가천대 역이 직주근접 주거지로서 가치가 상승할 것이라는 기대감이 있어서이다.

결정적으로 가격적인 메리트가 있다. 같은 성남시인 위례신도시와 강남 접근성에서 큰 차이가 없는데 가격은 거의 절반이다. 평지에 신축인 신도시와 직접 비교를 할 수는 없겠지만 가천대 태평동 쪽도 재개발 지역에 신축들이 들어서면 위례 갭 매우기 현상으로 인한 상승 흐름이 일어날 수 있다.

직장이 강남 쪽이라 수인 분당선 라인에서 집을 보고 있다면 가천대 역을 고려해볼 수 있다. 네 식구 가족이 지낼 30평대 아파트가 7~8억 예산에서 가능하기 때문이다.

강남권, 판교권 업무지구
2곳으로 출퇴근이 가능한 지역 역세권 아파트

경기광주역세권

경기 광주시 역동 ——————— 경강선

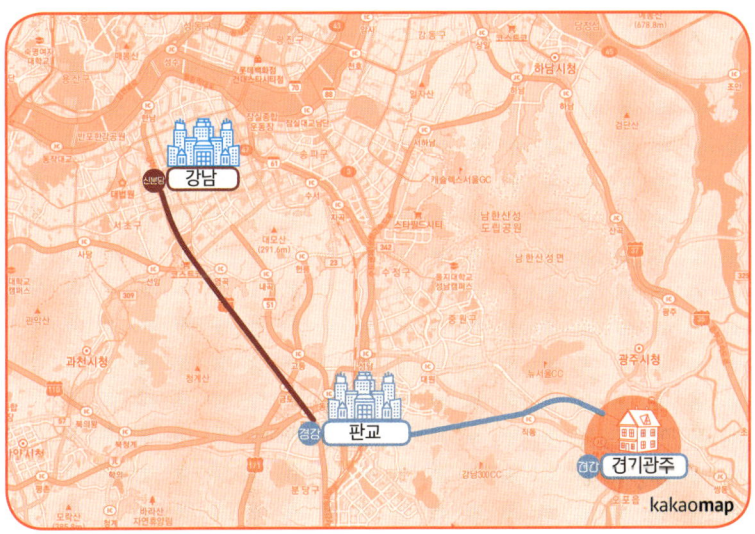

판교역과 경기 광주역은 지도상에서 보면 출퇴근이 가능할까 싶을 정도로 거리가 있어 보인다.

판교역과 경기 광주역 사이에 영장산, 고불산, 능안산, 국수봉 등 크고 작은 산으로 이루어져 있어서 뭔가 험난한 여정을 거쳐야 도달할 것 같은 착각을 일으키기 때문이다.

실제로 판교역과 경기 광주역은 직선거리로 13km 정도밖에 되지 않고 비교적 직선주로에 가까운 경강선 열차가 개통된 이후로는 실제 이동 시간도 엄청나게 단축이 되었으며 경기 광주, 곤지암, 이천 등의 지역들이 알려지는 데에도 경강선의 역할이 컸다.

판교역에서 신분당선으로 환승을 하면 강남역까지도 출퇴근이 가능하다. 경기 광주역과 강남역은 물리적 거리로만 따지면 직선거리 약 23km로 거리감이 있어 보이지만 곡선구간이 거의 없는 경강선과 신분당선 덕분에 강남권 까지도 출퇴근이 가능해진곳이 경강선 경기 광주역이다.

경기 광주역에서 판교역까지는 경강선으로 환승 없이 3 정거장이다. 소요시간은 약 12분으로 경기 광주역은 판교 업무지구의 직주근접 주거지가 된다.

경강선을 타고 판교역에서 신분당선으로 갈아타면 강남역까지도 7 정거장이면 도달이 가능하다. 경기 광주에서 강남역 구간 경강선과 신분당선 모두 비교적 직선 주로로 되어 있어서 큰 시간 손실 없이 이동이 가능한 구간이다. 소요시간은 약 33분으로 경기 광주역은 강남역으로도 출퇴근이 가능한 지역이 된다.

30평대 아파트 실거래가

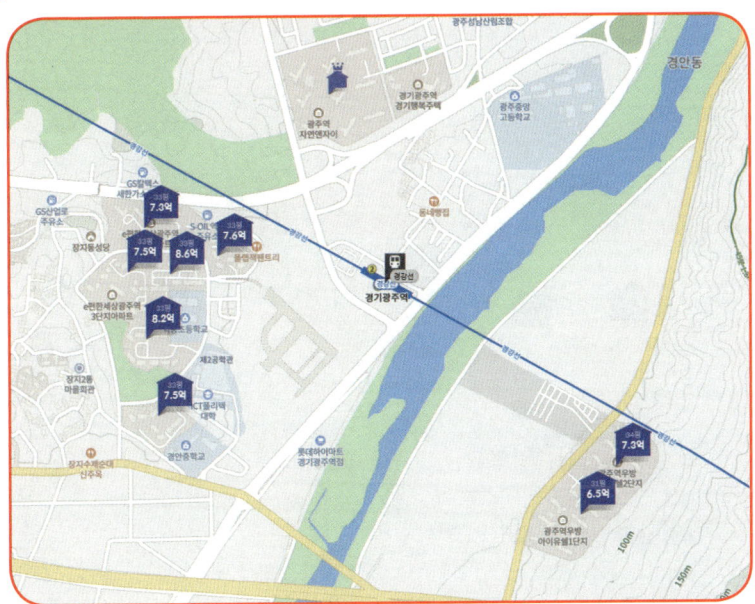

출처: 호갱노노(국토교통부 제공 데이터, 2022년 7월 13일 기준)

경기광주역 단지형 아파트로는 광주역의 서측방향 이편한세상광주역 1~6단지가 있고 우측 경안천 넘어로는 광주역우방아이유쉘 1~2단지가 있다.

 **이 아파트 어때요?**

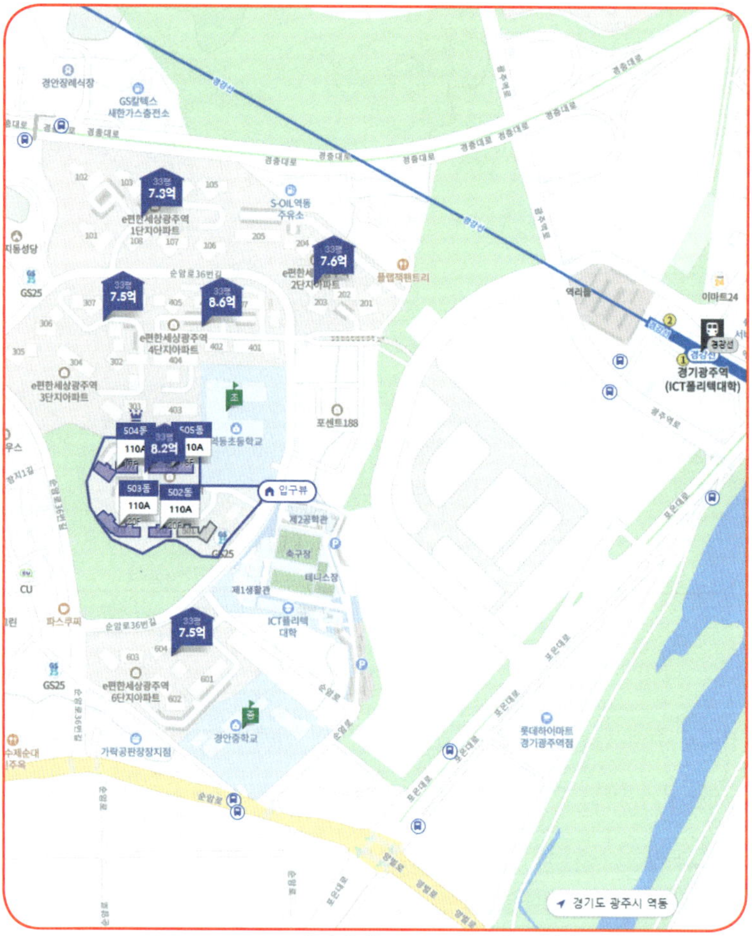

출처: 호갱노노(국토교통부 제공 데이터, 2022년 7월 27일 기준)

아파트명	e편한세상 광주역 5단지
세대수	314세대
준공년도	2016년
용적률	189%
건폐율	17%

33평 실거래가		
7억 9,000	3층	21.10.02
8억 1,500	9층	21.08.31
7억 9,400	2층	21.08.19
8억 3,000	9층	21.07.28

e편한세상 광주역 5단지

역동초등학교를 바로 끼고 있는 아파트이다.
아파트 입구부터 광주역까지는 직선거리로 500m이고 도보로 10분 정도면 도착을 한다.
지금은 역세권 개발지 주변을 빙 둘러서 이동하는 형태인데 추후 역세권 개발이 완료되면 상업지 쪽을 통과하여 직선에 가깝게 역으로 이동할 수 있게 되면서 역까지의 이동시간이 더 단축될 것으로 보인다.
초등학교 후문이나 정문 모두 가까워서 저학년의 경우에도 라이딩이 필요 없는 초품아 아파트이다.

현장답사시 체크포인트

아파트 입구부터 역동초등학교 정문까지 몇 걸음에 도달하는지 확인해보고 오자.
경기 광주역까지 도보로 이동해 보면서 실제 걸리는 시간도 재보고 체감 시간도 느껴보고 오자.

이 아파트 어때요?

출처: 호갱노노(국토교통부 제공 데이터, 2022년 7월 13일 기준)

아파트명	e편한세상 광주역 2단지	33평 실거래가		
세대수	289세대	7억 6,800	11층	22.06.25
준공년도	2016년	7억 6,000	15층	22.06.18
용적률	182%	7억 7,000	7층	22.05.07
건폐율	15%	7억 9,000	11층	22.04.10

e편한세상 광주역 2단지

289세대로 e 편한 세상 단지들 중에서 세대수는 가장 적지만 광주역까지 도달하는 거리가 가장 가까운 단지이다.

출근길에 도보거리를 약간이라도 줄일 수 있다는 것이 분주한 오전 시간대에 얼마나 큰 체감 차이인지 경험해본 사람은 알 거다.

역까지 빠른 걸음이면 5분이면 도달을 하니 열차시간만 잘 맞춰서 집을 나서면 door to 판교역까지 20분에도 도달이 가능하다.

평지 쪽에 있는 동이 있고 오르막 쪽에 있는 동이 있으니 전망이나 가격 등 개인 사정에 맞게 선택을 하면 된다.

33평형 실거래가는 다른 단지와 비슷하게 8억 내외로 거래가 되고 있고 역과 가까운 장점 때문에 신혼부부들의 관심이 많은 단지이다.

> **현장답사시 체크포인트**
>
> 평지에 있는 동과 그렇지 않은 동의 차이를 느껴보고 오자.
> 경기 광주역까지 도보 이동 동선도 파악해보고 실제로 출근하는 느낌으로 걸어가 보며 시간도 체크해 보자.
> 세대수가 작아 몇 개 단지가 통합하여 대단지로 구성하는 것을 추진 중에 있는데 진행상황을 현장에서 파악해 보자.

경기 광주시 역동 경강선 경기광주역세권은요~

강남, 판교 등 핵심 일자리로 출퇴근이 가능한 지역에서 주거지를 고르려면 가격이 만만치가 않다. 하지만 물리적 거리가 아니라 소요시간으로 파악해보면 경기 광주 역세권 주거지들은 좋은 선택이 될 수 있다. 판교까지 10분, 강남역까지도 30분 정도면 도달을 할 수 있으면서 8억 가격대에 매수할 수 있는 곳을 찾는 것은 쉬운 일은 아니다. 게다가 신축으로 아파트라 컨디션도 좋고 초, 중학교를 끼고 있는 단지들도 있다.

경기도 광주는 경강선이 없을 때에는 정말 네임벨류가 없는 도시였다. 전라남도 광주를 그냥 광주라고 불렀고, 경기도 광주는 뭔가 특별한 수식어가 있었어야 표현이 가능할 정도였다. 하지면 경강선으로 판교와 3 정거장으로 연결이 되고, 신분당선으로 강남역까지 연결이 되면서 경기 광주는 판교 강남 업무지구의 직주근접 주거지가 되었다. 수서에서 연결되는 수서 광주선 착공을 앞두고 있어 미래에는 수서를 통한 강남 진입과 고속열차 SRT를 이용한 수도권 외곽으로의 빠른 이동 편리성도 갖추게 된다. 그 외에도 광주 역세권 개발로 인한 주거 상업시설 확충, 위례에서 삼동역으로 내려오는 위례 삼동선, 서울 동부권에서 세종시까지 연결되는 서울 세종 고속도로 광주 오포 ic예정, 그리고 대선 후보들의 핵심 교통공약이었던 GTX 광주 연결 등 교통호재들이 순차적으로 진행되면서 경기 광주의 가치는 날로 더해갈 것이다.

강남권, 광화문권 업무지구
2곳으로 출퇴근이 가능한 지역 역세권 아파트

약수역세권

서울 중구 신당동 —— 3호선

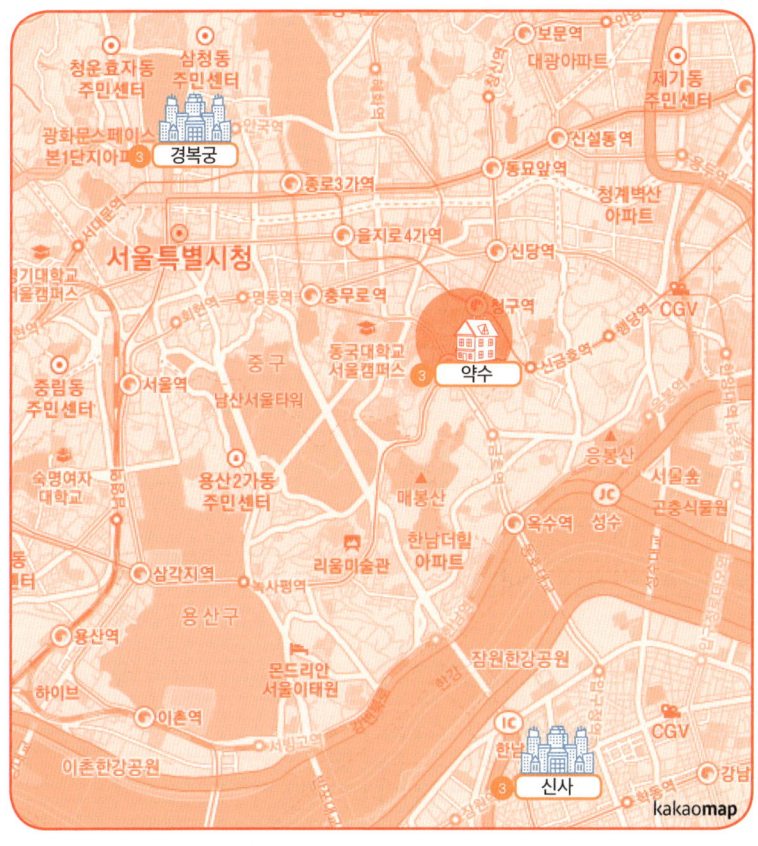

6호선과 3호선 환승역인 약수역이다.

6호선은 이태원, 삼각지, 상수 홍대권으로 연결되는 상권이 발달한 지역을 통과하는 노선이다.

3호선은 핵심 업무지구를 2곳이나 지나가는데 북쪽으로는 광화문권 업무지구인 경복궁역으로 향하고 남쪽으로는 강남 핵심지인 신사역으로 향한다.

업무지구까지 직선거리는 약수역에서 경복궁역까지 약 4km, 약수역에서 신사역까지 약4.3km 이다.

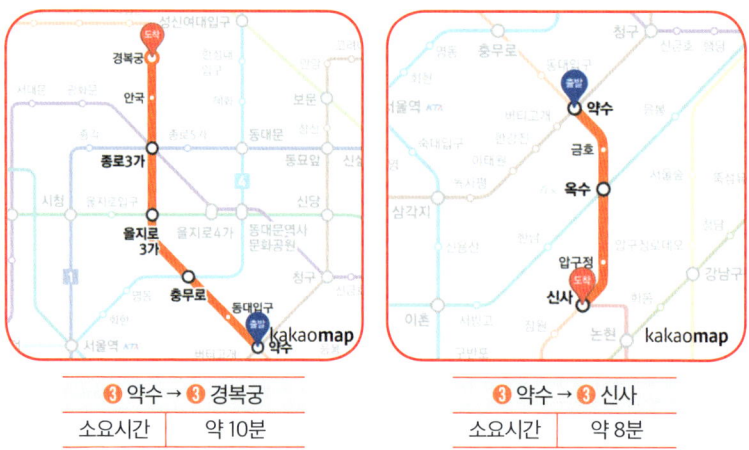

약수역에서 3호선으로 서울 핵심 업무지구인 경복궁까지 정거장 수로는 6 정거장 소요시간은 약 10분이다. 약수역과 가까운 쪽 아파트라면 door to 경복궁역까지 20분 안에 이동이 가능하다.

강남까지는 더 가깝다. 약수역에서 3호선으로 강남 신사역까지 정거장 수로는 4 정거장 소요시간은 약 8분이다.

강남권과 단시간에 출퇴근이 가능한 곳이 약수동 약수 역세권이라고 볼 수 있다.

30평대 아파트 실거래가

출처: 호갱노노(국토교통부 제공 데이터, 2022년 7월 13일 기준)

약수역 주변으로 구축 아파트들이 있다.

대단지로 대지 면적도 크고 단지 내 경사도 있어서 같은 아파트라도 동별로 차이가 있다

이 아파트 어때요?

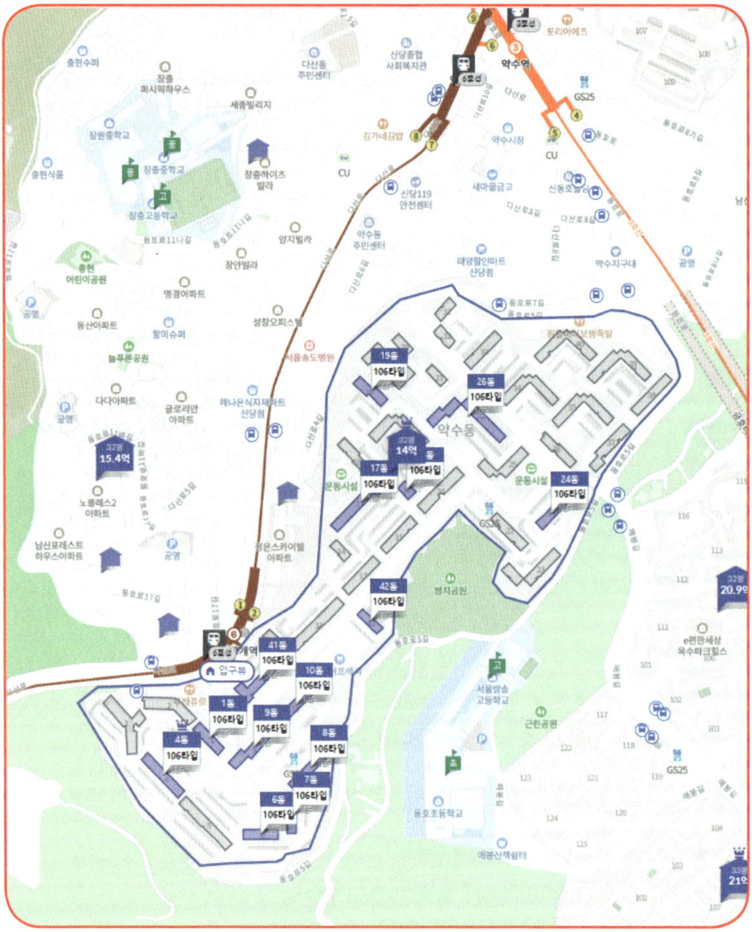

출처: 호갱노노(국토교통부 제공 데이터, 2022년 7월 13일 기준)

아파트명	남산타운
세대수	5,152세대
준공년도	2002년
용적률	231%
건폐율	22%

32평 실거래가		
12억 4,000	5층	22.06.22
14억	11층	22.05.19
14억 5,000	16층	22.04.14
15억 9,000	14층	22.04.08

남산타운

42개 동 5152세대로 이루어진 초 대단지 아파트이다.
2002년 입주한 아파트로 20년이 넘어가고 있다.
약수역과 버티고개역 2개 역 이용이 가능할 정도로 넓은 면적을 차지하고 있고 남산자락에 위치한 만큼 오르막 구간이 많다.
주차는 지하 3층까지 있어서 차를 못 대거나 하는 경우는 거의 없지만 단지와 연결된 형태는 아니다.
남산, 매봉산이 지척에 있어서 운동 다니기에도 좋다.
리모델링 추진을 진행 중에 있다.

현장답사시 체크포인트

오르막에 길게 배치된 단지이기도 하고 워낙 세대수도 많고 해서 각 동마다 느낌이 많이 다르니 최대한 많은 매물을 보고 오도록 하자.
동에 따라 약수역과 가까운 쪽도 있고 버티고개역과 가까운 쪽도 있으니 집 앞에서 이용하려는 지하철역 입구까지의 거리를 잘 체크해 봐야 하고, 처음 가보면 체감이 잘 안 될 수도 있으니 최소 두, 세 번은 걸어서 역까지 다녀보며 시간도 재보도록 하자.
오르막이 심해 영유아나 초등학교 저학년 자녀가 있는 경우 등하굣길에 신경을 좀 써야 하는 점도 체크포인트
남산자락이다 보니 아무래도 오토바이나 드라이브족들이 많이 다니는 곳이고, 밤중에도 답사를 하여 소음이나 주차 상황 등 야간 분위기도 느껴보자.

이 아파트 어때요?

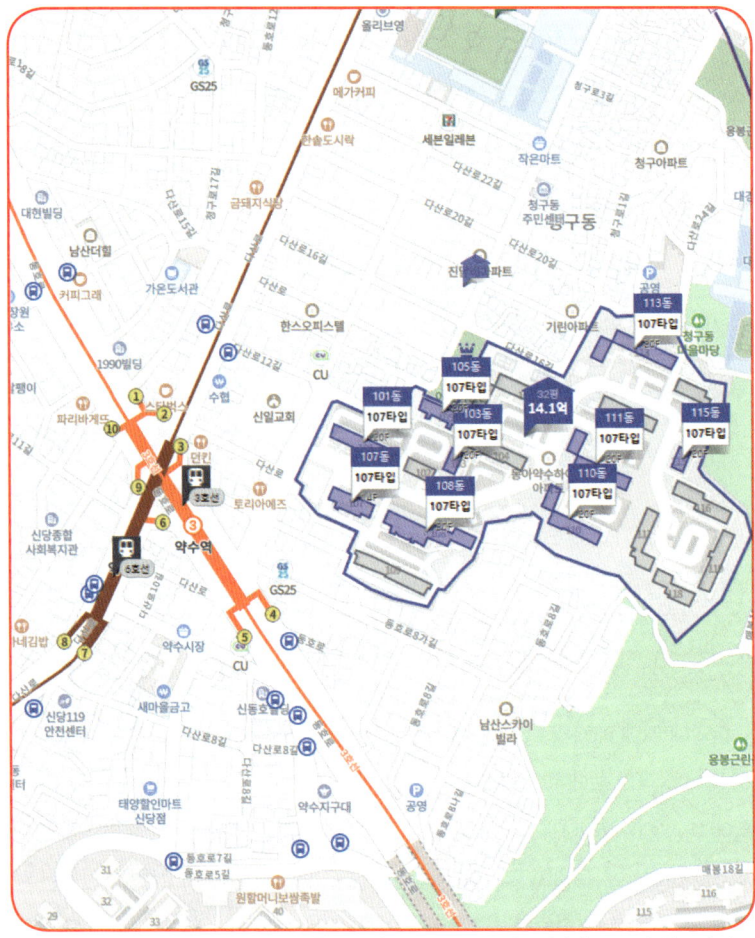

출처: 호갱노노(국토교통부 제공 데이터, 2022년 7월 13일 기준)

아파트명	약수하이츠
세대수	2,282세대
준공년도	1999년
용적률	255%
건폐율	19%

32평 실거래가			
14억 1,000	7층	22.04.18
12억 2,000	16층	21.11.11
15억	17층	21.11.10
14억 4,000	13층	21.08.23

약수하이츠

약수역 초 역세권 구축 아파트이다.

109동을 비롯해 약수역과 근접한 동은 큰 경사 없이 이용이 괜찮은데 뒷동 쪽으로 갈수록 경사가 심하다.

최근 현대건설 등에서 리모델링에 관심을 갖고 있는 단지이다.

현장답사시 체크포인트

앞동은 평지에 가깝고 뒷동은 경사도가 심한 곳이니 부동산과 차량으로 현장답사 후에 꼭 도보로 다시 한번 단지 내부를 다녀보도록 하자.

리모델링이 진행 중이다.

추진위 출범을 하였고 현대건설 현수막도 붙어있는 상황이었으니 추가적인 리모델링 진행상황이 있는지 현장 부동산에서 알아보자.

유아를 둔 가정이라면 단지 내 유치원 입원이 가능한 상황인지 이사 전이 미리 체크하자.

지하주차장이 있지만 넉넉하지 않으니 야간에 주차장 답사를 해 보자.

대형마트는 보다 시장이 잘 되어있는 지역이니 장보기 코스도 둘러보고 오자.

땅땅 무슨 땅의 생각!
서울 중구 신당동 3호선 약수역세권은요~

교통 편리성이 뛰어난곳이 약수역이다.
지하철 편리성으로 둘째가라면 서러운 3호선 6호선 더블역세권이고 강남, 경복궁, 이태원으로 단시간에 이동이 가능한 위치에 있다.
남산자락에 위치한 아파트들이라 뒷동 쪽은 경사도가 심한데, 뒷동과 앞동의 차이는 꼭 도보로 이동해봐야 정확히 느낄 수 있다.
단지가 경사진 게 아니라 모두 평지였다면 가격이 얼마나 나갔을지도 생각해 볼 필요가 있다.
약수역 주변 재개발에 대한 기대감도 커서 미래에 약수역 주변은 지금과는 또 다른 가치를 지니게 될 것이다.
한 구역이라도 눈에 보이게 치고 나가면 약수동 자체에 대한 관심도가 폭발할 수 있다.

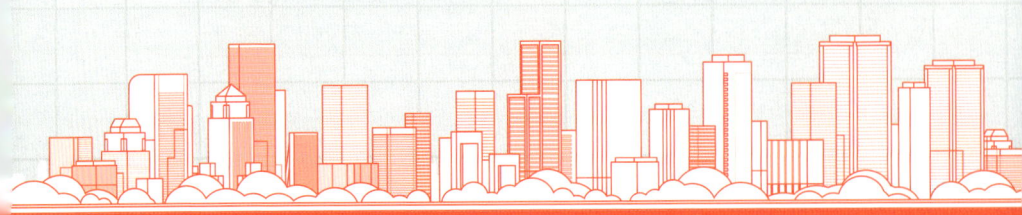

강남권, 광화문권 업무지구
2곳으로 출퇴근이 가능한 지역 역세권 아파트

금호역세권

서울 성동구 금호동 ─────── 3호선

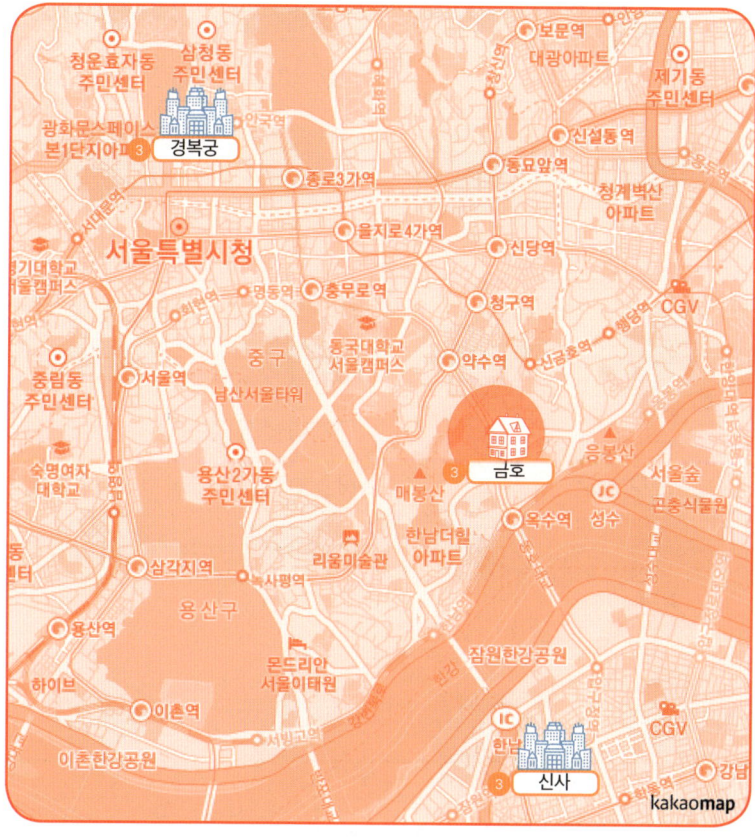

강남권이나 광화문권 업무지구까지 3호선으로 빠르게 이동이 가능한 곳이 금호동이다.

금호역에서 강남권 일자리가 많은 신사역까지는 직선거리로 약 3.5km 이고, 광화문권 경복궁 역까지는 직선거리 약 4.8km이다.

🚇 **지하철**

③ 금호 → ③ 신사
| 소요시간 | 약 6분 |

금호동의 가치는 지하철 노선도 하나로 설명이 된다.

금호역에서 신사역까지는 3호선으로 환승 없이 3 정거장이다. 소요시간은 약 6분으로 금호동은 강남의 직주근접 주거지가 된다.

③ 약수 → ③ 경복궁
| 소요시간 | 약 11분 |

광화문 업무지구까지도 빠르게 도달이 가능하다.

금호역에서 경복궁역까지는 3호선으로 환승 없이 7 정거장이고 소요시간은 약 11분이 걸린다.

30평대 아파트 실거래가

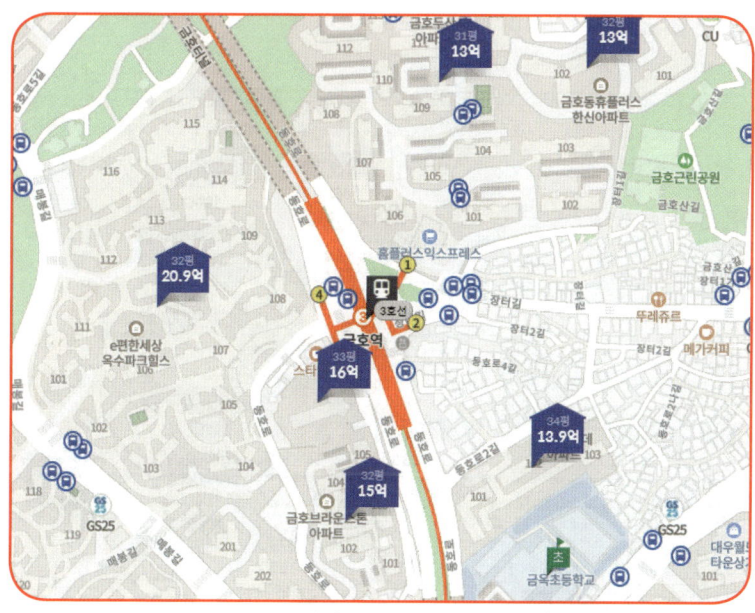

출처: 호갱노노(국토교통부 제공 데이터, 2022년 7월 13일 기준)

금호역 주변은 준신축 아파트와 재건축이나 리모델링이 필요한 구축 아파트가 섞여있다.

대단지 아파트들이라 각 동별로 지하철과의 거리가 상당한 차이가 있어서 같은 아파트 같은 평형이라도 가치가 다르다는 점을 체크할 필요가 있다.

신·구축에 따른 가격 갭 차이도 상당해서 금호역 주변 아파트 시세를 단정 지어 말하기는 쉽지 않다.

이 아파트 어때요?

출처: 호갱노노(국토교통부 제공 데이터, 2022년 7월 13일 기준)

아파트명	e편한세상옥수파크힐스
세대수	1,976세대
준공년도	2016년
용적률	208%
건폐율	20%

32평 실거래가		
20억 9,000	8층	21.10.01
18억 4,400	4층	21.08.14
19억	18층	21.07.24
18억 9,000	12층	21.07.03

e편한세상 옥수파크힐스

금호역 앞에 있는 아파트인데 행정구역상 옥수동에 속해 있어서 아파트 이름에 옥수라는 말이 들어가 있다.

1976세대 대단지에 2016년 입주 준 신축급이라 금호 역세권 대장 아파트라고 볼 수 있고 신축에 걸맞게 커뮤니케이션 시설과 지하주차장이 잘 되어있다.

피트니스 이용이 가능하고 골프연습장과 라운지카페도 있다.

역에서 멀어지는 단지 뒤쪽 동으로 갈수록 높은 곳에 위치해 있는데 동호초등학교가 단지 맨뒤 높은 곳에 위치해 있어서 뒤쪽 동도 가치가 있다. 지대가 높아 한강뷰가 가능한 집이 있고 매봉산 이용이 편리한 동도 있다.

현장답사시 체크포인트

대단지 아파트에 땅도 넓고 경사도 있어서 각 동별로 입지적 장단점이 있다. 내가 중요하게 생각하는 것이 무언인지 파악해서 필수조건을 미리 결정해 놓고 현장답사를 가면 도움이 된다.

- 출퇴근 시간: 역과 가까운 동, 지하철 연결되는 동
- 초등학생 자녀: 동호초등학교와 가까운 동
- 전망이 중요: 한강뷰가 나오는 집

아파트 답사가 끝난 후에는 금호역 주변 상가들도 둘러보자.
대형몰은 압구정동 현대백화점을 이용하게 되는 경우가 많으니 승용차로 동호대교 건너서 다녀오는 코스도 경험해 보자.

이 아파트 어때요?

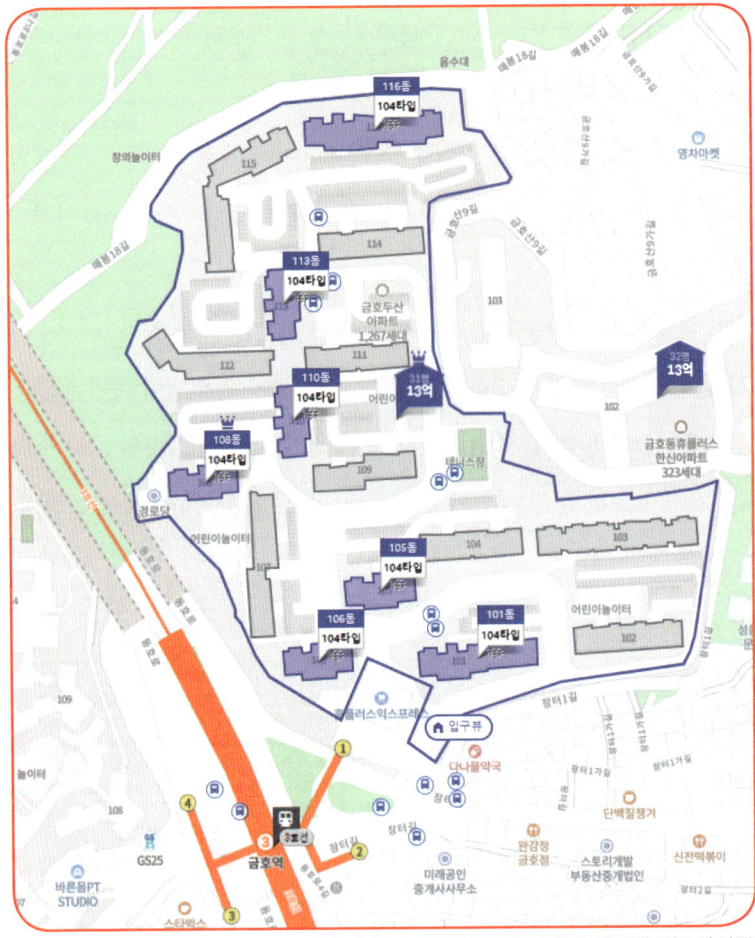

출처: 호갱노노(국토교통부 제공 데이터, 2022년 7월 13일 기준)

아파트명	두산
세대수	1,267세대
준공년도	1994년
용적률	249%
건폐율	21%

31평 실거래가		
12억 9,500	10층	22.06.19
13억 2,500	11층	21.09.03
14억	8층	21.08.24
12억 8,000	14층	21.06.14

두산

3호선 금호역 근접 구축 아파트이다.
1994년 입주로 30년이 다 되어가는 단지이고 구축 아파트라 주차에 불편함은 있다.
리모델링 움직임이 활발하고 롯데건설 사업설명회도 최근에 진행하였다.
남산자락 아파트로 오르막 언덕길에 단지가 위치해 있다.
동별로 고 차이가 커서 아래쪽 동과 위쪽 동의 차이를 현장에서 도보로 다녀보며 느껴볼 필요가 있다.

강남권
광화문권

현장답사시 체크포인트

30년이 다된 구축 아파트라는 점을 감안해서 보도록 하자.
리모델링이 추진되고 있기 때문에 같은 입지에 새 아파트로 거듭날 수 있다는 기대감으로 보자.
건너편 신축급인 옥스 파크 힐스와 같은 평형대에서 가격차이가 있는데, 새 아파트가 되었을 때 어느 정도 평가를 받게 될지 생각해 보자.
현장 부동산 사장님도 외지인인 경우 재건축, 리모델링 진행상황을 잘 모르는 경우가 있을 수 있으니 두산아파트에 자가로 실거주하는 부동산 사장님에게 리모델링 진행상황을 물어보면 가장 정확히 알 수 있다.
극악의 주차난이라 밤에 오면 차 댈 곳이 없어서 주위를 빙빙 도는 일이 생길 수 있으니 밤늦게 퇴근하는 업종에 종사한다면 자가용보다는 대중교통으로 출퇴근하는 방법도 현장에서 파악해 보자.

서울 성동구 금호동 3호선 금호역세권은요~

금호역은 3호선으로 강남, 경복궁과 바로 연결된다는 것이 최고 장점이다.
지하철 2 정거장이면 압구정동에, 7 정거장이면 경복궁에 도착하고 차량으로도 단시간이면 강남권이나 종로권에 도달할 수 있다.
쇼핑은 차량으로 동호대교만 넘어가면 압구정동 현대백화점을 이용할 수 있고(약 2.6km 거리) 금호동 금남시장 쪽도 장 보는데 어려움이 없다. 압구정 학원가 버스도 오기 때문에 강남권 교육 혜택도 누릴 수 있는 곳이 금호동이다.
남산, 매봉산 라인에 자리 잡은 주거지라 언덕이 많다는 불편함이 있지만 이 정도 교통의 편리함에 평지까지 갖췄다면 지금과는 비교할 수도 없는 시세였을 것이다.
금호 16구역, 공공재개발구역 등 금호동 일대에 정비사업도 진행 중이어서 대규모 신축 아파트들이 들어오게 되면 강남 직주근접 지역으로서의 금호동이 재평가받는 날이 올 것이다.

강남권, 광화문권 업무지구
2곳으로 출퇴근이 가능한 지역 역세권 아파트

옥수역세권

서울 성동구 옥수동 ─────────── 3호선

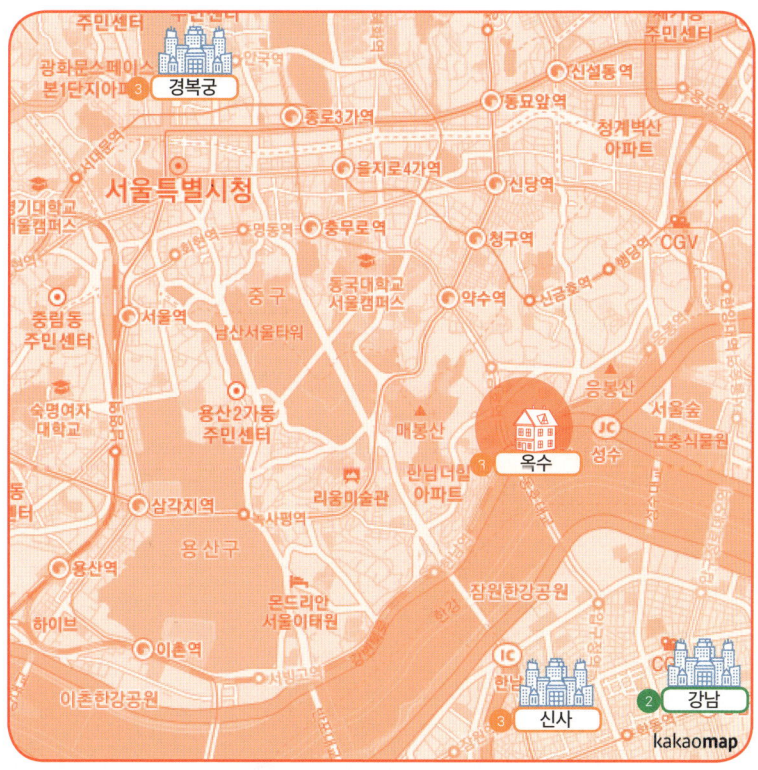

강남에서 한강을 건너면 바로 만나는 동네로 한남동, 옥수동, 성수동이 있다.

세 곳 모두 다리를 건너면 바로 강남에 진입할 수 있는 초 강남권 지역이라고 볼 수 있는데 그중에서도 옥수동은 3호선을 타고 한강을 건너면 바로 강남으로 진입을 할 수 있는 곳이고 반대 방향인 금호동 방면으로 올라가면 광화문 업무지구로 이동도 가능하다.

옥수역에서 강남 신사역까지는 직선거리로 약 2.7km이고 광화문 업무지구인 경복궁역까지는 직선거리로 약 5.6km이다.

지하철

옥수역에서 신사역까지 3호선으로 환승 없이 2 정거장이다.

소요시간은 약 5분으로 옥수동은 강남의 직주근접 지역이 된다.

업무지구인 경복궁역까지는 환승 없이 8 정거장이다.

소요시간은 약 13분으로 옥수동은 광화문권 업무지구까지도 빠르게 이동이 가능하다.

30평대 아파트 실거래가

출처: 호갱노노(국토교통부 제공 데이터, 2022년 7월 13일 기준)

옥수역 주변으로 한강이 잘 보이는 곳 위주로 아파트들이 위치해 있다. 80년대부터 2011년까지 긴 시간차를 두고 입주한 아파트들이 있다.

이 아파트 어때요?

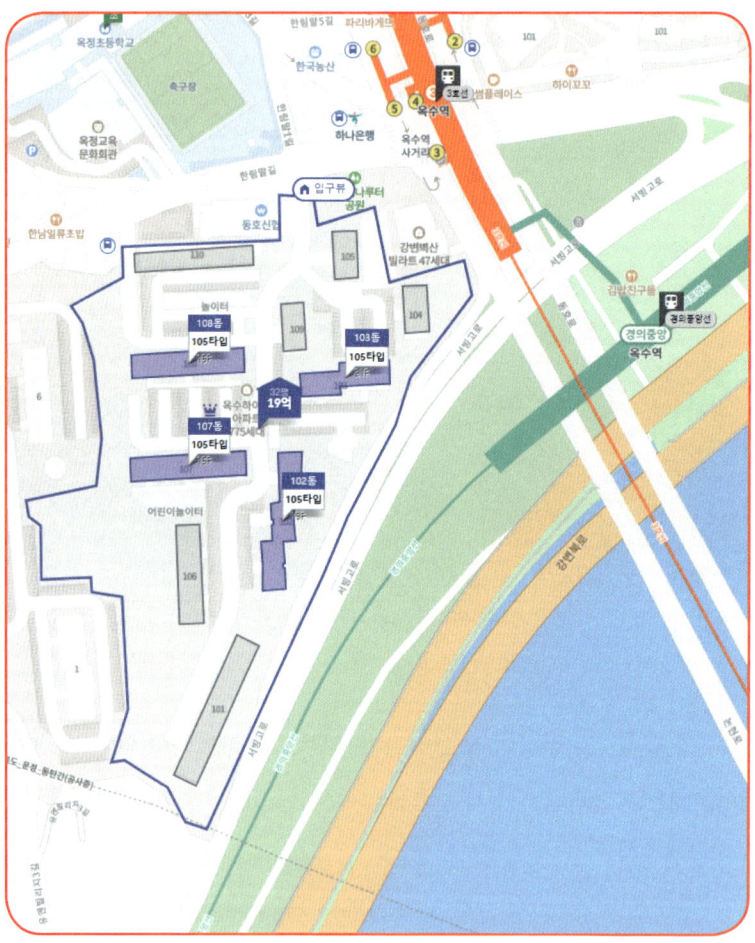

출처: 호갱노노(국토교통부 제공 데이터, 2022년 7월 13일 기준)

아파트명	옥수하이츠
세대수	774세대
준공년도	1998년
용적률	212%
건폐율	20%

32평 실거래가		
19억	11층	21.10.10
18억 4,000	3층	21.10.09
18억 5,000	12층	21.08.04
16억	12층	20.12.17

옥수하이츠

1998년 입주한 25년 차 된 구축 아파트이다.

한강 바로 앞에 위치해 있기 때문에 최고의 전망을 자랑한다.

한강에 붙은 쪽 동은 대부분의 층에서 한강과 강남 전망이 펼쳐지고, 그 외의 동에서는 전망이 부분적으로 보이거나 저층은 안보이기도 한다.

구축임에도 주차장이 잘 되어있고 단지 안쪽은 조용한 분위기로 차분한 느낌이다.

리모델링 이야기가 계속 있었지만 눈에 띄는 진행상황은 아직이다.

바로 앞에 옥정초등학교가 있고 지근거리에 옥정중학교가 있다.

강남권
광화문권

현장답사시 체크포인트

워낙에 한강에 붙어있는 아파트라 한강뷰가 정말 멋지게 나오는 집들이 있다. 같은 아파트라도 집마다 뷰의 가치가 다르니 가능한 한 많은 집을 봐야한다. 매매 물건이 마땅치 않다면 전, 월세 매물이라도 보며 초 근접 한강 전망의 가치를 느껴보고 오자.
특정동 특정 라인의 전망은 성수동 갤러리아 포레 트리마제 등 고층 주상복합에 잠실 롯데타워 그리고 한강의 상류 쪽을 바라보는 특 A급 뷰를 자랑하는 집도 있으니 옥수하이츠 전망 사진을 미리 찾아보고 현장답사에 임하면 도움이 된다.
주변에 아기자기한 음식점들은 있지만 전체적으로 상권이 부족하다고 느낄 수 있으니 자주 이용하는 체인점 식당이나 카페는 매장 위치를 파악해 보자.

이 아파트 어때요?

출처: 호갱노노(국토교통부 제공 데이터, 2022년 7월 13일 기준)

아파트명	옥수어울림
세대수	297세대
준공년도	2011년
용적률	248%
건폐율	36%

32평 실거래가		
18억 3,000	16층	22.02.24
16억 9,000	16층	21.01.13
18억 1,000	16층	21.01.08
16억	16층	20.12.01

140 집 살라고?

옥수어울림

12년 차 아파트로 옥수동에서는 신축에 속하는 편이다.
단지 앞 상가에 병원 약국 식당 등 기본적인 편의시설이 잘 갖추어져 있어 편리하게 이용할 수 있다.
경의 중앙선 철도소음을 걱정하는 분도 있는데 이 구간이 저속운행하는 구간에 있어 소음은 거의 느낄 수가 없다.
초 역세권으로 집 앞이 바로 지하철 입구이며 시간만 잘 맞추면 door to 신사역까지 10분에도 도달할 수 있다.
비교적 최근에 지어진 아파트답게 지하주차장에서 엘리베이터로 연결도 되고 난방 만족도도 크다.

현장답사시 체크포인트

강남권으로의 교통연결은 더할 나위 없이 좋으니 그 외적인 것을 살펴보고 오자.
옥수역 고가 밑으로 좀 번잡스러운 느낌도 있고 상권도 부족함이 있다.
내가 꼭 필요한 매장이 어디에 있는지 현장에서 확인해 보자.
1층 상가도 가깝고 초역세권에 특급 한강 전망을 가지고 있으면서 엘리베이터도 2개인, 로열 동도 있으니 로열동과 비 로열동의 편리성 차이와 가격차이도 체크해 보자.

땅땅무슨땅의 생각!

서울 성동구 옥수동 3호선 옥수역세권은요~

한강의 기적 대한민국이 아니겠는가? 그만큼 수도 서울에서 한강이 주는 의미가 크다. 그뿐 아니라 한강 전망은 세계 어디에 내놔도 손색이 없을 정도로 멋있다. 그런 한강을 바라보는 집에 살 수 있다면 매일 아침마다 새로운 에너지를 받는 느낌으로 일과를 시작할 수 있고, 그만큼 한강뷰가 주는 집값 프리미엄이 있는것이다. 방송에서도 한강뷰 아파트에 사는 연예인의 집을 자주 소개할 정도로 한강뷰 아파트에 자가로 산다는 것은 성공한 삶으로 비치기도 한다. 한강의 북부와 남부 쪽에 붙어있는 아파트들이 한강뷰가 되는 곳들인데 옥수동은 한강의 북쪽에 붙어있다.

거실 창으로 동에서 서로 흐르는 한강이 펼쳐지고 강 건너 쪽으로는 대한민국에서 가장 비싼 땅 강남 압구정동의 재건축 아파트들도 보인다.

이 정도 초 근접으로 한강 전망을 즐길 수 있는 아파트가 많지 않기 때문에 특별한 희소성을 갖는 게 옥수동 한강뷰 아파트들이다.

물론 10억대 중후반의 가격이라는 것이 절대적 가치로 적은 돈은 아니지만, 한강 영구 조망권에 강남권과 광화문권 업무지구의 직주근접 지역이라는 것을 감안하면 평생 소유하고 싶은 지역이라고 해도 부족함이 없어 보인다.

현재는 구축이 많지만 순차적으로 리모델링이나 재건축이 이루어진다면 옥수동의 가치를 재평가받게 되는 날이 올 것이다.

여의도권, 마곡권 업무지구
2곳으로 출퇴근이 가능한 지역 역세권 아파트

염창역세권

서울 강서구 염창동 ─── 9호선

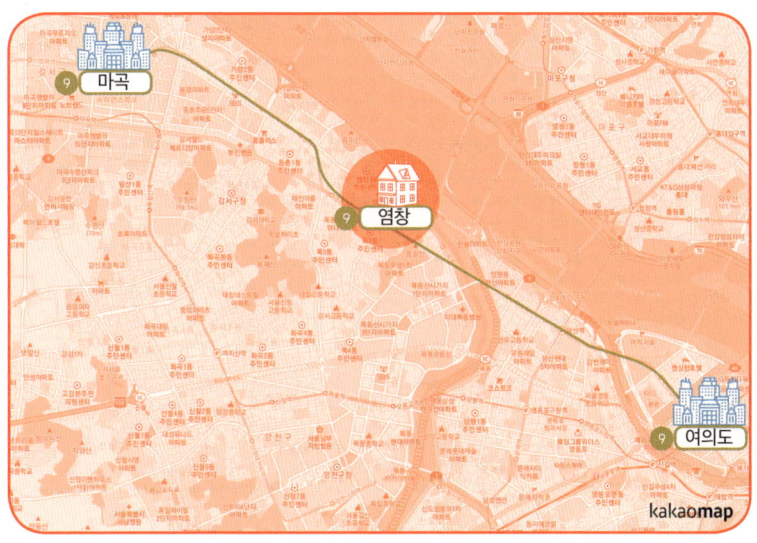

9호선 염창역은 마곡 업무단지와 여의도 업무단지의 중간에 위치해 있다. 염창역에서 여의도와 마곡중 어디가 더 가깝다고 할 수 없을 정도로 두 업무지구까지의 거리가 비슷하다.

9호선 철로를 따라가는 거리가 염창역에서 마곡나루 역까지 5.3km 정도이고 염창역에서 여의도역까지는 5.4km 정도이다.

부부의 일자리가 마곡, 여의도로 갈릴 때에는 염창 역세권을 주거지로 선택하면 아주 공평하게 중간지점을 선택하게 되는 것이다.

지하철

염창역에서 마곡나루 역까지는 9호선으로 환승 없이 5 정거장이다. 염창역이 급행역이기 때문에 급행 열차를 타면 2 정거장(염창-가양-마곡나루)이면 도착을 한다.

소요시간은 약 7분으로 염창동은 마곡 업무단지의 직주근접 주거지가 된다.

염창역에서 여의도역까지는 9호선으로 환승 없이 5 정거장이다.

마찬가지로 염창역에서 급행을 이용하면 2 정거장(염창-당산-여의도)이면 도착을 한다.

소요시간은 약 10분으로 염창역에서 마곡나루 역까지 와 여의도역까지의 거리나 지하철 정거 장수 소요시간 등이 모두 비슷하다.

30평대 아파트 실거래가

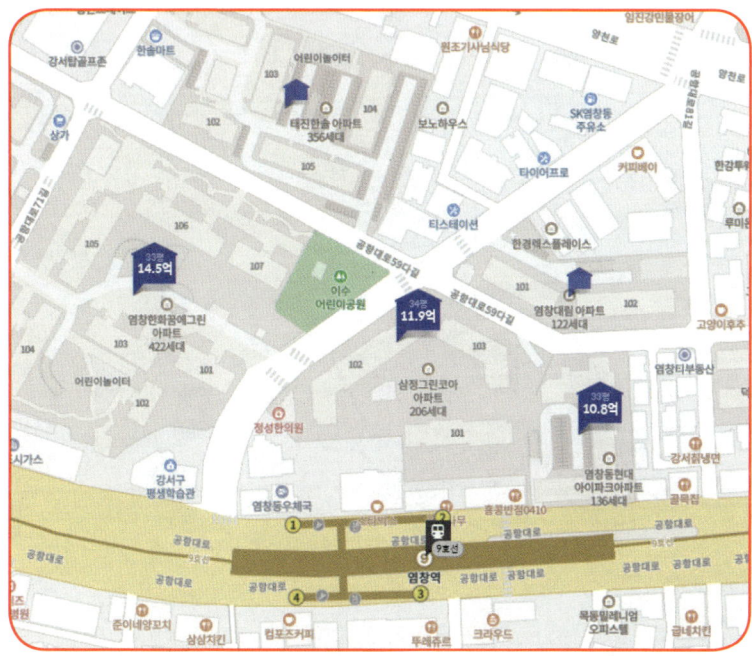

출처: 호갱노노(국토교통부 제공 데이터, 2022년 7월 13일 기준)

염창역 북부 쪽으로 단지형 아파트들이 형성되어 있다.

2000년대 초, 중반에 지은 구축 아파트도 있고 30년이 다되어 재건축 가능 연한을 채워가는 아파트도 있다.

염창역 북쪽 1번 출구 쪽으로 아파트들이 모여있는데 역세권이라 부를 만한 단지들이 많이 있다.

30년이 다되어가는 낡은 구축과 아직 20년이 안된 아파트 간에 가격차이는 있지만 시간이 좀 더 흘러서 재건축 이슈가 생기면 상황은 달라질 수 있다.

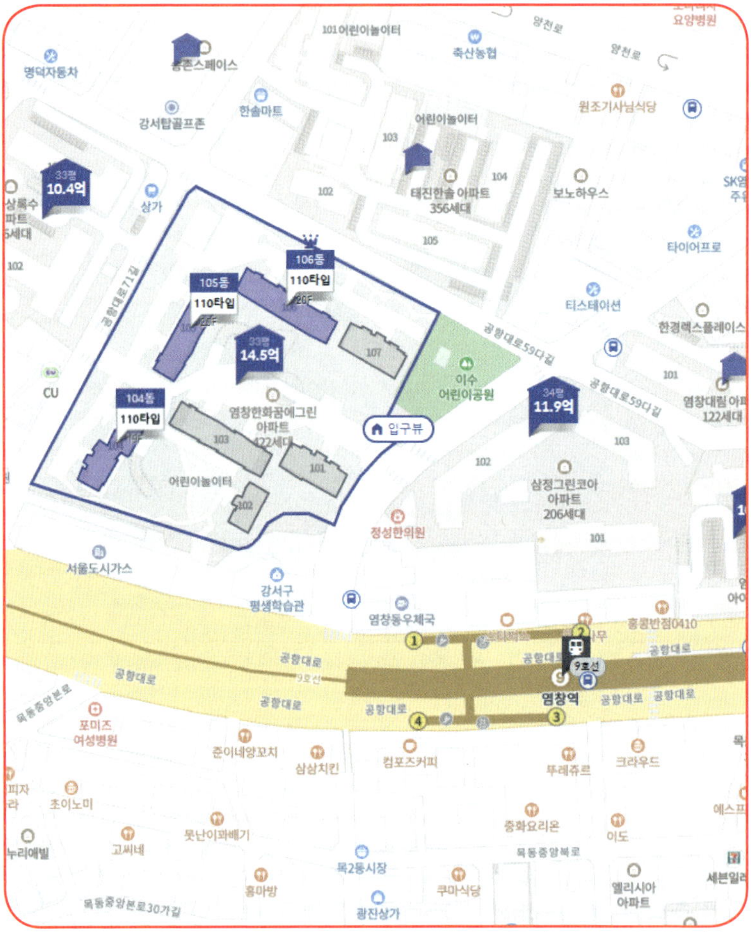

출처: 호갱노노(국토교통부 제공 데이터, 2022년 7월 13일 기준)

아파트명	염창한화꿈에그린1차
세대수	422세대
준공년도	2005년
용적률	247%
건폐율	17%

33평 실거래가		
14억 5,000	8층	22.06.01
13억	2층 경매	21.08.25
13억 7,000	3층	21.08.13
13억 5,500	4층	21.07.03

염창한화꿈에그린1차

2005년에 입주한 구축 아파트이다.
초 역세권에 아직은 20년이 안된 아파트로 염창동을 대표하는 대장 아파트 단지이다.
초등학교가 거리가 좀 있어서(염창초등학교 도보 7~10분) 저학년 자녀가 있는 가정은 등하굣길을 챙겨줘야 할 수 있다.
지하주차장이 여유가 있어서 주차 스트레스가 없다.

> **현장답사시 체크포인트**
>
> 초등학교 입학 예정인 자녀가 있거나 초등 저학년 자녀가 있다면 학교까지 자녀와 함께 걸어가 보자.
> 염창역 남쪽 방향 상가건물들 상권 쪽을 돌아다녀보며 실 이용이 가능한 매장들에 대한 파악을 해 보자.

이 아파트 어때요?

출처: 호갱노노(국토교통부 제공 데이터, 2022년 7월 13일 기준)

아파트명	태진한솔
세대수	356세대
준공년도	1994년
용적률	
건폐율	

31평 실거래가		
10억 2,000	11층	21.06.03
9억 3,500	15층	21.04.20
8억 9,700	9층	20.11.19
8억 500	15층	20.07.02

태진한솔

1994년 입주로 곧 30년이 되는 구축 아파트이다.

역에서 도보길로 약 250m 거리에 있고 염창역까지 도보로 5분 정도 소요된다. 큰 도로에서 한 블록 안쪽에 있는 단지로 대로에서 오는 소음 걱정이 없다.

30년 재건축 연한이 다 되어서 새 정부의 공급 활성화 정책과 잘 맞아떨어지면 재건축 추진의 가능성도 열려있다. 준공업지역에 있는 아파트여서 추가 혜택에 대한 기대감도 있을 수 있다.

주변 아파트들보다 연식이 오래되었지만 그만큼 가격 메리트도 있기 때문에 주차 등 실거주 불편함을 감수하며 살 수 있다면 재건축 이슈가 생길 때에 투자 수요층이 늘어나는 것을 기대해 볼 수도 있다.

최근 엘리베이터를 신형으로 교체했다.

현장답사시 체크포인트

재건축 대상 아파트의 주차난을 경험해보지 못하였다면 꼭 저녁 8시 이후에 현장을 방문해보자.

자잘한 차량 흠집이나 문콕에 크게 신경 쓰지 않을 수 있는지 멘털 체크도 필수 구축이라 내부 인테리어를 하고 입주할 수 있으니 인테리어를 진행할 거라는 것을 염두에 두고 집을 보도록 하자.

서울 황금노선인 9호선 중에서도 급행이 서는 역은 최고의 가치를 가진다. 게다가 좌 마곡, 우 여의도라는 기가 막힌 입지는 타 지역에서 가질 수 없는 최고의 메리트이다.

맞벌이 부부의 일자리가 마곡과 여의도로 나누어질 때 서로 공평하게 딱 중간 지점으로 고를 수 있는 주거지가 염창동 염창 역세권이다.

아이 키우기에 좋게 엄마 쪽 일자리에 가깝게 주거지를 골라야 한다는 주장도 있는데 실제로 엄마 쪽이든 아빠 쪽이든 한 쪽 일자리 근처로 주거지가 결정되면 꼭 트러블이 생긴다. 마곡과 여의도 딱 중간이라는 특징으로 임차수요도 꾸준한 곳이라 매매가 하락기에 방어도 잘 되는 곳이고 상승기때에 흐름도 잘 탈 수 있는 곳이 염창 역세권이다.

재건축 연한이 다가오는 오래된 단지와 그렇지 않은 단지의 가격차도 있어서 애초에 차가 없거나 차량 운행이 거의 없어서 주차 스트레스를 받지 않는다면 재건축 가능성이 있는 구축 아파트를 매입해서 실 거주하며 새 아파트가 되는 기대감으로 살아보는 것도 방법이 되겠다. 마곡 직주근접이나 여의도 직주근접 이야기가 나올 때 꼭 빠지지 않는 지역이 염창동이다.

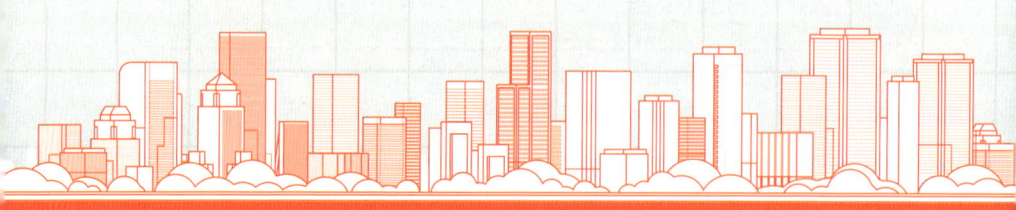

여의도권, 마곡권 업무지구
2곳으로 출퇴근이 가능한 지역 역세권 아파트

증미역세권

서울 강서구 가양동, 등촌동 ──── 9호선

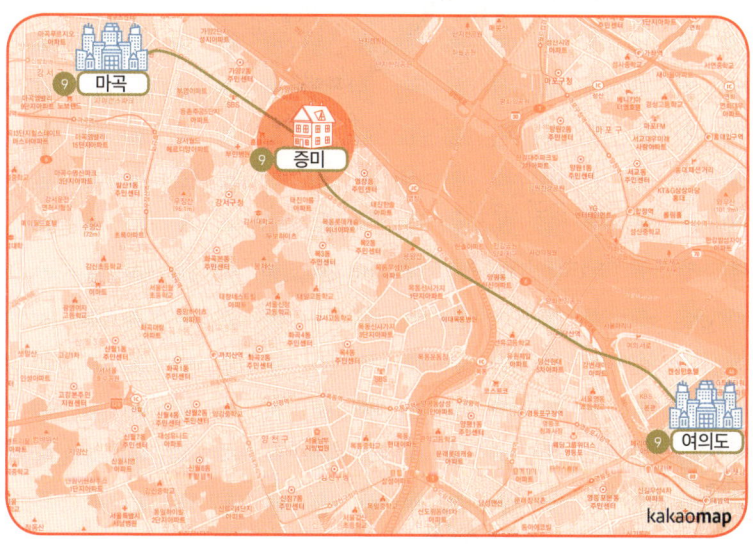

9호선 증미역은 행정구역상 역 위쪽은 가양동, 아래쪽은 등촌동에 속한다. 증미역 주변으로 아파트 빌라 등 주거단지들도 많고 이마트나 상가 등 상권 형성도 잘 되어있다.

서울 동서를 가르는 핵심 지하철 9호선이 정차하는 곳으로 직장이 여의도와 마곡으로 갈리는 맞벌이 부부의 직주근접을 충족해 주는 주거지역이라 볼 수 있다.

9호선 증미역에서 여의도역까지 직선거리로 약 7km이고 마곡나루 역까지는 약 3km이다.

🚇 **지하철**

❾ 증미 → ❾ 여의도	
소요시간	약 15분

증미역에서 여의도역까지는 9호선으로 환승 없이 7 정거장이다.

소요시간은 약 15분으로 증미역은 여의도 업무지구의 직주근접 주거지가 된다.

❾ 증미 → ❾ 마곡나루	
소요시간	약 9분

마곡나루 역은 더 가까운데 증미역에서 마곡나루 역까지 9호선으로 환승 없이 3 정거장이다.

소요시간은 약 9분으로 마곡 업무지구의 직주근접 지역이 증미역이다.

30평대 아파트 실거래가

출처: 호갱노노(국토교통부 제공 데이터, 2022년 7월 13일 기준)

증미역 남쪽 방향으로 단지형 아파트들이 위치해 있다.

90년대 말에서 2000년대 초에 입주한 아파트들이 대부분이고 신축 아파트는 찾기 힘들다.

이 아파트 어때요?

출처: 호갱노노(국토교통부 제공 데이터, 2022년 7월 13일 기준)

아파트명	대동황토방1차
세대수	241세대
준공년도	2000년
용적률	321%
건폐율	23%

33평 실거래가		
10억 4,000	14층	21.09.29
8억 3,100	1층	21.08.27
10억	13층	21.08.17
10억	9층	21.08.17

대동황토방1차

2000년 입주한 23년 차 된 구축 아파트이다.

단지 입구에서 지하철 출입구까지 도보로 2~3분 거리 되는 초 역세권 아파트이다.

탑승 시간만 잘 맞추면 door to 여의도역은 20분 안쪽으로, 마곡나루역은 15분 안쪽으로 도착이 가능한 여의도와 마곡 업무지구의 직주근접 이 되는 아파트이다.

아파트 바로 옆 서울 축산농협 NH서울타워 신축공사가 진행 중에 있고 하나로마트가 입점 예정으로 되어있다.

조만간 공사가 마무리될 예정이니 공사로 인한 피해는 신경 쓰지 않아도 될 문제이다.

지하주차장이 있어서 구축 치고는 주차가 편리한 편에 속한다.

아파트 이름이 황토방인데 다소 어색한 이름 때문에 아파트 가치를 떨어트린다는 불만들이 있다.

길 건너 이마트가 있다는 것은 최고의 장점이다.

현장답사시 체크포인트

강서소방서가 증미역 앞에 있어서 소방차 사이렌이 들리는 경우가 있으니 거실과 방 창문 새시가 잘 되어있는 집인지 체크해 보자.

주차는 여유가 있다고 느끼는 사람도 있고 힘들다고 느끼는 사람도 있기 때문에 퇴근시간 이후에 주차장 상황은 직접 체크해 보자.

이 아파트 어때요?

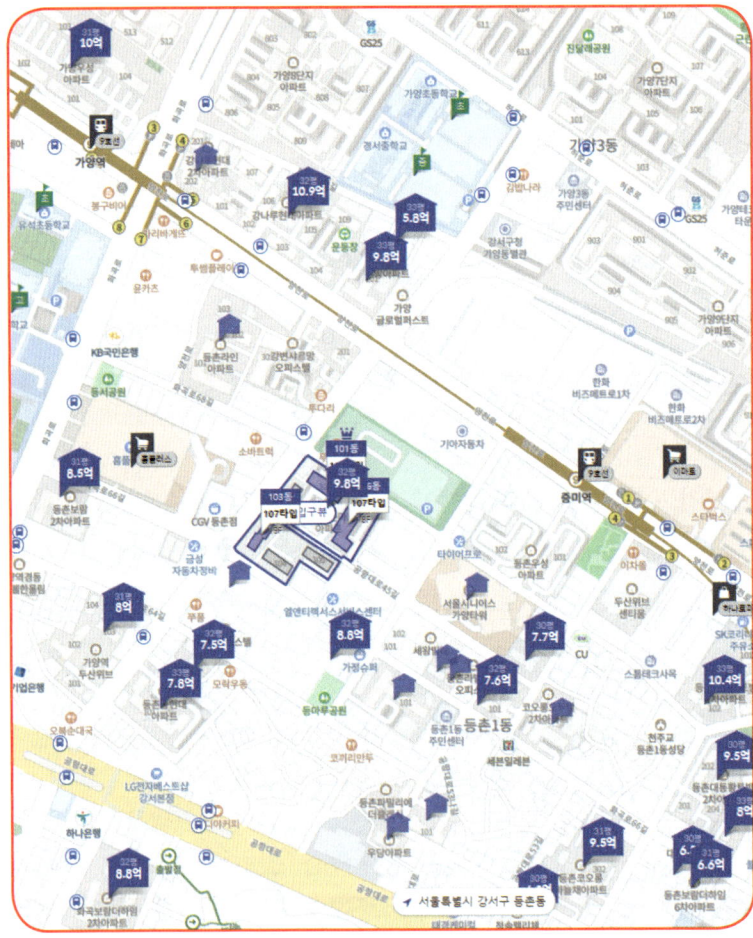

출처: 호갱노노(국토교통부 제공 데이터, 2022년 7월 13일 기준)

아파트명	서광등촌마을	32평 실거래가		
세대수	430세대	9억 7,900	14층	21.07.29
준공년도	1999년	9억 4,000	8층	21.05.10
용적률	291%	8억 9,900	17층	21.05.07
건폐율	24%	9억 2,000	12층	21.02.02

156 집 살라고?

서광등촌마을

1999년 입주한 24년 차 된 구축 아파트이다.

9호선 증미역과 가양역 두 역을 모두 이용할 수 있는 위치에 있다.

두 역 모두 도보로 7~8분 정도 소요가 된다.

혼잡도가 심하더라도 빠른 급행을 이용하려면 가양역에서 급행열차를 탑승하면 되고 조금 느려도 여유 있게 이용을 하려면 증미역에서 탑승하면 된다.

가양역 쪽은 상암, 홍대까지 연결되는 대장-홍대선이 계획되어 있기 때문에 미래에는 더블역세권이 될 수 있는 역이어서 추가적인 교통호재도 받을 수 있는 아파트이다.

아파트 바로 앞에 홈플러스와 CGV가 있고 증미역 앞 이마트도 지근거리에 있다.

지하 2층까지 주차장이 있어서 여유 있게 주차할 수 있다.

> **현장답사시 체크포인트**
>
> 증미역과 가양역 모두 이용이 가능하지만 반대로 생각하면 두 역 모두 애매한 거리가 될 수도 있기 때문에 지하철 입구부터 아파트 단지까지 도보 이동시간도 체크해보고 체감상 거리도 느껴보자.
>
> 초등학교가 거리가 좀 있는데 저학년 자녀가 있는 가정이라면 아파트 단지에서 학교까지 다녀와 보자.
>
> 주차장 연결이 되는 동 과 안 되는 동이 있으니 집 현관에서 주차장까지의 동선도 체크해 보자.

땅땅무슨땅의 생각!

서울 강서구 가양동, 등촌동 9호선 증미역세권은요~

증미라는 이름이 생소한 분도 있을 것이다.

증미산이라는 곳이 있기는 하지만 증미동이라는 지역명이 없기 때문에 지하철 9호선이 생기기 전에는 이곳을 가양동이라고 하기도 하고 등촌동이라고 하기도 했다. 9호선 증미역이 생기면서 증미 역세권, 증미역 아파트 이런 식으로 불리게 되었다.

30평 초반대 아파트가 7억~9억대에 실거래 형성이 되어있어서 실거주로 매수하기에도 충분한 매력이 있고, 가양역에 대장 홍대선 연결이 되면 가양동, 등촌동 일대가 전체적으로 매수세가 생겨나면서 가양역에서 증미역까지도 호재를 받을 수 있는 지역이 될 수 있다. 한강으로의 연결이나 올림픽대로 이용도 편리한 게 증미 역세권 주거지이고 마곡 업무지구의 팽창 호재를 직접적으로 받는 것도 증미 역세권 주거지라고 볼 수 있다.

여의도와 마곡으로 9호선을 이용한 출퇴근이 가능하면서, 집 주변으로 대형마트 두 개라는 풍부한 상권까지 갖춘 지역이고 마곡, 여의도 업무지구가 팽창하는 것의 직·간접적 호재를 받는 지역이 증미 역세권이라고 볼 수 있다.

여의도권, 마곡권 업무지구
2곳으로 출퇴근이 가능한 지역 역세권 아파트

등촌역세권

서울 강서구 가양동, 등촌동 ──────── 9호선

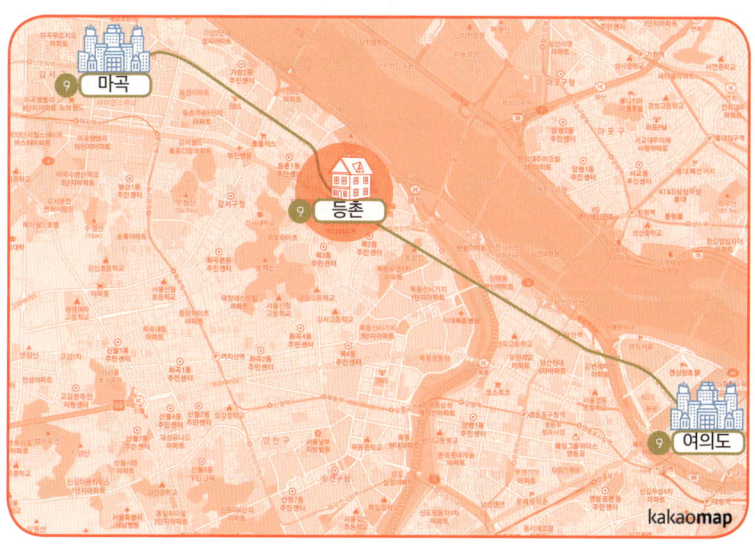

9호선 등촌역 앞 공항대로 쪽으로 주거지뿐 아니라 대형건물 상가건물 오피스텔 보건소 등 다양한 업무 상업시설로 이루어진 곳이 등촌 역세권이다.

서울 동서를 가르는 황금노선인 9호선이 등촌역에 서는데 좌로는 마곡 업무지구 우로는 여의도 업무지구와 환승 없이 직결로 연결이 된다.

9호선 등촌역에서 여의도역까지 직선거리로 약 6km이고 9호선 마곡나루 역까지는 직선거리 약 3.8km이다.

🚇 **지하철**

등촌역에서 여의도역까지는 9호선으로 환승 없이 6 정거장이다. 소요시간은 약 13분으로 등촌동은 여의도 업무지구의 직주근접 주거지가 된다.

등촌역에서 마곡나루 역까지는 9호선으로 환승 없이 4 정거장이다. 소요시간은 약 11분으로 등촌동은 여의도와 마곡 초대형 업무지구 2곳의 직주근접 지역이 된다.

30평대 아파트 실거래가

출처: 호갱노노(국토교통부 제공 데이터, 2022년 7월 13일 기준)

9호선 등촌역의 북쪽으로 아파트 단지들이 있다.

90년대 만들어진 오래된 구축 아파트부터 2000년대 중반에 만들어진 15~20년 된 아파트들로 이루어져 있다.

연식에 따라, 역과의 거리에 따라 가격차이가 좀 있다.

이 아파트 어때요?

출처: 호갱노노(국토교통부 제공 데이터, 2022년 7월 13일 기준)

아파트명	염창롯데캐슬
세대수	284세대
준공년도	2005년
용적률	209%
건폐율	25%

34평 실거래가		
13억	3층	21.10.13
13억 9,000	4층	21.09.02
13억 5,000	4층	21.04.24
10억 3,000	10층	20.07.10

염창롯데캐슬

2005년 입주한 18년 차 되는 구축 아파트이다.

초 역세권으로 단지에서 큰 도로로 나오면 바로 등촌역 3번 출구가 있다. 여의도역이나 마곡나루 역 모두 door to 도착역까지 20분 안쪽에 가능할 정도로 초 역세권 아파트 단지이다.

염창초등학교도 단지 바로 뒤쪽에 있어서 초등학생 자녀가 있는 가정이라면 학교와의 거리, 역과의 거리 모두 만족할 수 있는 좋은 위치에 있다.

주차공간도 충분하고 주변으로 체인형 매장들(버거킹, 서브웨이, 스타벅스 등)도 많아서 실생활 만족도가 큰 곳이다.

현장답사시 체크포인트

길 건너 쪽에 목동 깨비 시장이 있다.
시장 상권도 직접 다녀보면서 실 거주 시 이용할 수 있는 것들을 알아보자.
집 앞 대로(공항대로)에 버스 노선도 잘 되어있으니 버스를 이용한 출퇴근 소요 시간도 체크해 보자.

이 아파트 어때요?

출처: 호갱노노(국토교통부 제공 데이터, 2022년 7월 13일 기준)

아파트명	염창우성3차
세대수	196세대
준공년도	1993년
용적률	240%
건폐율	26%

31평 실거래가		
9억 5,000	12층	21.10.25
9억 5,000	9층	21.09.04
8억 7,500	1층	21.08.21
8억 6,000	6층	20.12.05

염창우성3차

입주한 지 30년 차가 된 구축 아파트이다.

단지에서 등촌역 3번 출구까지 코앞이기 때문에 구축이지만 초역세권 입지의 장점을 제대로 누리는 단지이다.

이젠 재건축 가능 연한이 되었기 때문에 새 정부의 재건축 완화 정책을 기대해 볼 수 있다.

구축 치고는 주차 스트레스가 크게 심하지는 않다.

땅 모양만 보면 옆 단지인 한과 꿈에 그린 아파트와 합쳐서 개발하는 것을 기대해 볼만도 한데 연식 차가 10년도 넘게 나기 때문에 성공 가능성은 크지 않다.

입지는 변하지 않기 때문에 세월이 흘러 리모델링이나 재건축이 되면 지역 대장 아파트가 될 수 있는 자리임에 분명하다.

현장답사시 체크포인트

단지 후문으로 나가서 50미터 거리에 바로 염창초등학교 입구가 있다.
학교와 아파트 단지를 오가는 길에 학원들이 모여 있으니 초등학생 자녀가 있는 가정은 학교 쪽 방면으로 우리 아이가 다닐만한 학원들을 살펴보도록 하자.
주차장이 좀 부족한 편인데 퇴근시간 후 주차 상황을 살펴보도록 하자.
30년이 넘어가면 재건축 가능성으로 투자수요가 늘어날 수도 있으니 미래에 리모델링이나 재건축으로 새 아파트가 되면 어떤 가치를 지닐지 상상해보며 현장답사를 해 보자.

땅땅무슨땅의 생각!
서울 강서구 등촌동 9호선 등촌역세권은요~

등촌 역세권은 공항대로라는 큰 도로에 있어서 주거지로서의 기능 외에 교통, 학군, 상업시설 등 다양한 인프라가 아주 잘 갖춰져 있는 곳이다.

대세 흐름에 맞는 리모델링이나 재건축 가능성이 있는 곳이 좋겠지만 그렇지 않더라도 9호선 대로변 역세권의 가치는 꾸준히 지속될 것이다.

게다가 등촌역은 강북의 9호선이라 불리는 강북 횡단선이 정차하는 역이다. 개통까지 되려면 시간이 많이 걸리겠지만 일단 예비타당성 조사 통과하고 착공까지만 하면 그 기대감에 시세가 선반영 될 가능성이 많다(착공 2025년 예정, 개통 2029년 예정).

강북 횡단선과 9호선 더블역세권이 되면 등촌역은 여의도, 마곡뿐 아니라 목동과 상암 dmc까지도 출퇴근이 가능한 곳이 된다.

부동산 호재 중에 교통호재를 최고로 뽑는데 그중에서도 9호선과 강북 횡단선이 만나는 지점인 등촌 역세권 아파트들은 앞으로 거주수요와 임차수요가 많이 늘어날 것으로 예상이 된다.

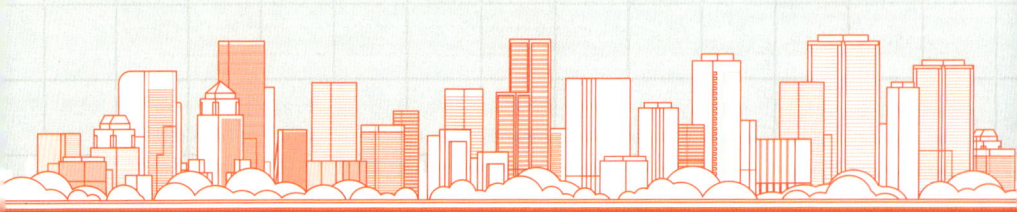

여의도권, 마곡권 업무지구
2곳으로 출퇴근이 가능한 지역 역세권 아파트

가양역세권

서울 강서구 가양동 ——————— 9호선

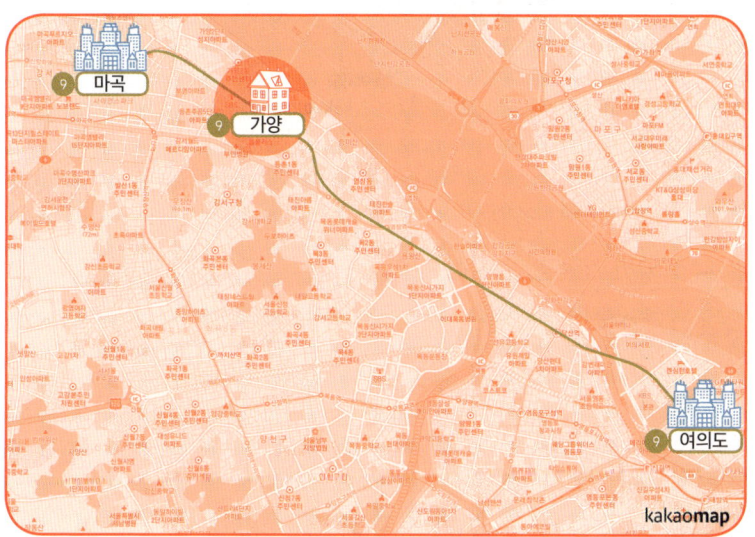

가양동 가양역은 서울을 대표하는 황금 노선인 지하철 9호선이 정차하는 곳이다. 핵심 일자리인 마곡 여의도 강남으로 연결이 된다.

그중에서 가양역 주변은 대단지 아파트로 둘러싸여져 있고 한강도 가까워 올림픽대로도 이용이 가능한 교통천국이라고 볼 수 있다.

9호선 가양역에서 9호선 여의도역까지는 직선거리로 약 7.5km이고 마곡나루 역까지는 직선거리 약 2.5km이다.

마곡나루 여의도 가양동 모두 한강변 쪽에 있어 지하철뿐 아니라 자차를 이용한 출퇴근도 가능하다.

 지하철

9호선 가양역에서 9호선 여의도역까지는 환승 없이 8 정거장이며 급행을 타게 되면 가양-염창-당산-여의도 단 3 정거장이면 여의도에 도착한다 소요시간은 약 12분이다.

가양역에서 마곡나루 역까지는 환승 없이 2 정거장이며 소요시간은 약 3분이다.

가양역세권은 서울 주요 업무지구인 마곡과 여의도의 직주근접 주거지가 된다.

30평대 아파트 실거래가

출처: 호갱노노(국토교통부 제공 데이터, 2022년 7월 14일 기준)

가양역 주변은 90년대에 입주한 아파트 단지들로 이루어져 있다. 10평대와 20평대 소형평수로 이루어진 단지들이 많이 있어서 30평대 아파트 선택의 폭이 넓지 않다.

이 아파트 어때요?

출처: 호갱노노(국토교통부 제공 데이터, 2022년 7월 14일 기준)

아파트명	가양우성
세대수	414세대
준공년도	1990년
용적률	263%
건폐율	30%

31평 실거래가		
10억	10층	22.06.02
9억 7,500	4층	21.05.27
9억 5,000	15층	21.04.30
8억 5,000	5층	21.04.13

가양우성

1990년에 입주한 30년이 훌쩍 넘어버린 단지이다.

초역세권이란 무엇인지 보여주는 단지로 지하철에서 나오면 바로 내 집이다.

게다가 그냥 지하철도 아닌 9호선에 급행열차가 서는 곳이니 시간만 잘 맞춰 타면 내 집 문 앞에서 여의도역 내리기까지 15분 컷, 마곡나루역 내리기 까지 10분 컷도 가능하다.

가양동 전체에서 교통입지로 우성보다 좋은 곳은 없다는 이야기가 나올 정도로 초 역세권인 아파트 단지이다.

아쉬운 점은 지하주차장이 없다는 점인데 지상주차 만으로도 그럭저럭 주차가 가능할 정도는 된다.

마트, 병원, 편의시설 등이 잘 되어있어서 실거주 만족도가 큰 곳이다.

31평형이 9억 원 중후반 실거래가 이루어졌다.

현장답사시 체크포인트

대로변에 붙어있으니 새시를 열었을 때와 닫았을 때 차량 소음을 비교해 보자.
차량으로 올림픽대로 진입하는 코스도 확인해 보자.

이 아파트 어때요?

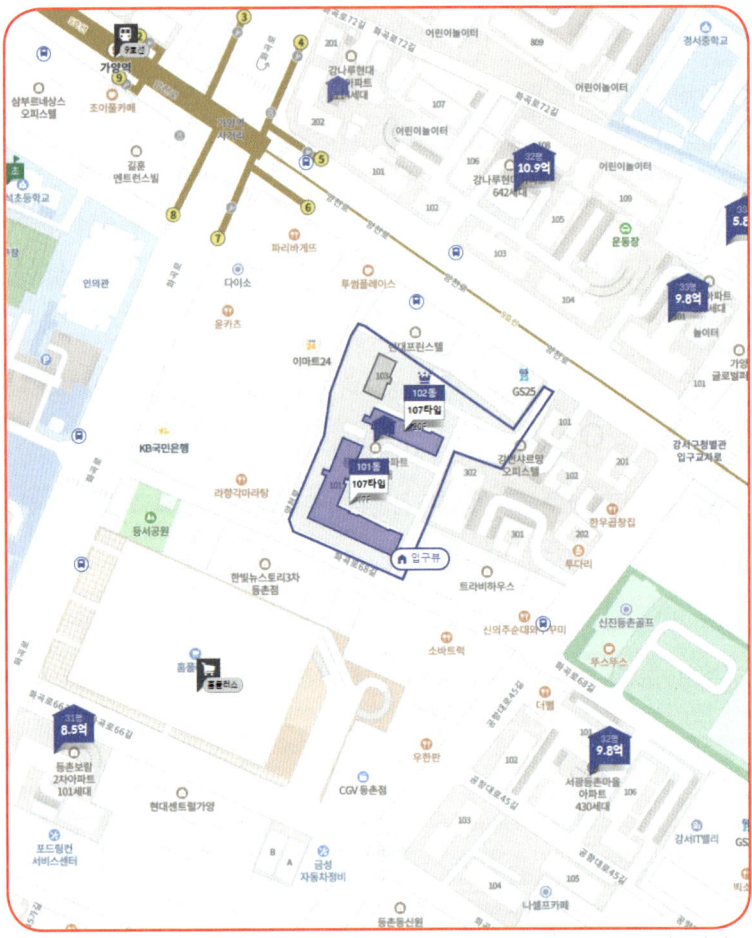

출처: 호갱노노(국토교통부 제공 데이터, 2022년 7월 14일 기준)

아파트명	라인
세대수	317세대
준공년도	1997년
용적률	309%
건폐율	23%

32평 실거래가		
9억 7,389	17층 경매	21.08.24
8억 8,000	2층	21.06.30
7억 5,000	7층	20.06.08
5억 9,800	14층	19.09.15

라인

1997년에 입주한 아파트이다.

317세대 아담한 단지이고 바로 뒤에 홈플러스가 있어서 생활편의성이 아주 뛰어난 곳이다.

가양역까지 5분이면 도착하는 역세권 단지이고 지하 2층까지 주차장이 되어있다.

밤늦게 귀가해도 주차하는데 불편함이 없다.

현장답사시 체크포인트

지하철역 입구와 가장 가까운 동은 역 입구부터 직선거리가 100m도 채 안되지만 아파트 입구가 남쪽으로 나 있어서 실 이동거리는 훨씬 많이 걸리는 점 확인을 해 보자.

놀이터 쪽 후문 설치 의견이 많이 있으니 이 부분 진행상황도 문의해 보자.

바로 앞 유석초등학교는 사립학교로 당첨되어야 다닐 수 있으니 초등자녀가 있는 가정은 배정받는 학교까지의 동선을 도보 이동해 보자.

땅땅무슨땅의 생각!

서울 강서구 가양동 9호선 가양역세권은요~

서울 대장 지하철 노선이라 하면 많은 사람들이 2호선과 9호선을 이야기할 것이다. 2호선은 서울 순환선으로 서울 핵심지를 원형으로 돌아가며 통과한다면, 9호선은 한강의 흐름에 따라 동-서 구간의 핵심 업무지구를 통과한다.

마곡, 여의도, 강남, 잠실을 지나가니 황금 노선 중에서도 황금 노선이 9호선이다. 그중에서도 급행열차가 정차하는 곳들은 주거지구와 업무지구 간 더 빠른 출퇴근이 가능한 곳들인데 이번에 소개한 가양역이 9호선 급행열차가 정차하는 곳이다. 가양역에서 탑승하면 마곡 5분, 여의도 10분, 강남 30분 정도에 도착을 하니 부부 일자리가 동~서로 갈라져도 9호선 급행역에 주거지가 있다면 문제가 없다. 한강변에 위치해 있어 바로 올림픽대로를 타면 여의도 국회의사당 쪽 입구까지 실 주행거리 약 6.5km 정도이고(가양역 → 올림픽대로 → 국회입구) 자전거도로도 잘 되어있어서 자전거를 이용해도 2~30분 이면 여의도에 도착할 수 있다. 그리고 부천 대장 3기 신도시에서 홍대입구역까지 운행하는 대장~홍대선이 가양역에 정차하기 때문에 가양역은 9호선과 대장 홍대선이 지나가는 더블역세권이 되고, 개통 후에는 여의도 마곡 뿐 아니라 상암동, 홍대권까지도 출퇴근이 가능해져서 젊은 부부의 유입이 더 많아질 것으로 예상된다. 대장 홍대선 공사가 시작되면 투자수요가 더 생길 것으로 보이고 마곡지구 입주가 지속적으로 진행되면서 임차수요도 꾸준히 늘어날 것으로 예상된다.

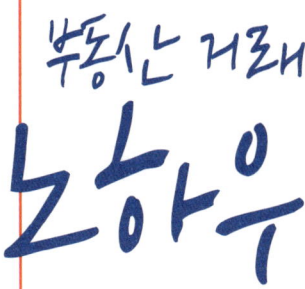

> 부동산 투자 전문가가 알려주는 꿀팁

현장답사 시 **최대한 많은 물건**을 봐야하는 이유!

부동산을 사려고 할 때 직접 현장답사를 다니는 것을 임장이라고 한다. 임장 시에 가장 중요한 것 하나를 꼽으라면 두말할 것도 없이 많은 물건을 봐야 한다는 것이다.

부동산이라는게 체크해 봐야 할 것이 한두 개가 아니기 때문에 많은 물건을 볼수록 또 다른 기회가 있을 수 있다.

특히 중개사 사무소에서는 직접 가지고 있는 직물을 먼저 보여주려는 경향이 있기 때문에 진짜 시장에 풀린 A급 매물을 우선으로 보지 못하는 경우가 있을 수 있다.

여기서 직물이란, 부동산 중개사들 사이에서 쓰이는 말로 손님이 직접 해당 중개사무소로 내놓은 매물이라는 뜻이다. 직물인 매물을 거래하게 되면 매수 손님, 매도 손님 양쪽으로 수수료를 받기 때문에 중개사무소에서는 직물을 우선적으로 보여주는 경향이 있을 수 있다.

한가지 중요한 팁을 주자면 하루 날 잡고 임장을 갈 때에 부동산은 3곳 매물은 6개 이상 보도록 하자.

한 부동산에서 2개씩 3곳의 부동산에서 총 6개의 매물을 봐도 되고 한 곳에서 4개를 보고 다른 부동산에서 각각 1개씩 해서 6개를 봐도 상관은 없다.

부동산끼리도 매물을 공유하기 때문에 봤던 매물을 또 보여줄 수 있으니 이미 보고 온 매물을 보여주려 하는 경우 이미 보고 왔다고 말하면 된다.

처음 임장을 하게 되면 하는 실수가 첫 번째 본 매물이 굉장히 맘에 들어서 덜썩 계약을 하게 되는 경우이다.
지인의 집에 집들이를 가면 일단 좋은 것만 보이지 않던가?
부동산 임장도 처음 다니게 되면 좋은 것만 보이는 경우가 많다.

하다못해 벽에 쓴 곰팡이도 락스로 제거하면 별것 아니라는 생각이 들기도 하고, 볼 생각이 없었던 조건의 매물(층, 향, 역과의 거리 등 계획한것의 조건과 다른)도 부동산 권유에 의해 현장을 봤다가 덜컥 계약하기도 한다.

이런 실수를 안 하려면 무조건 많은 매물을 봐야 한다.
하루에 3개의 부동산, 6개 이상의 매물을 보게 된다면 주중 주말 포함하여 2주 정도만 다녀도 그 동네 나온 매물들을 다 볼 수 있다.

여러 집들을 보게 되면 입지에서 오는 장단점뿐 아니라 내부 인테리어, 단지별 커뮤니티 시설, 주차장 상황, 집에 들어갔을 때 온기(따뜻한 기운)까지도 비교할 수 있는 능력이 생긴다.

강남권으로 출퇴근이 가능한 지역 역세권 아파트

행신역세권

고양시 덕양구 행신동 ──────── 경의중앙선

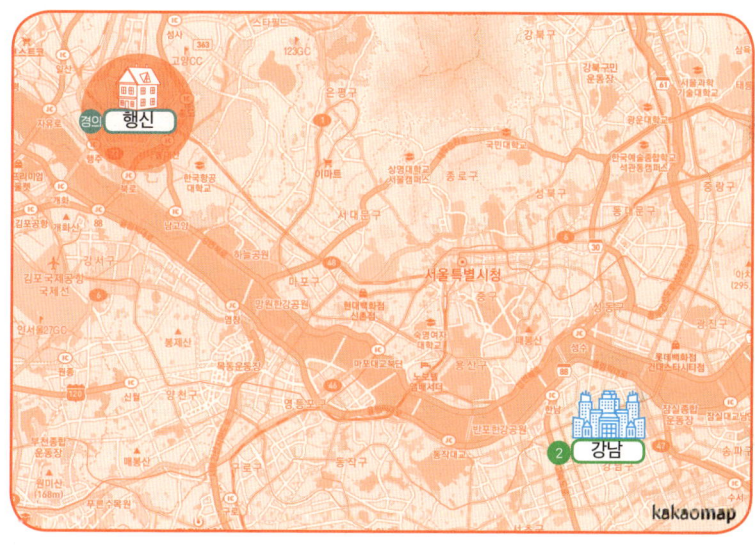

경의 중앙선 행신역세권은 현재도 서울과의 교통이 좋다. 4 정거장이면 상암 디지털 미디어시티에 도착하고 홍대입구까지도 6 정거장이면 가능하다.

게다가 버스도 많이 있어서 서울 서부권에 직장이 있는 경우 주거지로 많이 선택하는 곳이 행신동이다.

행신역에서 강남역까지는 직선거리 약 22km에 지하철로는 편도 소요 시간이 1시간에 이르기 때문에 출퇴근권이라 볼 수 없었는데, 2024년 쯤 개통 예정인 GTX-A 대곡역이 행신과 2 정거장에 위치하고 있어 개통 후에는 서울역, 강남 출퇴근권이 되는 곳이 행신역세권 단지들이다.

경의 행신 → 경의 대곡	
소요시간	약 5분

경의 중앙선 행신역에서 대곡역까지는 2 정거장, 소요시간은 약 5분이다. 대곡역에서 GTX-A노선으로 환승하면 강남권까지 20분 안쪽으로 이동이 가능하다.

GTX-A 개통 후에는 행신동은 강남으로 출퇴근이 가능한 지역이 된다.

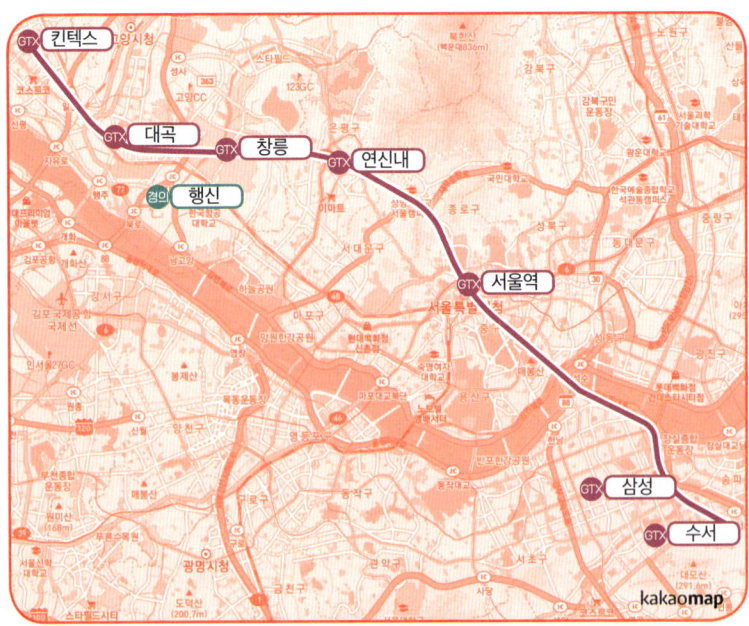

30평대 아파트 실거래가

출처: 호갱노노(국토교통부 제공 데이터, 2022년 7월 14일 기준)

행신동에는 90년대에 입주한 아파트들이 대부분이다.

행신역에서부터 북쪽으로 3호선 화정역까지 아파트 단지가 대규모로 들어서 있다.

단지 크기도 대단지부터 소규모 단지까지 다양하고 초, 중, 고등학교를 품고 있는 단지들도 많다.

이 아파트 어때요?

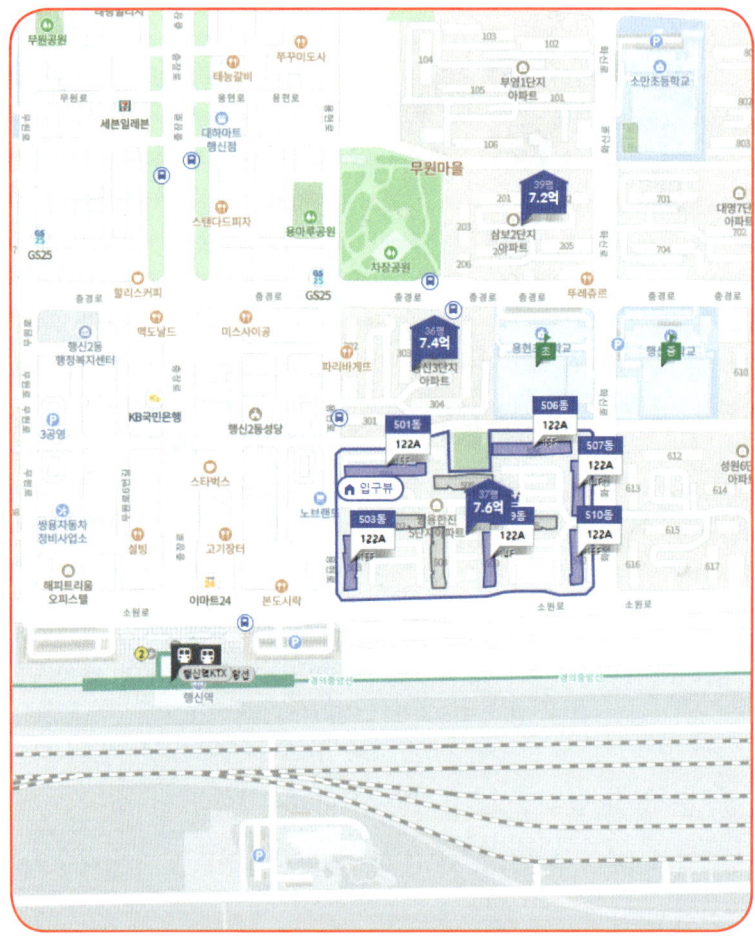

출처: 호갱노노(국토교통부 제공 데이터, 2022년 7월 14일 기준)

아파트명	무원마을5단지 쌍용한진
세대수	636세대
준공년도	1995년
용적률	224%
건폐율	27%

37평 실거래가		
7억 6,000	13층	22.03.18
7억 7,500	5층	21.09.16
5억 9,700	8층	21.08.18
6억 3,000	1층	21.07.23

무원마을5단지쌍용한진

행신역 역세권 아파트 단지이다.

입주 28년 차로 재건축 가능 연한인 30년을 바라보고 있다.

37평과 47평 2개의 중대형 평수로만 이루어져 있고 세대별 대지지분도 높아(평균 17평 이상) 재건축 사업성도 좋은 단지이다.

행신역 앞 상권을 바로 이용할 수 있고 용현초등학교와 행신중학교가 앞에 있어서 자녀들 학교 다니기에도 편하다.

행신역 철길 앞쪽이지만 열차가 출발하고 도착하는 곳이라 소음은 거의 느껴지지 않는다.

현장답사시 체크포인트

행신역 앞 상권이 잘 되어있으니 도보로 이용을 해 보자.
지분을 많이 가지고 있어 재건축 사업성이 좋다. 초 역세권인 이곳에 신축 아파트가 들어서면 어느 정도 가치를 할지 상상해보며 단지를 둘러보자.

이 아파트 어때요?

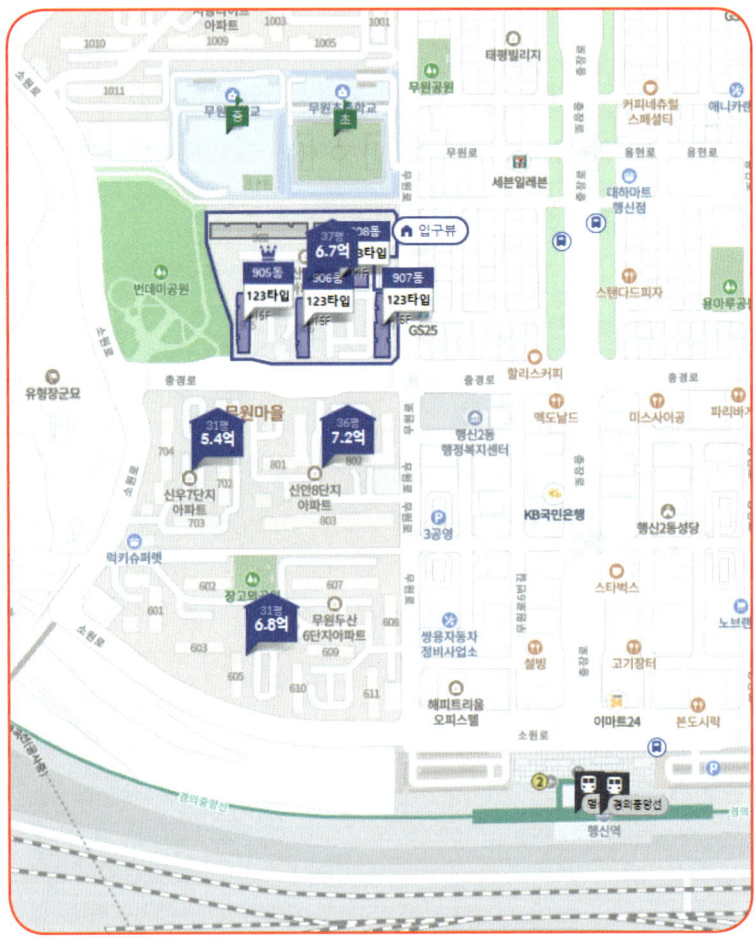

출처: 호갱노노(국토교통부 제공 데이터, 2022년 7월 14일 기준)

아파트명	무원마을9단지 기산
세대수	396세대
준공년도	1994년
용적률	259%
건폐율	25%

37평 실거래가		
6억 7,000	8층	22.04.02
6억 7,500	14층	22.04.02
5억 8,000	10층	22.02.05
6억 8,000	6층	22.01.21

무원마을9단지기산

행신역을 도보 10분 안쪽으로 도달 가능한 아파트이다.
37평 48평 중대형 평형으로만 이루어져 있고 구축이지만 주차도 큰 불편함이 없다.
단지와 무원초등학교, 무원중학교가 붙어 있고 번데미 공원도 단지 바로 옆에 있어서 산책하기에도 좋다.

현장답사시 체크포인트

초등학교로 넘어가는 길도 가보고, 후문으로 해서 번데미 공원 넘어가는 길도 다녀보자.
행신역이 도보권이긴 하나 서울 업무지구까지 버스가 잘되어 있어서 버스로 출퇴근하는 주민이 많다.
서울 서부권 출퇴근이라면 버스 노선도 미리 알아보고 정류장까지도 걸어가 보자.
학교와 공원이 붙어있기 때문에 학교 뷰나 공원 뷰가 되는 집도 보고 싶다고 부동산 사장님에게 말해 보자.

땅땅무슨땅의 생각!
고양시 덕양구 행신동 경의중앙선 행신역세권은요~

행신동에 가보면 아파트가 정말 많다.

아파트, 학교, 상가와 공원으로 이루어진 게 행신동이다.

행신역은 경의 중앙선, KTX로 이미 교통이 편리한 곳이고 서울 서부권과 물리적 거리도 가까워 버스로 서울 출퇴근도 적합한 곳이다.

GTX-A 대곡역 개통으로 인한 서울역, 강남권 출퇴근이 가능한 지역이 될 것이라는 것과, 대부분 아파트가 구축으로 리모델링이나 재건축으로 새 아파트가 들어서는 지역이 될 것이라는 것이 큰 호재거리이다.

두 가지 모두 아파트 투자에서는 핵심 이슈가 되는 부분이고 거기에 서울권이라는 기본 베이스까지 갖춰져 있으니 미래가 기대되는 지역이다.

참고로 행신역 KTX는 강릉으로도 운행을 하기 때문에 행신동은 강원권으로 여행 가기에도 좋은 지역이다.

국내 휴양지로 강원권을 선호하는 사람들이 많아지고 있는 것도 행신에 좋은 현상이다.

강남권으로 출퇴근이 가능한 지역 역세권 아파트

별내역세권

경기 남양주시 별내동 ──────── 경춘선, 8호선

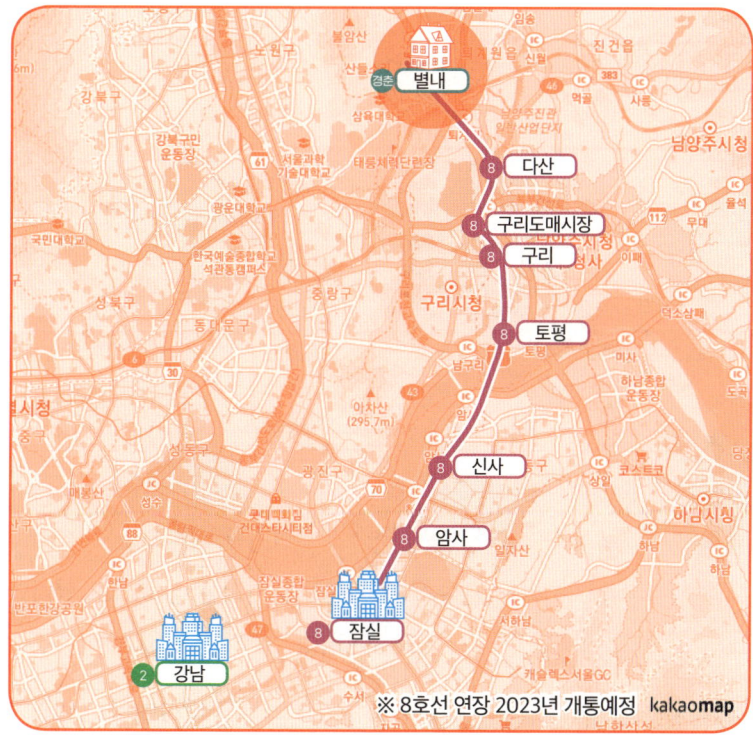

※ 8호선 연장 2023년 개통예정

현재 별내동에는 청량리부터 춘천으로 가는 경춘선 별내역이 정차하고, 서울역 동대문 노원에서 올라와 진접으로 연결되는 4호선 별내 별가람 역이 정차한다.

경춘선 별내역에서 강남권 잠실역까지는 직선거리로 약 15km 정도인데 아쉬운 느낌이 드는 것은 서울 강남권으로 지하철 연결이 되지 않는다는 것이다. 그런데 이 부분이 조만간 해결이 될 예정이다.

별내에서 강남권 잠실까지 직결로 연결되는 8호선 연장사업(별내선)이 진행 중이기 때문이다.

지하철

잠실을 지나가는 지하철 8호선이 현재는 암사역까지 운행을 한다.

이 지하철이 암사역에서 끝나지 않고 선사를 거쳐 한강 북부로 넘어와 구리, 다산, 별내 신도시로 연결되는 별내선 공사가 진행 중이다.

잠실에서 암사까지가 4 정거장 약 8분이 소요되고 암사에서 별내역까지 6 정거장에 도착을 하니 별내역에서 강남권 잠실역까지는 10 정거장, 지하철로 환승 없이 20분대에 이동할 수 있게 된다.

별내선은 2023년에 개통 예정이다.

30평대 아파트 실거래가

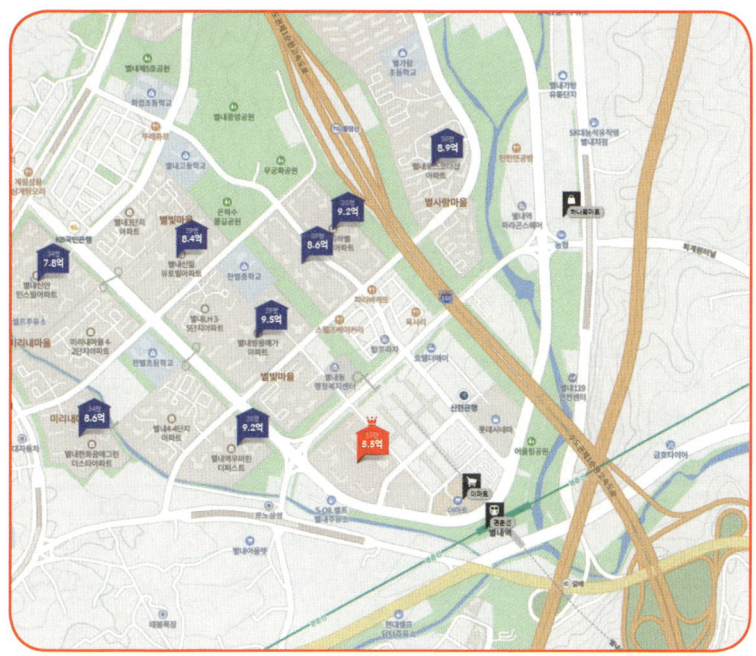

출처: 호갱노노(국토교통부 제공 데이터, 2022년 7월 14일 기준)

별내역 주변으로는 준신축 아파트들이 자리 잡고 있다. 2023년이면 별내에서 잠실까지 지하철 연결이 되기 때문에 역세권 아파트가 주는 의미가 크다.

 **이 아파트 어때요?**

출처: 호갱노노(국토교통부 제공 데이터, 2022년 7월 14일 기준)

아파트명	별내역우미린더퍼스트
세대수	396세대
준공년도	2012년
용적률	206%
건폐율	16%

38평 실거래가		
9억 2,000	18층	21.08.08
8억 7,000	18층	21.02.16
7억 6,000	14층	21.01.27
8억 3,000	11층	20.11.20

별내역우미린더퍼스트

2012년 입주한 준신축 아파트이다.

별내역까지 길을 따라 약 700m 거리가 되고 도보로 10분 정도면 도착을 한다.

별내역 앞에 이마트가 있어서 출퇴근 길에 장 보는 것도 가능하다.

집 앞에 불암천 길이 있어 산책하기에도 좋고, 한 블록 약 200미터 정도 거리에 초등학교가 있어 저학년 학생들도 혼자 다닐 수 있다.

준신축인 만큼 주차공간에 여유가 있다.

현장답사시 체크포인트

현장에 가면 별내역까지 멀다고 느낄 수 있는데, 역 앞쪽은 오피스텔이나 상업시설이 있어서 우미린더 퍼스트 아파트는 별내동에서 역과 가까운 위치의 아파트인 것을 인지하고 다니자.

별내역까지 걸음걸이에 따라 10분~13분 정도 걸리는데 동선도 확인해 보고 내 걸음걸이로는 어느 정도 걸릴지도 체크해 보자.

집 앞에 M버스 등 잠실로 가는 버스도 있으니 정류장 위치도 확인해보고 버스로 강남권 이동하는 시간도 체크해 보자.

다른 아파트보다 층고가 높다고 알려져 있으니 현장에서 느껴보자.

초등학교와 불암천 산책길도 확인해 보자.

이 아파트 어때요?

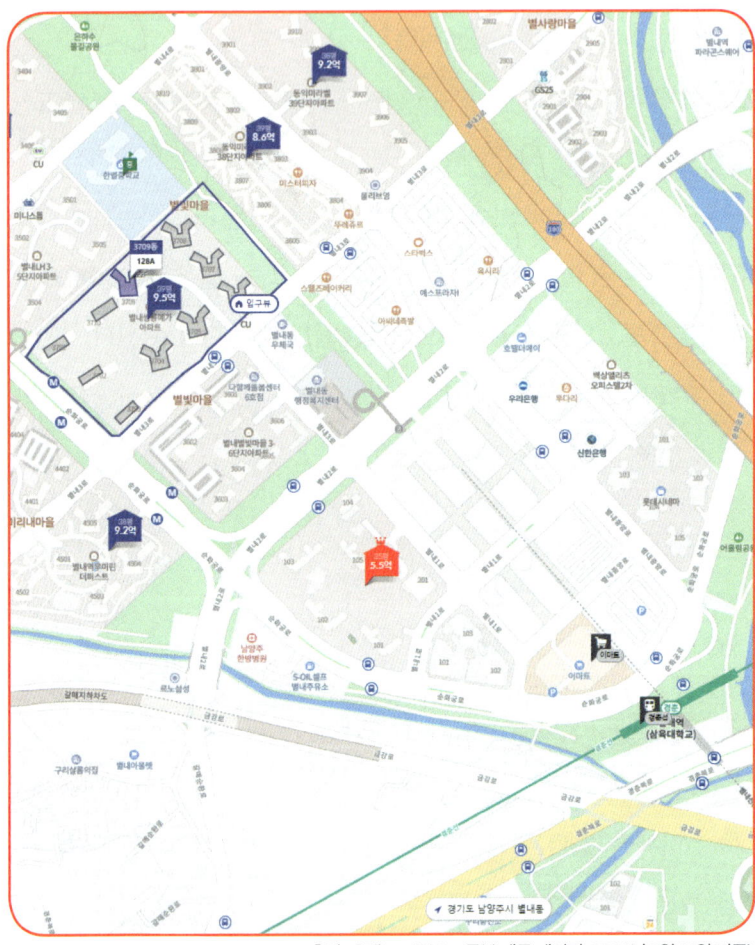

출처: 호갱노노(국토교통부 제공 데이터, 2022년 7월 14일 기준)

아파트명	별내쌍용예가
세대수	652세대
준공년도	2012년
용적률	204%
건폐율	16%

39평 실거래가		
9억 5,000	21층	22.03.30
9억 5,900	10층	21.11.20
10억	14층	21.11.01
9억 9,800	6층	21.10.07

별내쌍용예가

2012년에 입주한 준신축 아파트이다.
단지 바로 뒤로 공원길을 끼고 있어서 산책하기 좋은 환경이다.
상권이 잘 형성되어 있어 장보기에도 편리하고 별내 로데오거리도 가까운 곳에 있다.
별내역까지는 길을 따라 800m 정도 거리가 되고 도보로는 15분 정도 소요가 된다.

현장답사시 체크포인트

별내동에서는 역과도 가까우면서 로데오상권도 이용할 수 있는 좋은 위치에 있는 아파트이다.
단지 앞에서 로데오길 쪽을 지나 별내역까지 이동해 보자.
육교하나 건너면 바로 초등학교이니 등굣길 동선도 파악해 보자.

땅땅무슨땅의 생각!
경기 남양주시 별내동 경춘선, 8호선 별내역세권은요~

신도시가 주는 특별함이 있는 곳이 별내동이다. 깨끗한 새집과 여유 있는 주차장은 기본이고, 공원과 산책길, 정돈된 느낌의 상권, 접근성 좋은 학교 위치 등 계획된 도시가 주는 편리함과 정돈된 느낌이 있는 곳이 별내동이다.

다만 서울 강남권과의 지하철 연결이 안 된다는 아쉬움이 있었다.

신도시는 서울 핵심 업무지구와 연결이 되어야만 완성이 된다고 볼 수 있는데 특히 강남권과의 지하철 연결이 되는 곳은 수도권 신도시 중에서도 좋은 지역으로 꼽힌다. 투자자와 실거주자 모두에게 큰 메리트가 되는 것이다.

2023년이면 송파구 잠실로 직결 연결되는 8호선 별내역이 개통한다.

신규 노선 개통으로 인한 호재가 가격에 선반영 된 부분도 있지만, 실제 개통이 되면 투자수요뿐 아니라 임차수요까지도 늘어나게 되어 별내동의 가치는 한 단계 더 업 될 수 있다.

거기에 스치기만 해도 가격에 영향을 미친다는 GTX-B까지 연결되면 별내동은 강남권, 서울 역권, 여의도권까지 출퇴근이 가능한 직주근접 신도시로 업그레이드 되게 된다.

강남권으로 출퇴근이 가능한 지역 역세권 아파트

다산역세권

경기 남양주시 다산 ──────── 8호선

다산신도시는 경의중앙선 도농역에서 연결이 된다.

철도 연결이 되어있기는 하지만 경의중앙선을 이용해 강남권으로 출퇴근하는 것은 무리가 있다.

경의 중앙선 도농역에서 왕십리까지 가서 2호선으로 환승 후 잠실까지 이동을 하면 무려 16 정거장에 편도 소요시간만 45분 이상이 걸린다.

깨끗하고 살기 좋은 신도시이지만 강남 송파권으로 지하철 출퇴근이 불가능에 가깝다는 것이 아쉬운 부분이었다.

그런데 이 부분이 조만간 해결이 될 예정이다.

다산신도시에서 강남권 잠실까지 직결로 연결되는 8호선 연장사업(별내선)이 진행 중이기 때문이다.

지하철

잠실을 지나가는 지하철 8호선이 현재는 암사역까지 운행을 한다.

이 지하철이 암사역에서 끝나지 않고 선사를 거쳐 한강 북부로 넘어와 구리, 다산 신도시로 연결되는 별내선 공사가 진행 중이다.

잠실에서 암사까지가 4 정거장 약 8분이 소요되고 암사에서 다산역까지 5 정거장에 도착을 하니 다산신도시 다산역에서 강남권 잠실역까지는 9 정거장, 지하철로 환승 없이 20분대에 이동할 수 있게 된다.

별내선은 2023년 개통 예정이다.

30평대 아파트 실거래가

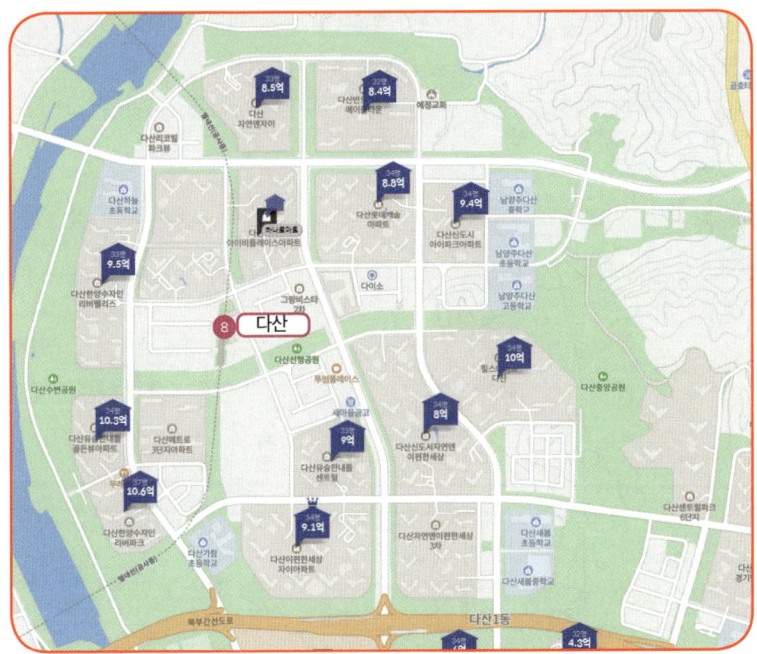

출처: 호갱노노(국토교통부 실공 데이터, 2022년 7월 18일 기준)

8호선 연장 다산역 주변으로 단지형 아파트들이 블록별로 들어서 있다. 2017년 입주부터 최근 입주까지 신축 아파트들로 이루어져 있다. 2023년이면 다산에서 잠실까지 지하철 연결이 되기 때문에 역세권 아파트가 주는 의미가 크다.

이 아파트 어때요?

출처: 호갱노노(국토교통부 제공 데이터, 2022년 7월 17일 기준)

아파트명	다산한양수자인 리버팰리스
세대수	640세대
준공년도	2017년
용적률	140%
건폐율	15%

33평 실거래가		
8억 8,000	3층	22.05.25
직 9억 5,000	9층	22.05.19
8억 7,000	3층	22.05.14
8억 7,400	2층	22.05.05

다산한양수자인리버팰리스

2017년에 입주한 신축급에 속하는 아파트 단지이다.
아파트 이름에서도 알 수 있듯이 다산 수변공원과 왕숙천이 펼쳐지는 뷰 맛집으로 손꼽히는 아파트이다.
단지 옆에 다산하늘초등학교가 붙어있고 다산역까지 도보 5분 거리여서 다산신도시에서는 초등학교, 공원, 지하철역까지 품은 대장 단지에 속하는 아파트이다.

현장답사시 체크포인트

대장 단지인 이유를 느껴보고 오자.
다산역이 개통되면 집에서 5분 거리에 잠실까지 직결 연결되는 다산역이 생긴다.
다산 수변공원 억새풀과 왕숙천 뷰가 되는 집은 다산신도시 내에서도 부러움의 대상이 되는 만큼 조망 값이라는 게 존재한다는 것을 알고 아파트 호가를 보자.
신축 아파트의 야외놀이터도 다녀와 보고 다산역 앞 상권도 도보로 이용을 해 보자.
단지가 남북으로 길게 뻗은 형태인데 초등학교는 북쪽에 위치하고 있으니 초등학생 저학년 자녀가 있는 경우에는 등하굣길 동선도 파악을 해 보자.

이 아파트 어때요?

출처: 호갱노노(국토교통부 제공 데이터, 2022년 7월 17일 기준)

아파트명	다산자이아이비플레이스	33평 실거래가		
세대수	967세대	11억 3,000	30층	21.05.09
준공년도	2021년	8억 1,000	23층	21.05.08
용적률	349%	10억 6,000	3층	21.04.26
건폐율	29%	11억 2,500	30층	21.02.26

다산자이아이비플레이스

2021년에 입주한 초신축 아파트면서 대형 상권도 도보권인 다산신도시의 대장 아파트에 속하는 단지이다.

신축이다 보니 실거주 2년이 되어 양도세 비과세 되는 정상매물 거래가 이루어져야 정확한 시세 파악이 가능한 상황이다.

신축답게 인포메이션센터부터 골프연습장 사우나 독서실까지 커뮤니티 시설이 잘 되어있다.

초 역세권을 넘어서 지하 주차장에서 지하철로 그대로 연결이 되는 역품아 아파트라고 할 수 있다.

외부로 나갈 필요 없이 지하에서 바로 8호선 탑승이 가능한 형태로 다산역 개통 후에는 초역세권 역품아 아파트의 프리미엄이 생길 것이다.

현장답사시 체크포인트

지하에서 역으로 연결되는 곳까지 직접 다녀와 보자.
아직 8호선 개통 전이라 아직은 타 단지들과 비교우위에 있다는 것을 못 느끼겠지만 불과 1년여 후면 다산신도시에서 부러움의 대상이 되는 아파트가 될 것이 확실하다.
단지 내 고급스러운 조경과 야외 테이블도 앉아보며 신축단지가 주는 트렌디함도 느껴보자.

경기 남양주시 다산동 8호선 다산역세권은요~

별내 신도시와 함께 남양주의 신도시, 신축 단지로 손꼽히는 곳이 다산신도시이다.
두 곳 다 8호선 연장의 혜택을 받는 지역인데 다산신도시가 1 정거장 더 서울 쪽에 있다.
게다가 역 주변으로 초 신축단지들이 위치해 있어서 8호선 다산역이 개통하는 2023년쯤이면 투자자나 임차인들의 관심이 늘어날 지역이 다산신도시이다.
거기에 스치기만 해도 가격에 영향을 미친다는 GTX-B까지 별내 신도시로 연결될 예정이라 다산신도시도 GTX의 간접 호재권에 들어서게 된다.
그러게 되면 다산신도시는 강남권, 서울역권, 여의도권까지 출퇴근이 가능한 직주근접 신도시로 업그레이드 되게 된다.

강남권으로 출퇴근이 가능한 지역 역세권 아파트

운정역세권

경기도 파주시 ─────── GTX-A

2003년부터 사업이 시작되어 아직도 진행 중인 장기 프로젝트가 운정신도시이다. 운정에 살지 않는 이상 운정신도시에 갈 일은 거의 없다. 대부분 주거지로 형성되어 있기도 하고 물리적 거리도 서울 도심권과는 꽤 있기 때문이기도 하다.

운정신도시는 서울 여의도 기준으로 직선거리로 약 30km 정도 거리에 있고 강남을 기준으로는 직선거리로 35km 정도 거리에 위치해 있다. 게다가 서울과 운정신도시 중간에 일산이라는 대도시가 있어서 출퇴근 시간에는 자가용으로 서울 이동이 쉽지 않다.

| 경의 운정 → ② 강남 |
| 소요시간 | 약 1시간 15분 |

현재는 경의 중앙선 운정역이 들어와 있는데 강남까지 출퇴근하려면 편도 1시간 이상에 환승도 한 번 해야 하는 상황이라 강남 직장인이 운정을 주거지로 선택하는 것은 현실적으로 맞지 않다.

그럼 강남 출퇴근권으로 왜 운정신도시를 골랐을까?

바로 수도권 광역급행철도 GTX(Great Train eXpress)-A 노선이 운정신도시까지 들어오기 때문이다.

GTX는 일반 지하철의 3배 속도에 달하는 급행철도이고 지도에서 표시된 것처럼 정차역 간격이 넓고 정거장 개수도 많지 않다.

GTX-A노선 운정역이 개통되면 운정신도시에서 강남권까지 20분대로 주파가 가능해지기 때문에 운정신도시는 강남권으로 출퇴근이 가능한 지역이 된다.

현재 다른 GTX 노선들은 계획 중이지만 이 GTX-A 노선은 공사를 진행 중에 있고 2024년 정도에 개통을 목표로 하고 있다(삼성역은 2028년 예정)

30평대 아파트 실거래가

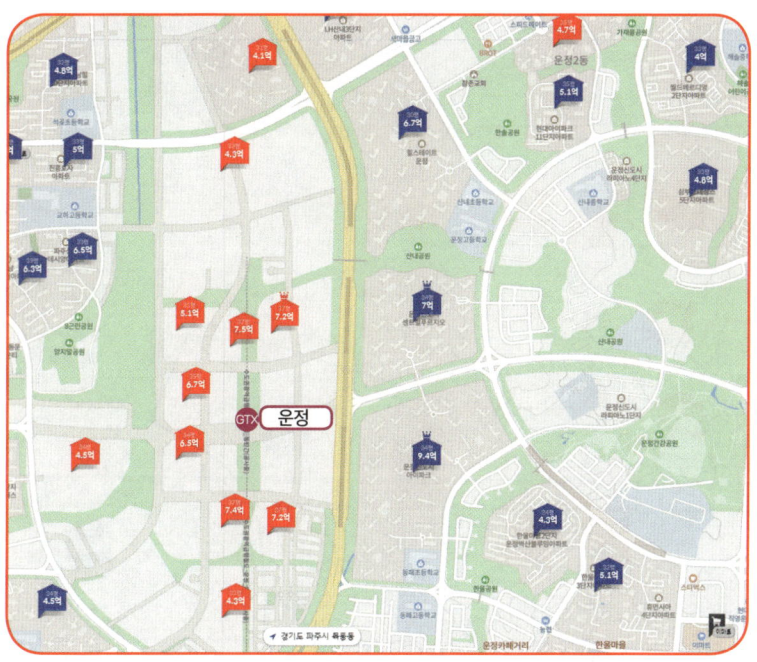

출처: 호갱노노(국토교통부 제공 데이터, 2022년 7월 17일 기준)

GTX-A 운정역 주변으로는 2000년대 중반에 입주한 아파트부터 최근 입주한 신축까지 다양한 연식의 아파트 단지가 있다.

워낙에 큰 면적으로 개발되다 보니 역세권과 비역세권 아파트들의 거리차도 크고 단지의 크기도 다양하다.

강남으로 직결 연결되는 GTX-A가 운정신도시에 가장 큰 호재이기 때문에 역을 도보로 이용 가능한 단지와 그렇지 않은 단지 간의 시세 차이가 꽤 있다.

이 아파트 어때요?

출처: 호갱노노(국토교통부 제공 데이터, 2022년 7월 17일 기준)

아파트명	한울마을1단지운정신도시아이파크
세대수	3,042세대
준공년도	2020년
용적률	185%
건폐율	13%

34평 실거래가		
7억 6,000	1층	22.06.21
9억 4,000	23층	22.03.28
9억 7,000	6층	21.07.14
9억 5,000	17층	21.06.18

한울마을1단지운정신도시아이파크

운정신도시의 대장아파트라 불리는 아이파크이다. 3042세대의 대단지에 브랜드 아파트, 그리고 역세권 아파트에 신축프리미엄까지 더해져 운정신도시를 알아볼때 최우선으로 꼽게되는 아파트이다.

지금은 역사가 펜스로 쳐져있어 실감이 안나지만 개통을 하고나면 단지입구에서 역까지 약450m정도 거리가 되는 역세권 아파트가 된다.

건폐율 13%에 지상은 차량 없는 녹지형태로 되어있어서 산책하기에도 좋다.

신축답게 단지내 커뮤니티도 잘 되어있고 원래부터 두 가정 이용할 수 있는 분리세대로 이루어진 집도 있다.

동패초등학교를 끼고 있는 초품아 아파트이고 단지 앞 도로만 건너면 동패고등학교도 있다.

현장답사시 체크포인트

450m 거리에 펜스 쳐져 있는 곳이 GTX-A 노선 역사이다.
단지가 크기 때문에 답사를 한 아파트동 입구부터 GTX 운정역 앞까지 도보로 이동시간을 체크해 보자.
단지가 남북으로 길게 된 형태인데 초등학교는 남쪽 끝에 있으니 어린 자녀가 있다면 도보권 동선과 시간도 체크해 보자.
분리세대를 원한다면 매매 가능한 분리세대 매물이 있는지 미리 부동산 몇 곳에 연락을 해보고 방문하자.
커뮤니티 시설이 잘 되어있는 것으로 알려져 있다. 골프연습장, 피트니스, 에어로빅이나 필라테스를 할 수 있는 GX룸도 둘러보고 오자.

이 아파트 어때요?

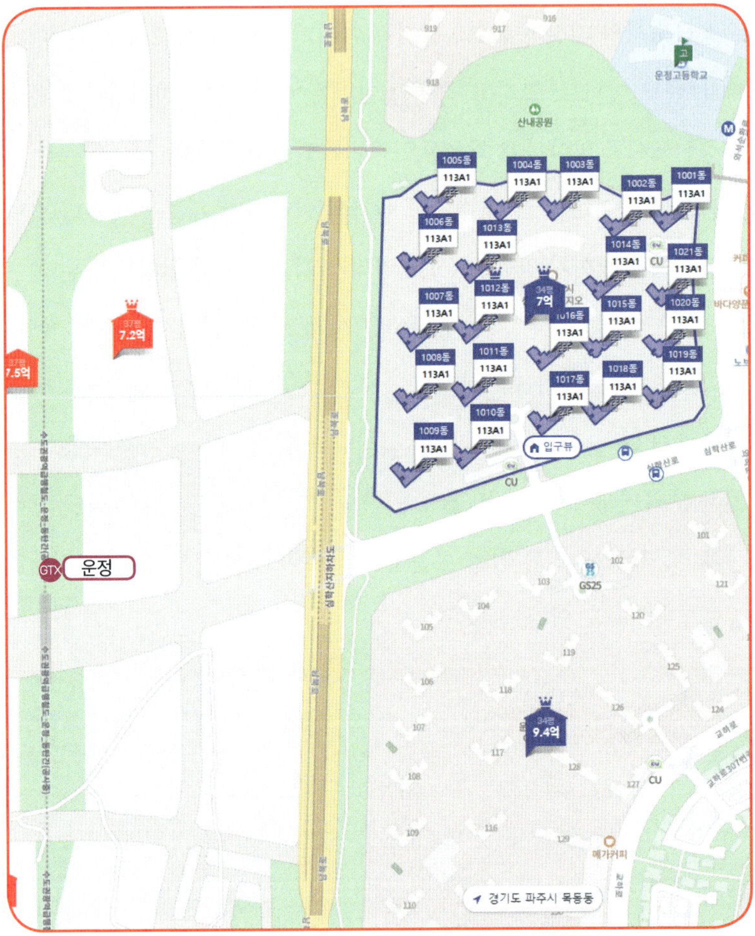

출처: 호갱노노(국토교통부 제공 데이터, 2022년 7월 17일 기준)

아파트명	운정신도시 센트럴푸르지오
세대수	1,956세대
준공년도	2018년
용적률	199%
건폐율	16%

34평 실거래가

7억 8,000	21층	22.05.21
8억 2,000	11층	22.05.04
7억 6,500	1층	22.04.27
8억 3,500	17층	22.04.02

운정신도시센트럴푸르지오

2018년에 입주한 GTX-A 운정역 역세권 신축급 아파트이다.
건폐율 16%로 단지 내 쾌적성도 뛰어나고 중앙광장 놀이터도 잘 되어 있다.
운정고등학교와 산내초등학교도 가까우며 산내 공원 이용하기에도 좋은 위치에 있다.

현장답사시 체크포인트

인도길로 해서 운정고등학교와 산내초등학교 등하교가 가능하니 직접 다녀와 보자.
길 건너에 상권이 형성되어 있는데 예쁜 카페나 맛집들도 많이 있으니 주변 상권도 경험해 보고 오자.
역세권 대장 아파트들끼리도 가격차이가 있으니 주변 힐스테이트, 아이파크와도 함께 보도록 하자.

땅땅무슨땅의 생각!

경기도 파주시 GTX-A 운정역세권은요~

운정신도시는 일산보다도 서울에서 멀기 때문에 물리적인 거리상 서울 직장인이 주거지로 볼 위치는 아니었다. 하지만 GTX-A 노선이 개통을 앞두고 있어서 서울 강남권 직장인의 주거지가 될 예정이다.

아직 개통까지는 2년여 남았지만 부동산이라는게 늘 그렇듯 시세 반영은 두박자 빠르기 때문에 운정신도시를 주거지로 생각한다면 현장을 미리 다녀보는게 좋다.

운정역 주변으로 역까지 도보로 이용 가능한 단지와 그렇지 않은 단지의 가격 차이가 꽤 있다. 자금력이 된다면 당연히 역세권 아파트를 선택하는 게 맞다.

부동산 상승기 때에는 도보로 역까지 갈 수 있냐 아니냐의 차이가 더 큰 시세 차이를 불러온다. 체크할 것은 강남 삼성역은 개통이 몇 년 더 늦어질 예정이라 2년 뒤 GTX-A가 개통해도 삼성동 주변 직장인은 서울역이나 수서에서 환승을 해서 강남 중심지로 들어가야 한다.

직장과 집의 거리를 가지고 직주근접을 따졌었는데 GTX가 생기면서 시간의 개념까지도 직주근접에 포함되게 되었고, 서울 중심권과 멀리에 있는 GTX역이 그 혜택을 최대로 받고 있다. GTX-A노선의 끝 역이 운정역이고 개통시기가 다가올수록 운정신도시의 가치는 계속 올라갈 것이다.

강남권으로 출퇴근이 가능한 지역 역세권 아파트

동탄역세권

경기 화성시 동탄 ────── SRT, GTX-A

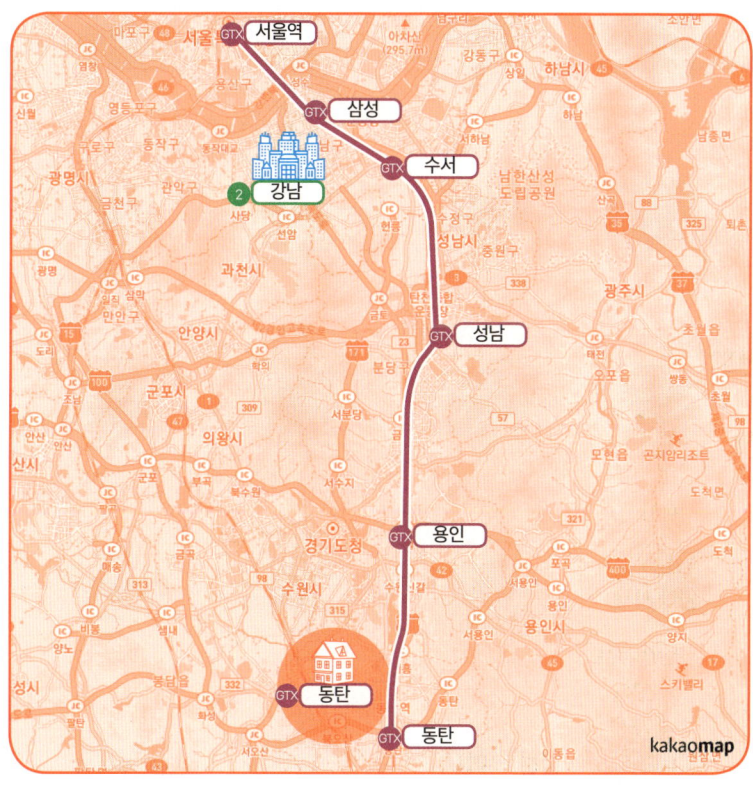

동탄신도시는 경부고속도로 주변 오산천을 기준으로 좌측 동탄 1 신도시와 우측 동탄 2 신도시로 나뉘어 개발되었다.

동탄 2 신도시에 있는 SRT노선 주변 단지들이 동탄역을 이용하기 좋은 역세권 아파트들이라고 볼 수 있다.

동탄역과 강남은 물리적 거리가 상당한데 직선거리로 동탄역에서 강남역까지 약 33km이다.

물리적 직선거리는 꽤 되지만 동탄역은 SRT고속철 정차역으로 동탄에서 강남 수서까지 1 정거장이면 이동이 가능하고, 추후 GTX-A노선까지 개통을 하게 되면 강남 핵심지까지도 20분 내외로 출퇴근이 가능한 곳이 된다.

동탄은 2016년 SRT고속철 개통 전/후로 나뉜다고 해도 과언이 아닐 정도로 SRT노선의 파급효과가 컸다.

동탄 역세권 아파트의 경우 집 앞에서 시간을 잘 맞춰서 SRT를 타면 강남 수서역까지 15분 정도면 도착을 한다.

동탄 수서 간 SRT 요금은 7500원으로 월 교통비에 대한 계산은 해볼 필요가 있다.

수도권 광역급행철도 GTX 노선은 스치기만 해도 집값에 영향을 미친다는 말이 있을 정도로 부동산 시장에 파급력이 크다.

특히 이미 착공하여 개통을 앞두고 있는 GTX-A노선의 영향력이 가장 큰데 북쪽으로는 파주 운정역에서부터 남쪽으로는 동탄역까지 운행을 한다.

동탄역은 현재도 고속철 SRT로 강남권으로 연결이 되는데 여기에 GTX-A노선까지 완공되면 교통은 지금과 비교도 안될 정도로 좋아진다. GTX-A노선은 현재 공사 중이며 2024년 쯤 개통을 목표로 하고 있다. GTX를 이용하면 동탄에서 수서까지는 3 정거장 15분대, 강남 삼성역까지는 4 정거장 20분 정도가 소요된다.

체크할 것은 삼성역은 복합환승센터 공사로 인해서 개통이 좀 더 늦어질 예정이다.

대략 2028~2029년 정도로 보고 있어서 강남 핵심지까지의 연결에는 시간이 필요한 상황이다.

2024년 GTX-A노선이 개통되고 동탄-수서, 동탄-서울역 이용만 가능해져도 동탄의 교통은 크게 좋아진다.

30평대 아파트 실거래가

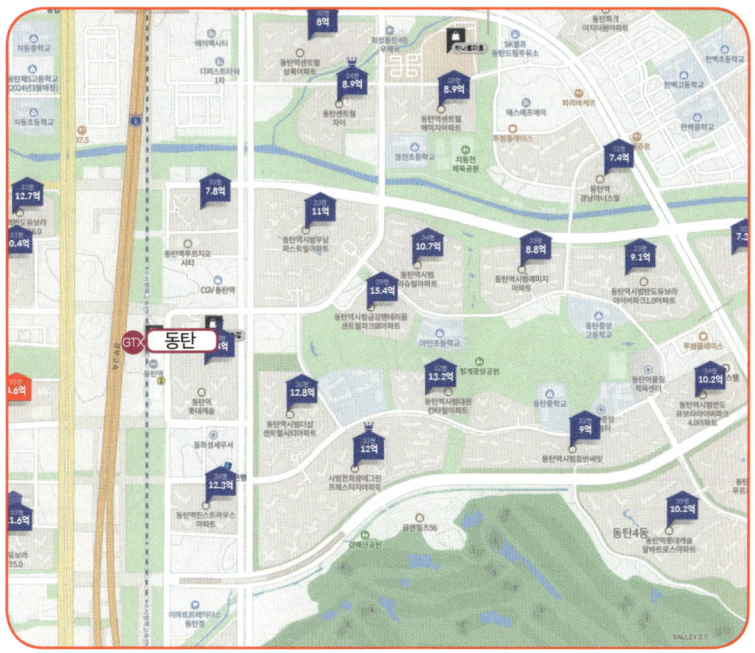

출처: 호갱노노(국토교통부 제공 데이터, 2022년 7월 17일 기준)

동탄역 도보권 이용 가능한 아파트들은 대부분 신축에 속한다. 2015년 입주 아파트부터 시작해서 2021년 최근에 입주한 아파트까지 있고 역에서 가까울수록, 신축일수록 높은 실거래를 기록하고 있다.

이 아파트 어때요?

출처: 호갱노노(국토교통부 제공 데이터, 2022년 7월 17일 기준)

아파트명	동탄역롯데캐슬
세대수	940세대
준공년도	2021년
용적률	200%
건폐율	16%

동탄역롯데캐슬

2021년 7월 입주한 초신축 초역세권 아파트이다.

아파트에서 지하로 백화점과 SRT가 연결되는 말로만 듣던 역 품아 아파트가 바로 동탄역 롯데캐슬이다.

신축답게 주민 커뮤니티 시설도 잘 갖추었는데 헬스장, 골프장, 독서실, 맘스테이션 등이 있다.

입주한 지 2년이 안되어서 비과세 되는 정상매물이 나올 시기가 아니라 정상적인 가격 형성이 되어있지는 않다.

현재 동탄에서 대장 아파트로 실거래가 활성화되면 동탄 최고가 실거래가 이루어질 것으로 보고 있다.

현장답사시 체크포인트

지하에서 SRT와 백화점이 연결되는 곳을 가보자.
시간을 잘 맞춰 SRT나 GTX를 탄다면 하차하는 정류장까지 실 소요시간이 얼마나 될지 체크해 보자.
청계공원 나가는 동선도 체크해 보자.
백화점 지하 푸드에비뉴에서 입주민을 위한 행사도 자주 있으니 주민게시판에서 확인해 보자.

이 아파트 어때요?

출처: 호갱노노(국토교통부 제공 데이터, 2022년 7월 17일 기준)

아파트명	동탄역시범더샵센트럴시티
세대수	874세대
준공년도	2015년
용적률	209%
건폐율	15%

38평 실거래가		
13억 1,000	3층	22.06.14
13억 8,000	21층	22.05.25
14억 6,000	6층	22.04.16
14억 5,000	34층	22.04.07

동탄역시범더샵센트럴시티

동탄의 대장격 아파트로 자리 잡고 있는 단지이다.
바로 앞에 화성청계초등학교, 청계중학교, 중앙공원이 있어서 학령기 자녀가 있는 가정에서 선호하는 곳이기도 하다.
롯데백화점, 동탄역으로 연결되는 지하통로가 있어서 건널목 건널 필요 없이 안전하게 이동이 가능한 초 역세권 아파트라고 볼 수 있다.

강남권

현장답사시 체크포인트

지하통로로 동탄역까지 가보자.
SRT탑승구나 롯데백화점 입구까지 이동시간도 체크해 보자.
단지 앞 청계 중앙공원도 가보자.

이 아파트 어때요?

출처: 호갱노노(국토교통부 제공 데이터, 2022년 7월 17일 기준)

아파트명	동탄역시범 한화꿈에그린프레스티지
세대수	1,817세대
준공년도	2015년
용적률	197%
건폐율	14%

33평 실거래가		
11억 7,000	6층	22.06.10
12억 2,000	29층	22.06.07
12억	25층	22.05.30
12억 1,000	29층	22.04.09

동탄역시범한화꿈에그린프레스티지

1817세대 대단지 아파트이다.

2015년 입주한 준신축 아파트이고, 대단지이다 보니 단지 내 조경이나 놀이터 쉼터 등이 잘 되어있다.

길 건너에 바로 청계초등학교가 있고 청계 중앙공원 이용하기에도 좋다.

남쪽으로 리베라 cc골프장이 위치해 있어서 고층의 경우 골프장 전망이 된다.

현장답사시 체크포인트

골프장 전망은 호불호가 있을 수 있으니 내 기준에서 판단해 보자.
이마트 트레이더스가 개점 준비 중이니 답사하는 아파트 입구부터 동선도 체크해 보자.
대단지에 가로로 긴 모양으로 단지 내 산책길이나 쉼터 놀이터도 잘 되어있으니 밤 산책한다는 생각으로 단지를 걸어 다녀보자.
스크린골프, 헬스장, 사우나 등 커뮤니티 시설이 잘 되어있으니 둘러보자.

경기 화성시 동탄 SRT GTX-A 동탄역세권은요~

경부고속도로가 있긴 하지만 철도로 강남과의 연결이 안 되던 과거의 동탄은 이름값만 대단했던 앙꼬 없는 찐빵 소리를 듣던 신도시였다. 그렇지만 지금은 SRT노선이 들어오고 강남권 수서역으로 1 정거장 연결이 되면서 동탄의 네임벨류가 확 올라갔다. 하지만 배차간격이나 이용료 등 SRT노선만으로는 동탄신도시 40만에 육박하는 입주민의 교통을 감당하기엔 부족함이 있었다.

이 부분은 GTX-A 수도권 광역 급행철도 개통이 되면 해결이 된다. 현재 공사 중이고 2024년 정도 개통을 앞두고 있다. 수도권 부동산 투자자들이 가장 관심을 갖고 보는 것이 GTX-A노선 개통의 수혜를 입는 지역과 아파트 단지이다. GTX는 주요 핵심지에만 서며 고속으로 달리다 보니 서울 중심지보다는 외곽으로 빠질수록 그 혜택이 크다. GTX-A 노선의 마지막 역인 파주 운정과, 화성 동탄이 그 혜택을 가장 많이 보는 지역이라고 할 수 있다.

GTX 수혜를 제대로 누리려면 동탄역까지 도보로 이동 가능한 역세권 단지를 선택해야 하고, 추후에 임차수요가 늘어나게 되면 매매가에도 영향을 미치게 될곳이 동탄 역세권 아파트들이다. GTX-A 개통으로 동탄은 강남 수서, 삼성, 서울역 등 수도 서울의 핵심지와 급행철도로 직결 연결되는 도시가 된다.

대세 흐름이 조정장일 때에도 강남 직주근접 지역으로서 하락에 대한 방어력도 크고 상승장 때에는 큰 폭발력을 보일 수 있다.

강남권으로 출퇴근이 가능한 지역 역세권 아파트

용인역세권

경기도 용인시 기흥구 ─── 수인분당선 구성역, GTX-A

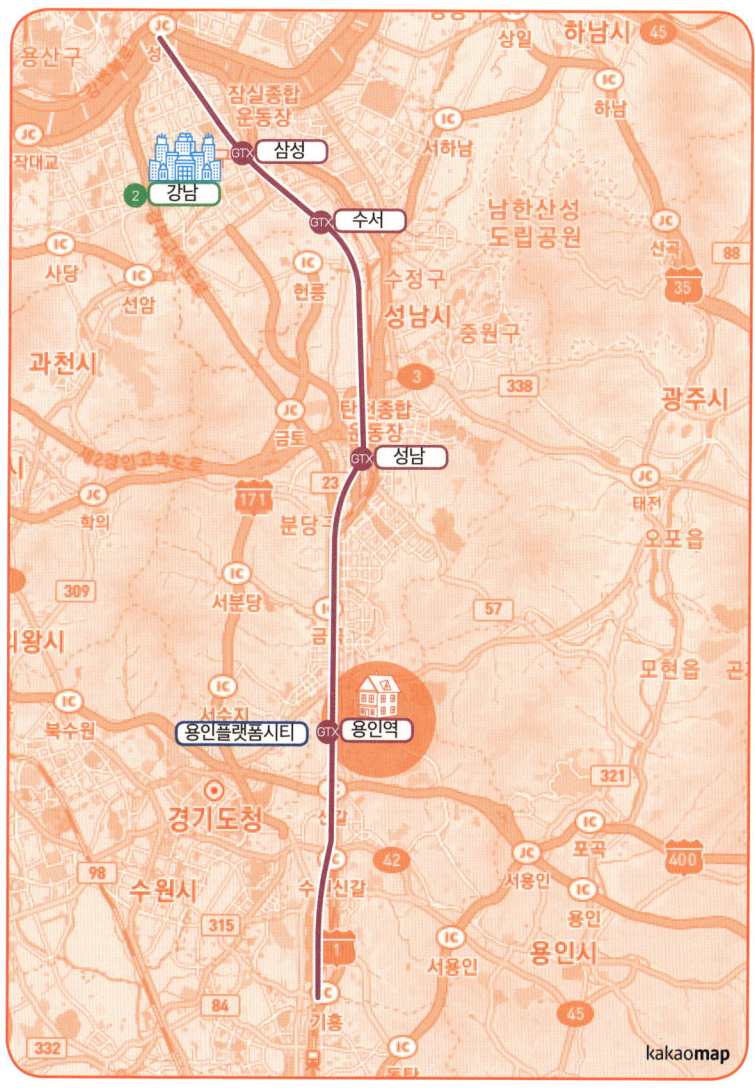

용인시 기흥구는 강남으로 연결되는 수인분당선 구성역이 정차하는 지역이다. 하지만 강남과의 물리적 거리가 직선거리로 24km 정도(구성역~강남역)로 상당하고 수인 분당선도 직선 주로 가 아닌 성남시 분당구, 중원구, 수정구를 거쳐 송파구 강남구로 들어가는 형태를 띠고 있어서 실제 용인시 기흥구 구성역에서 강남까지 지하철로 출퇴근에는 어려움이 있다.

지하철

구성역에서 강남 선릉역까지는 수인분당선 20 정거장 약 49분 소요가 된다.

하지만 GTX-A노선이 개통되면 용인역(구성역 연계)에서 수서까지는 2 정거장, 강남 삼성역까지는 3 정거장이 되기 때문에 용인은 강남까지 20분 안쪽으로 이동이 가능한 직주근접 도시가 된다.

30평대 아파트 실거래가

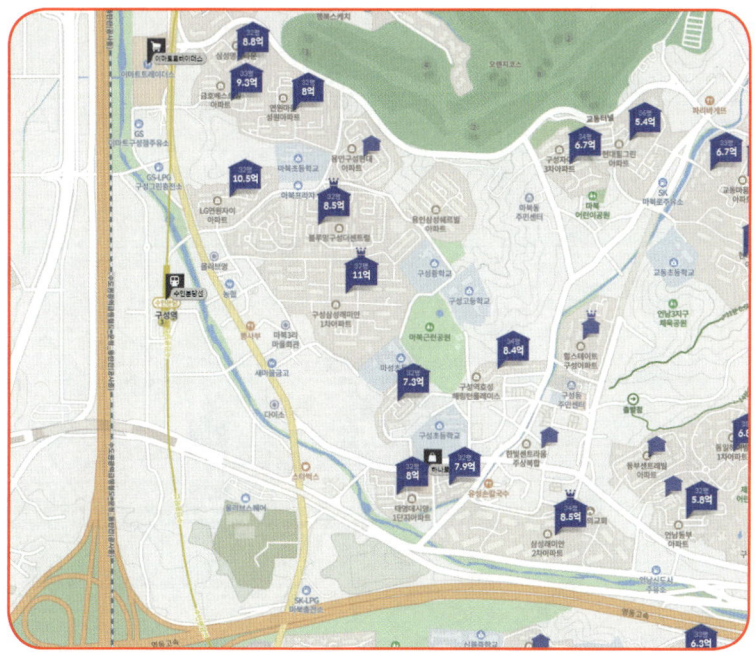

출처: 호갱노노(국토교통부 제공 데이터, 2022년 7월 17일 기준)

GTX-A 용인역 (수인분당선 구성역) 주변으로 2000년대 전후로 입주한 아파트들이 많다.

역세권이라 부를 수 있는 단지들이 있고 작은 다리인 구성 1교나 구성 2교를 이용해 탄천을 건너 구성역으로 넘어가게 된다.

이 아파트 어때요?

출처: 호갱노노(국토교통부 제공 데이터, 2022년 7월 17일 기준)

아파트명	삼거마을삼성래미안1차
세대수	1,282세대
준공년도	2002년
용적률	193%
건폐율	13%

37평 실거래가		
11억	9층	22.03.30
10억 8,000	2층	21.12.06
12억 4,000	6층	21.08.23
11억 8,000	9층	21.06.01

삼거마을삼성래미안1차

2002년 입주한 구축 아파트이다.

1282세대 대단지에 마성초등학교, 구성중학교를 끼고 있어서 초중고생 자녀가 있는 가정에서 선호하는 단지이다.

실제 동 간 거리가 멀어서 단지 내 4차선, 2차선 도로가 되어있고 조경도 잘 꾸며놓았다.

37평, 49평, 55평, 66평으로 중대형 평형 위주로 되어있고 세대당 높은 지분율(가구당 평균 대지지분 약 24평)로 인해 추후 재건축이나 리모델링 시 좋은 사업성을 가질 수 있는 단지가 된다.

지하주차장을 이용할 수 있어 주차 스트레스가 없고 단지 내 수영장도 갖추고 있다.

> **현장답사시 체크포인트**
>
> 단지가 좌우로 긴 형태에 오르막을 띠고 있어서 동별로 구성역까지 도보거리에 차이가 있으니 현장답사 시에 이 부분을 생각해가며 보자.
> 먼쪽 동 기준으로 구성역까지 도보 10분 정도 소요가 된다.

이 아파트 어때요?

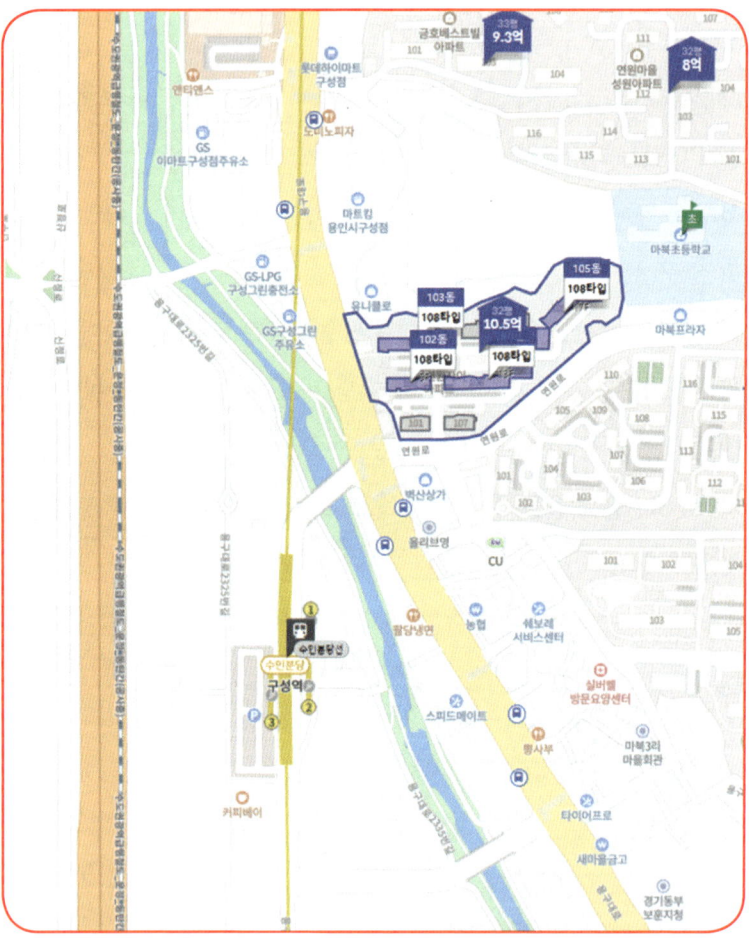

출처: 호갱노노(국토교통부 제공 데이터, 2022년 7월 17일 기준)

아파트명	연원마을LG자이
세대수	396세대
준공년도	1999년
용적률	178%
건폐율	22%

32평 실거래가		
10억 4,500	11층	21.11.05
9억 7,000	3층	21.10.15
10억 7,500	6층	21.08.06
9억 9,000	8층	21.08.05

연원마을LG자이

1999년 입주한 구축 아파트이다.

396세대로 세대수는 작지만 구성역과 가까운 좋은 입지에 있다.

구성역까지 도보 5분 정도면 도착하고 이마트 트레이더스도 도보 10분 거리에 위치하고 있다.

구축임에도 아파트와 지하주차장이 연결되어 있어 편리하고 단지내가 평지인 점도 장점이다.

단지 앞 인도를 따라 올라가면 초등학교가 있어 안전하게 등하교가 가능하다.

현장답사시 체크포인트

지하주차장이 어떤 식으로 연결되는지 확인해 보자.
마북초등학교와 병설유치원이 지도상에는 단지 옆에 있는 것으로 보이지만 실제로는 오르막을 올라야 하니 아파트 입구부터 초등학교까지 도보로 다녀와 보자.

땅 땅 무슨 땅 의 생각!

경기도 용인시 기흥구 수인분당선 구성역, GTX-A 용인역세권은요~

GTX-A노선이 2024년 정도면 개통을 한다.
정차역이 몇 개 안되기 때문에 GTX-A 노선 정차역 주변의 아파트들은 세간의 관심을 받고 있고 그중 하나가 용인역(구성역) 주변 아파트 단지들이다.
게다가 용인역에는 플랫폼 시티가 생긴다.
구성역 주변으로 첨단 일자리, 복합환승센터, 주거지로 구성되는 플랫폼 시티가 추진 중인데 그 면적이 무려 83만 평에 달하고, 신축 아파트 쇼핑몰 백화점 첨단 업무시설까지 갖춰질 예정이고 2023년 착공을 목표로 하고 있다.
플랫폼 시티에 GTX-A노선까지 들어오는 용인역 주변은 강남 직주근접에 생활 인프라까지 갖춘 A급지로 업그레이드될 예정이다.
거기에 고속철 SRT 노선까지도 용인에 정차를 추진하고 있는데 이 부분도 진행상황을 예의 주시해서 볼 필요가 있다.
용적률과 대지지분을 잘 파악해서 재건축 사업성이 좋은 곳을 매매해 실거주로 사는 것도 좋은 방법이다.

강남권으로 출퇴근이 가능한 지역 역세권 아파트

위례중앙역세권

서울 송파구 장지동 ──────── 위례신사선

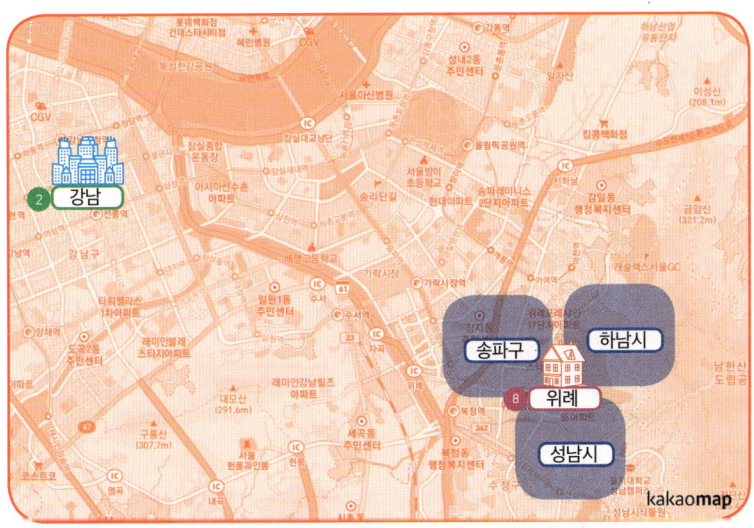

위례신도시는 송파구, 성남시, 하남시 3개의 행정구역이 걸쳐져 있는 신도시이다.

강남 3구인 송파구도 일부 포함되어 있긴 하지만 강남 업무중심지 쪽과는 떨어져 있다.

8호선 남위례역에서 강남 신사역까지 직선거리로 약 13km이고 청담~장지 간 동부간선도로를 이용하여 강남 중심권으로 이동할 수 있는데 차량정체가 심한편이다.

🚇 지하철

⑧ 남위례 → ⑧ 잠실	
소요시간	약 12분

8호선이 위례에서 잠실까지 운행을 한다. 위례신도시 일부도 송파구이기 때문에 같은 송파구인 잠실까지 접근성이 뛰어나다. 8호선으로 환승 없이 7정거장, 소요시간 약 12분이면 잠실역까지 이동이 가능하다.

체크할 것은 8호선 남위례역은 이름에서도 알 수 있듯이, 위례 중심상권인 위례 중앙광장 쪽에 있는 것이 아니라 위례신도시의 남쪽 끝부분에 붙어있어서 도보로 이용할 수 있는 단지들이 많지 않다.

위례에서 강남으로 직결 연결되는 것이 위례신사선이다.

게다가 강남 핵심지끼리도 연결되기 때문에 강남 내부 이동도 빠르게 할 수 있게 된다. 개통하게 되면 위례에서 강남 신사역까지 20분 정도에 이동이 가능하다.

2022년 말 착공예정이며 2028년 개통하는 것을 목표로 하고 있다.

30평대 아파트 실거래가

출처: 호갱노노(국토교통부 제공 데이터, 2022년 7월 17일 기준)

강남권

위례 중앙역이 생기는 역사 주변으로 입주 10년 차 안쪽의 신축급에 속하는 아파트 단지들이 있다.

강남 핵심지를 통과하는 위례신사선인 만큼 사업이 진행됨에 따라 역세권 아파트의 가치는 높아질 수 있다.

이 아파트 어때요?

출처: 호갱노노(국토교통부 제공 데이터, 2022년 7월 17일 기준)

아파트명	위례신도시 신안인스빌아스트로
세대수	694세대
준공년도	2017년
용적률	210%
건폐율	18%

37평 실거래가		
직 11억	6층	22.05.03
16억 8,000	14층	22.04.30
16억 9,000	5층	21.10.21
15억 9,000	1층	21.09.06

234 집 살라고?

위례신도시신안인스빌아스트로

2017년 입주한 신축 아파트이다.
위례신사선 위례 중앙역 초역세권 단지로 위례신도시의 대장주 아파트들 중 하나이다.
중앙광장의 인프라를 바로 누릴 수 있는 데다가 스타필드 시티까지도 도보권으로 이동 가능하기 때문에 최고의 생활 편리성을 갖춘 위치에 있다고 볼 수 있다.
신축답게 주민 커뮤니티 시설도 잘되어 있고 주차장도 여유가 있다.
위례 중심부를 둘러싸고 있는 휴먼링 산책길을 즐길 수 있다.

현장답사시 체크포인트

입주하게 되면 누릴 수 있는 생활 인프라를 미리 경험해 보자.
단지 앞 중앙광장의 주말 평화로운 분위기도 느껴도 보고 스타필드까지 도보 이동시간도 체크해 보자.
위례신사선 개통까지는 많은 시간이 필요하기 때문에 큰 호재거리로 남겨두고, 실제로 강남권으로 이동 가능한 8호선 복정역까지의 동선도 체크해 보자.
자가용을 이용한다면 단지에서 내비게이션을 켜서 강남 직장까지의 동선과 소요시간도 체크해 보자.

이 아파트 어때요?

출처: 호갱노노(국토교통부 제공 데이터, 2022년 7월 17일 기준)

아파트명	위례자연앤센트럴자이
세대수	1,413세대
준공년도	2017년
용적률	179%
건폐율	19%

34평 실거래가		
17억 3,000	3층	22.06.10
15억 8,000	3층	21.06.05
15억 8,000	5층	21.01.16
15억 9,000	11층	20.12.05

위례자연앤센트럴자이

위례신사선 위례중앙역의 초역세권이면서 자이라는 A급 브랜드까지 갖춘 위례신도시의 대장 단지 중의 하나이다.
중학교와 초등학교가 바로 앞에 있어서 학령기 자녀를 둔 가정이 선호하는 곳이다.

현장답사시 체크포인트

입주하게 되면 누릴 수 있는 생활 인프라를 미리 경험해 보자.
단지 앞 중앙광장의 주말 평화로운 분위기도 느껴도 보자.
초등학교 저학년 자녀가 있다면 내가 본 단지 입구에서 학교까지 동선도 파악해 보자.
위례신사선 개통까지는 많은 시간이 필요하기 때문에 큰 호재거리로 남겨두고, 실제로 강남권으로 이동 가능한 8호선 복정역까지의 동선도 체크해 보자.
자가용을 이용한다면 단지에서 내비게이션을 켜서 직장까지의 동선과 소요시간도 체크해 보자.

서울 송파구 장지동 위례신사선 위례중앙역세권은요~

위례 하면 떠오르는 게 위례신사선이다. 강남의 핵심지를 모두 통과하는 강남선이라고 해도 될 정도의 알짜배기 노선인데 그 종착역이 위례이기 때문이다. 현재가치와 미래가치를 동시에 보고 투자하는 곳이 위례인데 위례신사선의 미래가치에 더 중점을 두고 접근하자.

위례신사선은 아직 착공 전이라 당장은 자가용을 이용한 출퇴근이나, 복정역이나 남위례 역으로 이동하여 8호선을 타고 강남권으로 이동해야 한다.

위례신도시 지상 위로 다니는 전차인 위례 트램이 착공한 것도 기대가 되는 부분이고 2025년 정도면 트램을 이용해 8호선 복정역이나 5호선 마천역으로도 빠르게 이동이 가능해진다. 위례신사선은 2028년 개통 예정이다.

현재의 위례도 거주 만족감이 크기 때문에 살다 보면 2028년은 또 금방 온다. 위례중앙역이 생기기 전에는 역세권과 아닌 곳의 차이가 크지 않을 수 있는데 개통하고 실제 이용할 수 있는 상황이 되면 역세권과 아닌 곳의 임차수요 자체가 달라진다.

임차수요는 곧 임대료 상승, 그리고 매매가에도 직접적인 영향을 미치는 부분이기 때문에 위례신사선이 핵심임을 생각하자.

위례신사선은 2022년 말이나 2023년 쯤 착공을 예정으로 하고 있는데 삽 뜨기 전이랑 삽 뜬 후의 심리적 변화가 클 것이라는 것도 체크포인트.

부동산 투자 전문가가 알려주는 꿀팁

부동산 거래 노하우

능숙한 모습을 보이는 것이 꼭 좋지는 않다.

부동산에 자주 다녀보고, 투자도 여러 번 해본 부동산 투자 유경험자가 하는 실수가 있다. 바로 부동산사무소에 들어가면서 능숙한 모습을 보이려고 노력하는 경우이다. 내가 투자를 많이 해보았으니 부동산을 잘 아는 척하면 뭔가 나에게 득이 될 거라고 생각하는 것인데 착각이다.

부동산의 주 수입원이 무엇인지 알지 않는가? 거래가 성사되어야 중개수수료를 받아서 수입이 생기는 게 부동산 사무소이다.

그럼 투자 베테랑인 사람이 들어오면 중개사 사무소장님은 어떻게 생각할까? '투자를 자주 해봤으니 적당히 맘에 들면 덜컥 사겠지?'라고 생각할까?

벌써 느낌이 오지 않는가? 그 반대로 생각할 가능성이 더 많다.

전문 투자자이니 이것도 재보고 저것도 재 볼 것이고, 요구사항도 많을 것이고 가격 흥정도 심하게 할 것 같고 또 정말 좋은 매물이 아니면 어차피 안 살 것 같다는 생각이 들것이기 때문에 적극적 응대를 안 할 수도 있다.

딱 맘에 드는 보물 같은 매물이 아니면 브리핑하느라 힘만 들고 거래는 이루어지기 않을 것이란 생각이 든다.

능숙한 모습을 보이려고 하는 실수에는 어떤 것이 있을까?

가장 많은 실수로는, "부동산에 들어가면서 커피 한잔 마시러 왔어요." 하면서 들어가는 경우이다.

내가 부동산에 온 목적이 커피를 마시며 시간이나 때우고 싶다는 말인데 정말 안 좋은 멘트이다. 물건도 많고 손님도 많은 좋은 부동산의 경우 그런 손님이 아니어도 굉장히 바쁘다. 커피나 마시러 온 손님을 응대할 시간이 없다. 투자지역 단지 앞 상가 큰 부동산에 들어가서 이런 식으로 첫 멘트를 치면 바로 소외받기 십상이다.

그다음 안 좋은 멘트로는 "뭐 좋은 거 좀 없어요?" 하면서 사무소에 들어가는 경우이다.

부동산 사무소 입장에서는 이 손님은 부동산에 굉장히 자주 오겠구나, 진짜 좋은 거, 확실히 싼 거 아니면 관심이 없겠구나 라는 생각이 들면서 현장을 보여주기보다는 상담 정도만 하고 말아야겠다 라는 생각을 할 수 있다.

마지막으로 안 좋은 멘트로는 '지금 살건 아니고 임장을 통해 정보를 수집 중이다'라고 말하는 경우이다.

사긴 살 건데 분석이 되어야 사겠다 라는 말인데 중개사 사무소 입장에서는 반갑지 않은 손님이다. 이 손님이 분석을 하는 기간 동안 이 물건이 팔릴 가능성이 있기 때문에 지금 굳이 이 매물을 보여주고 설명할 필요가 없는 것이다. 지금 당장 살 거라고 말하고 적극성을 띄어도 모든 매물을 오픈하지 않을 수도 있는 것인데 그 반대로 지금은 공부 중이고 분석이 완료되면 살 거라는 멘트는 정말 최악이다. 그런데 신기하게도 현장에서 이런 식으로 말하는 사람이 꽤나 많다.

이렇듯 부동산에 방문할 때에 능숙한 모습을 보이는 것이 오히려 독이 될 수가 있으며 적당히 긴장한 모습을 보이는 것이 자세한 지역 설명도 듣고 현장 매물 답사도 하는데 도움이 된다.

여의도권으로 출퇴근이 가능한 지역 역세권 아파트

신풍역세권

서울 영등포구 신길동 ─── 신림선 보라매역, 신안산선

신길 뉴타운은 과거 영등포구 신길동의 낙후된 빌라 밀집지역이 재개발이 된 곳이다.

신길 뉴타운 신풍역과 여의도역은 직선거리로 약 2.5km 정도로 근거리에 있어서 과거부터 여의도 직장인의 주거지로 인기가 많았던 곳이고 최근 신축들이 들어오면서 가파른 가격 상승을 보여준 지역이다.
여의도로 연결되는 지하철이 없어서 버스나 자가용으로 출퇴근을 했었는데, 무려 2개의 지하철이 여의도까지 직결로 연결이 될 예정이다.

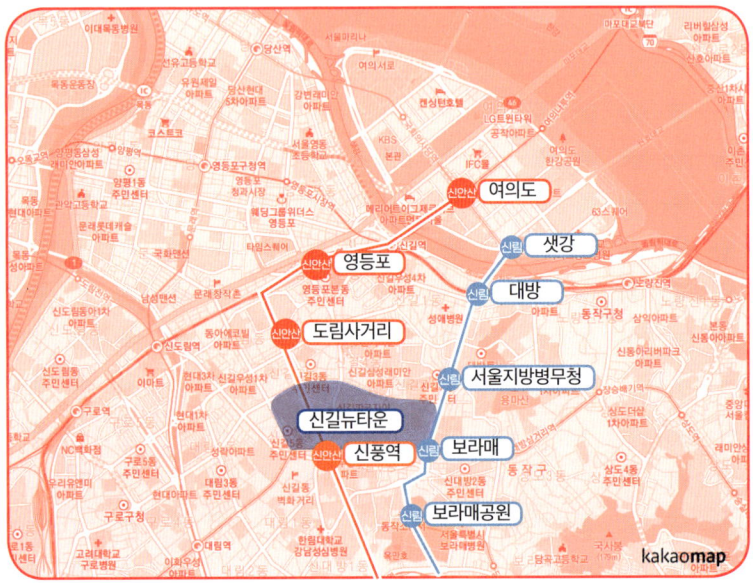

신림동 서울대입구부터 올라와 신길 뉴타운 보라매역을 통과해서 동여의도 샛강역으로 이어지는 신림선이 최근 개통을 했다.

보라매역에서 여의도 샛강역까지는 환승 없이 3 정거장 거리가 된다.

경기도 안산 한양대역에서부터 광명 독산 구로디지털단지를 지나 신안산선 신풍역을 통과해서 여의도역으로 이어지는 신안산선이 2025년 개통을 목표로 한창 공사 중에 있다.

신안산선이 개통되면 신풍역에서 여의도역까지 환승 없이 3 정거장 거리가 된다.

30평대 아파트 실거래가

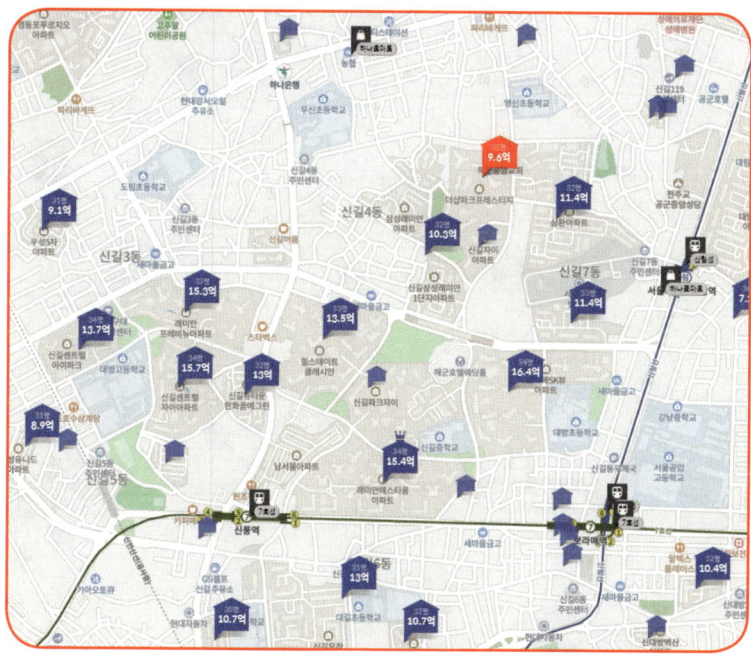

출처: 호갱노노(국토교통부 제공 데이터, 2022년 7월 17일 기준)

신길 뉴타운 역세권으로 3년~6년 차 정도 된 신축 아파트들이 입주해 있다.
단지 크기나 위치 연식에 따라서 조금씩 가격 차이가 있다.

이 아파트 어때요?

출처: 호갱노노(국토교통부 제공 데이터, 2022년 7월 17일 기준)

아파트명	래미안에스티움	34평 실거래가		
세대수	1,722세대	15억 3,500	9층	22.04.13
준공년도	2017년	17억 7,000	22층	21.10.20
용적률	252%	16억 4,000	10층	21.10.15
건폐율	18%	17억 8,500	13층	21.10.13

래미안에스티움

2017년 입주한 신축급의 대단지 아파트이다.
좌로는 신안산선 신풍역, 우로는 신림선 보라매역이 있고 어느 쪽을 이용하든 여의도까지 3 정거장에 도착할 수 있다.
1722세대 대단지 아파트답게 단지 내 조경도 잘 꾸며져 있고 에스티움 갤러리, 도서실 등 커뮤니티 시설도 잘 되어 있다.

현장답사시 체크포인트

대단지이면서 대지가 좌우로 길게 뻗은 형태로 되어 있기 때문에 내가 입주할 동과 주로 이용하게 될 지하철역과의 거리를 체크해 보자.
여의도 증권회사가 직장이라면 당장은 보라매역을 이용해 동여의도 샛강역을 통해 여의도로 출퇴근할 수 있겠지만 2025년쯤 신안산선이 개통하게 되면 신풍역을 통해 여의도역으로 출퇴근하는 게 더 빠를 수 있다(여의도 증권가가 샛강 쪽보단 여의도역 주변에 많기 때문에)

이 아파트 어때요?

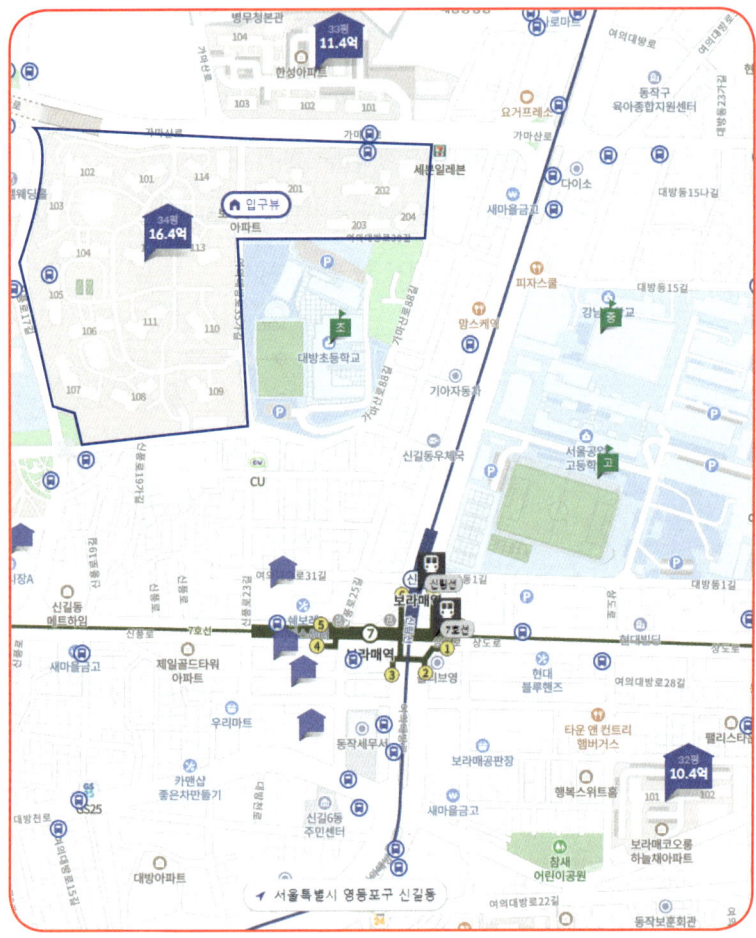

출처: 호갱노노(국토교통부 제공 데이터, 2022년 7월 17일 기준)

아파트명	보라매SK뷰
세대수	1,546세대
준공년도	2020년
용적률	264%
건폐율	19%

34평 실거래가		
16억 4,000	7층	22.05.18
16억 6,000	23층	22.04.02
15억 9,500	18층	22.03.13
직 9억 6,000	3층	22.03.03

보라매SK뷰

2020년 입주한 초신축 아파트이다.
신림선 보라매역과 서울지방병무청 역을 모두 이용할 수 있는 위치에 있고 여의대방로로 나가는 것도 가깝기 때문에 버스로 여의도 출퇴근하기도 편리하다.
대방초등학교가 바로 앞에 있어 초등학교 저학년생도 라이드 없이 등하교가 가능하다.
신축답게 단지 내 골프장과 카페 등이 잘 되어있다.

현장답사시 체크포인트

보라매역과 서울지방병무청역 두 곳 모두 다녀와 보자.
한정거장이라도 덜 탈 수 있으면 바쁜 출근시간에 조금의 여유라도 가질 수 있다.
대방초등학교를 내려다볼 수 있는 집들이 있고, 고층의 경우 관악산 전망까지 가능한 집들도 있다.
구도심이 있던 곳이라고 전망을 포기하지는 말자.
단지 앞 도로 가마산로 쪽으로 학원들이 생기고 있는데 시간이 흐르면 학원가라고 불릴정도로 커질 가능성도 있다.

땅땅무슨땅의 생각!

서울 영등포구 신길동 신림선 보라매역, 신안산선 신풍역세권은요~

지도상에서 보면 핵심 업무지구 여의도 바로 아래쪽에 위치한 지역이 신길동이다. 노후도가 심한 지역이었지만 입지가 좋아 여의도 직장인 임차수요가 꾸준했던 곳이다. 신축 아파트가 된 것만으로 30평대가 15억~16억 선이라는 엄청난 시세를 뿜었고 신길동의 이미지가 몇 스탭 업그레이드가 되었다.

하지만 여전히 아쉬움이 남아있었는데 바로 여의도 직결 지하철 노선이 없다는 것이다. 반대로 생각하면 그것만 해결되면 뉴타운의 완성을 이룰 수 있기도 하다.

2022년 5월 말 개통 신림선 보라매역, 2025년 개통 예정 신안산선 신풍역 두 개의 노선이 신길 뉴타운에 연결되면 여의도 직주근접으로서 신길 뉴타운이 완성이 된다. 개통 후에는 임차수요도 늘어나서 탄탄한 전세가로 인한 투자수요도 함께 늘어날 것이고 또 여의도 노후 아파트 재건축으로 인한 임차수요도 신길 뉴타운으로 몰릴 수 있어서 임대료 상승으로 인한 매매 투자자의 접근성이 더욱 좋아지게 된다. 개발이 안된 주변 낙후된 지역들도 미래에는 결국 새 아파트로 탈바꿈하게 될 것이고 신길동 자체의 이미지가 도심 속 깨끗한 신도시 지역 느낌으로 완전히 달라질 수 있다.

여의도권으로 출퇴근이 가능한 지역 역세권 아파트

보라매공원역세권

서울 동작구 신대방동 ──────── 신림선

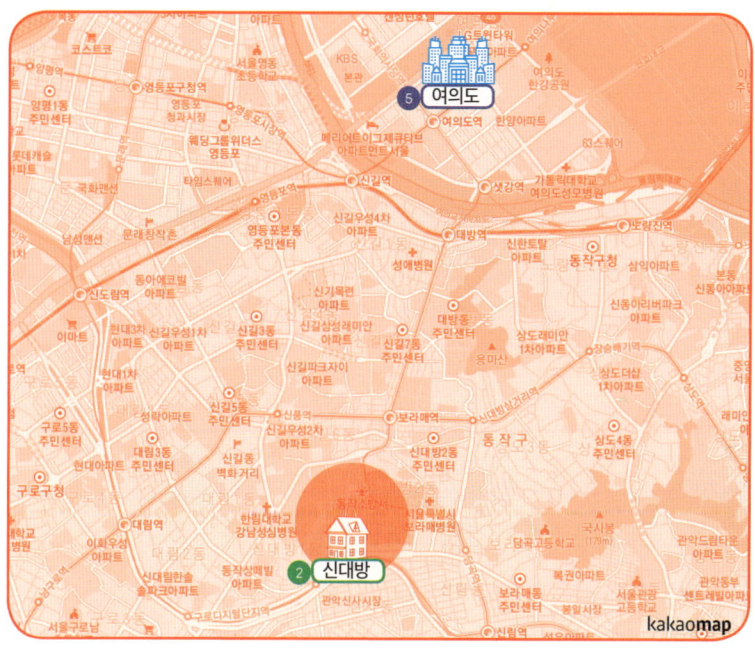

신대방동은 업무지구인 여의도와 근거리에 있다.
신대방동(수도여자고등학교 기준)과 여의도 샛강역은 직선거리 약 3km로 물리적 거리는 가까우나 직결로 연결되는 지하철 노선이 없어서 버스나 자가용으로 이동해야 하는 불편함이 있었다.

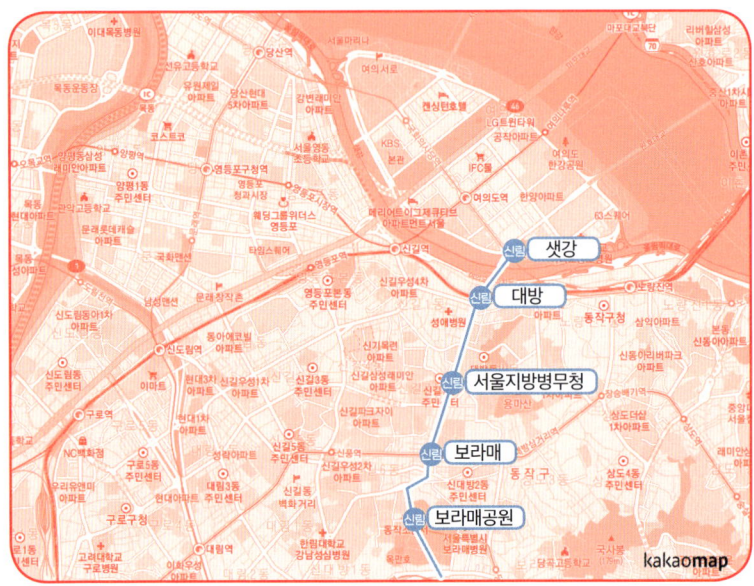

2022년 5월 말에 개통된 신림선 노선이다.

신대방동 보라매공원역에서 신림선을 타면 여의도 샛강역까지 4 정거장이면 도착을 한다.

신림선 개통으로 신대방동은 여의도의 직주근접 주거지가 되었다.

30평대 아파트 실거래가

출처: 호갱노노(국토교통부 제공 데이터, 2022년 7월 17일 기준)

보라매공원역 주변으로 90년대~2000년대 초 입주한 아파트 단지들이 있다.

지하철이 없던 곳에 역이 생기게 된 지역으로 역세권 아파트가 주는 의미가 크다.

이 아파트 어때요?

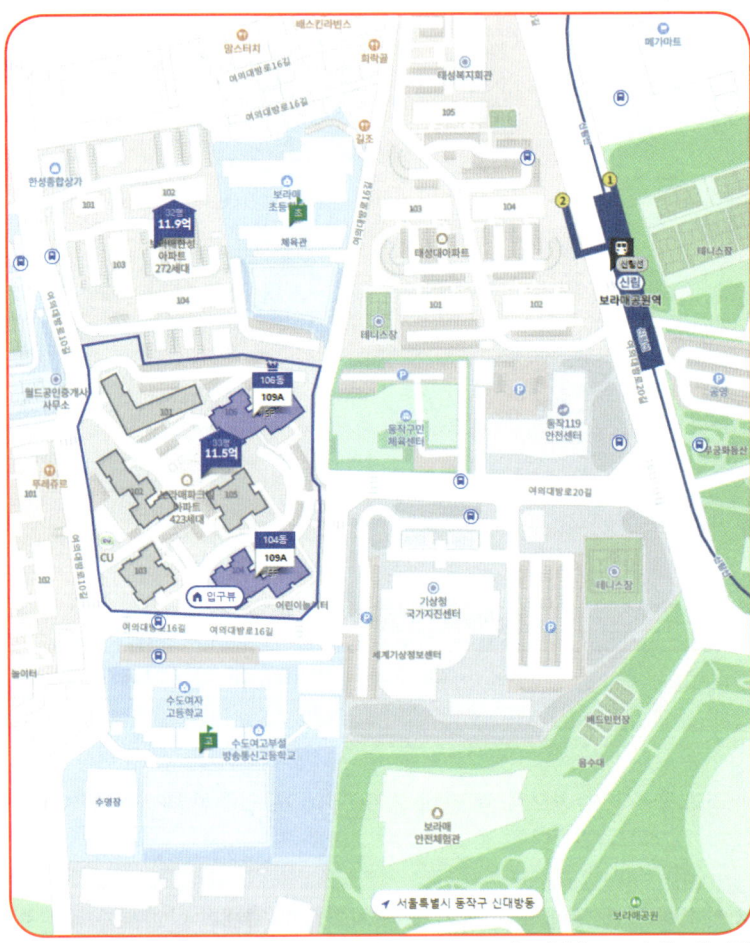

출처: 호갱노노(국토교통부 제공 데이터, 2022년 7월 17일 기준)

아파트명	보라매파크빌
세대수	423세대
준공년도	2002년
용적률	218%
건폐율	23%

33평 실거래가			
11억 5,000	12층	22.02.19
12억 9,500	7층	21.08.28
13억	7층	21.07.25
12억 9,500	6층	21.05.29

보라매파크빌

2002년에 입주한 구축 아파트이다.

32평, 33평 2개 평형으로만 이루어져 있어서 같은 단지 내 큰집, 작은집 차이를 둘일이 없다.

신림선 보라매공원 역이 개통되면서 도보 3~4분이면 역에 도달할 수 있는 역세권 아파트가 되었다.

보라매초등학교, 대방중학교, 수도여자고등학교가 단지 옆에 바로 있다.

구축 아파트이지만 지하주차장이 잘 되어있다.

보라매공원이 바로 앞이라 편하게 이용할 수 있다.

현장답사시 체크포인트

초, 중, 고(여고)가 바로 코앞에 있다는 장점을 현장에서 느껴보자.
보라매공원역까지 걸어가 보고, 역 바로 앞에 있는 보라매공원도 둘러보자.
같은 평형이어도 구조가 다양하니 현장 답사 전에 아파트 구조들을 미리 파악하고 가도록 하자(특히 발코니 개수나 모양).

이 아파트 어때요?

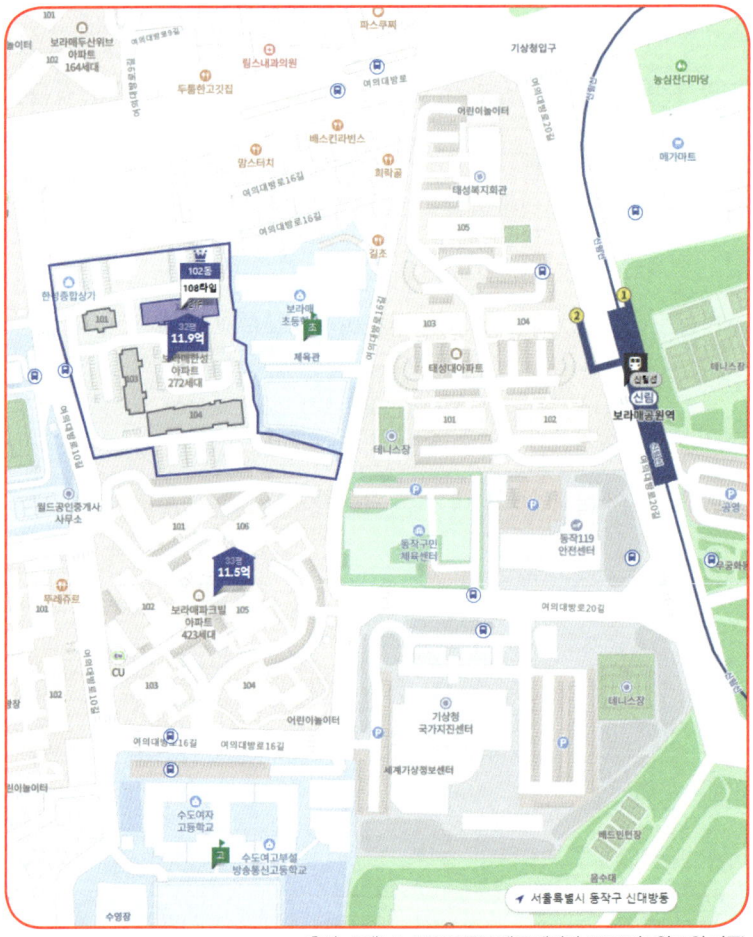

출처: 호갱노노(국토교통부 제공 데이터, 2022년 7월 17일 기준)

아파트명	한성	32평 실거래가		
세대수	272세대	11억 9,200	8층	21.09.12
준공년도	1995년	12억	18층	21.08.08
용적률	221%	8억 4,000	7층	20.02.28
건폐율	16%	8억 2,800	3층	19.12.07

한성

1995년에 입주한 구축 아파트이다.

신림선 보라매공원역이 개통되면서 역까지 도보 5분이면 도달할 수 있는 역세권 아파트가 되었다.

단지 좌우로 대방중학교, 보라매초등학교를 끼고 있다.

현장답사시 체크포인트

신림선 보라매공원역 탑승구까지 도보로 이동해 보고, 보라매공원역 앞에 있는 보라매공원도 둘러보자.

여의대방로 대로와도 가까운 곳에 위치해 있기 때문에 여의도로 가는 버스 노선도 체크해 보자.

땅땅무슨땅의 생각!

서울 동작구 신대방동 신림선 보라매공원역세권은요~

신림선 개통을 오랫동안 기다린 곳이 신대방동이다.

그도 그럴 것이 여의도와 지근거리에 있으면서도 직결노선 지하철이 없다는 아쉬움 때문에 투자수요가 늘 부족했던 곳이다.

버스를 이용한 여의도 접근성이 아주 괜찮지만 실수요자나 투자자가 따지는 것은 지하철로 몇 정거장이냐 이다.

오랜 기다림 끝에 2022년 5월 말 신림선이 개통됐다.

신대방동 보라매공원역에서 여의도까지 직결로 4 정거장이 된 것이다.

역사 입구까지 도보 5분 안쪽으로 도달 가능한 역세권 아파트들의 가치는 점점 높아질 것이다.

특히 역세권 아파트들은 여의도 직장인 임차수요까지 흡수할 수 있기 때문에 개통 후에 전월세도 영향이 있을 수 있다.

신림선에 보라매라는 이름이 들어가는 역이 3개나 생기는데(보라매역, 보라매공원역, 보라매병원 역) 모두 여의도로 직결 연결되는 만큼 보라매공원 주변 주거지의 가치는 더 높아질 것이다

여의도권으로 출퇴근이 가능한 지역 역세권 아파트

중동역세권

경기 부천시 중동 ——————— 1호선 중동역

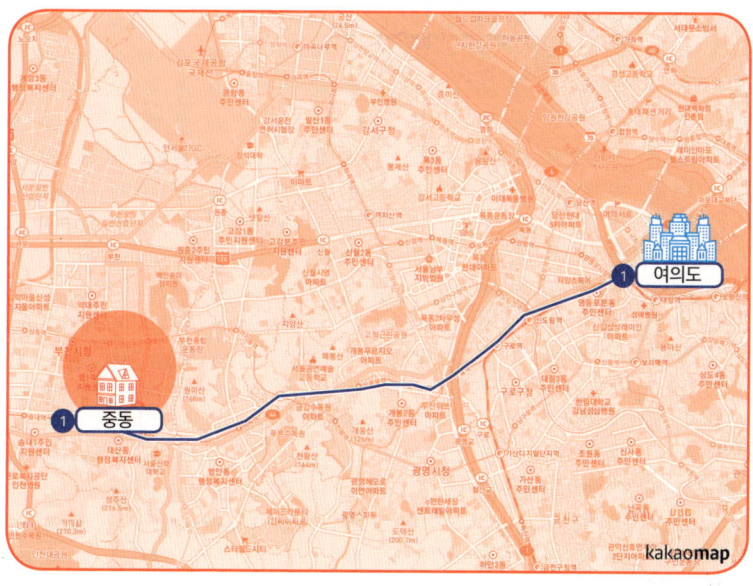

1호선은 업무지구인 여의도에 직접적으로 들어오지는 않지만, 신길역 대방역에서 하차하여 작은 다리를 도보로 건너면 여의도로 연결이 된다.

1호선 중동역에서 신길역까지는 직선거리 약 14km이며 운행 구간이 비교적 쭉 펴진 구간이라 빠르게 이동이 가능하다.

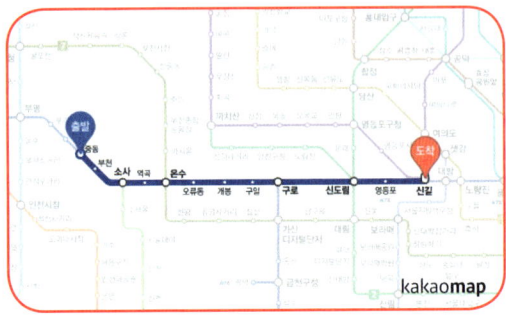

중동역에서 신길역까지는 1호선으로 환승 없이 11 정거장이다.

소요시간은 약 26분으로 부천 중동에서 여의도 업무지구로 출퇴근이 가능하다.

신길역에서 내려서 작은 다리를 건너면 여의도 진입이 가능하기 때문에 1호선도 여의도 진입이 가능한 지하철이라고 볼 수 있다.

물론 신길역에서 5호선으로 환승하여 1 정거장 이면 여의도역으로 갈 수도 있다.

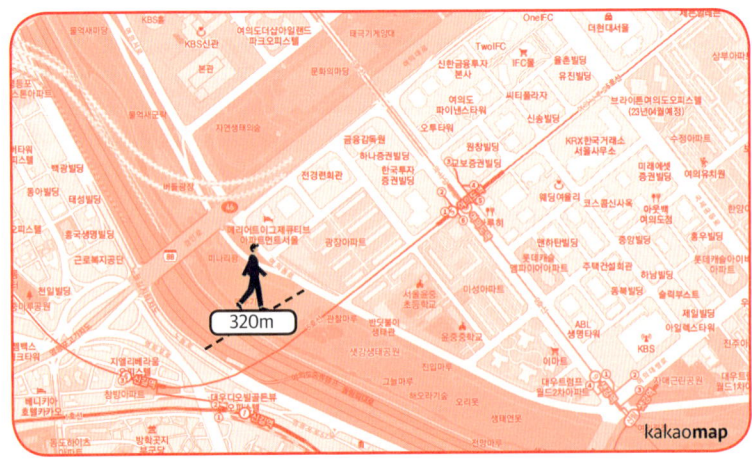

30평대 아파트 실거래가

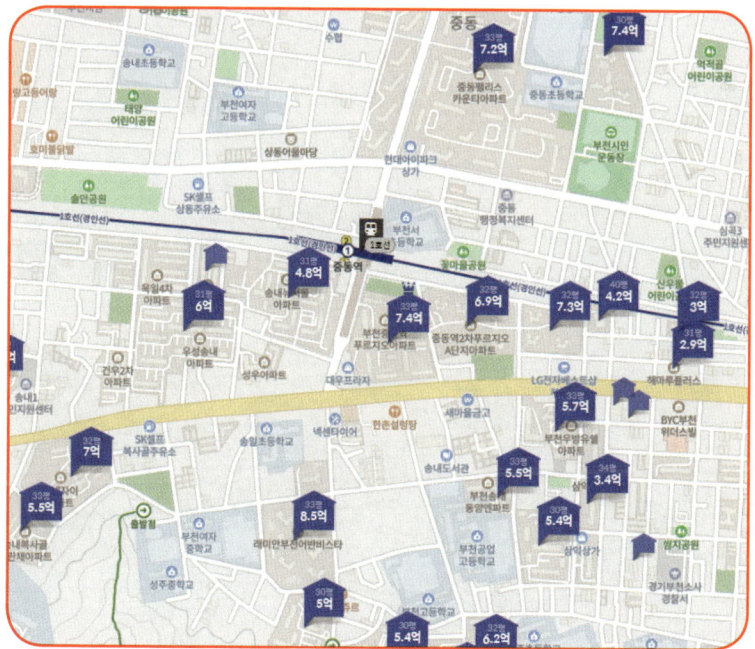

출처: 호갱노노(국토교통부 제공 데이터, 2022년 7월 17일 기준)

1호선 중동역 주변으로 90년대~2000년대에 입주한 아파트들이 많고 중·대형 단지로 구성이 되어있다.

이 아파트 어때요?

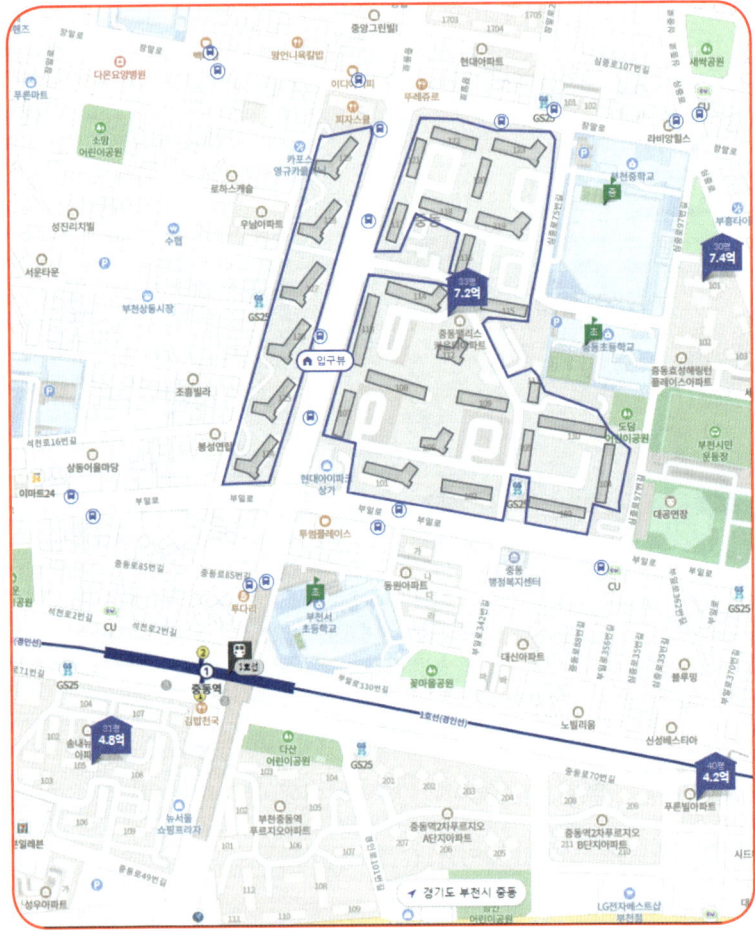

출처: 호갱노노(국토교통부 제공 데이터, 2022년 7월 17일 기준)

아파트명	팰리스카운티
세대수	3,090세대
준공년도	2009년
용적률	249%
건폐율	16%

33평 실거래가		
7억 8,000	2층	22.05.30
직 6억 9,000	1층	22.05.27
7억 2,800	25층	22.05.19
7억 300	9층	22.04.30

팰리스카운티

2009년 입주한 중동 역세권 아파트 단지이다.
3090세대 대단지에 중동초등학교, 부천중학교를 끼고 있고 시장, 도서관, 학원 등도 가까운 곳에 있어서 생활 인프라가 뛰어난 단지이다.
역과 가까운 동 기준으로 중동역까지 약 250m, 도보 4~5분 정도 소요된다.
단지 내 어린이집들도 많아서 신혼부부, 젊은 부부들에게 인기가 많은 단지이다.

현장답사시 체크포인트

단지 내 어린이집이 많이 있다.
아이가 있다면 내가 입주하는 동에 있는 어린이집에 대기 없이 들어갈 수 있는지 확인해 보자.
초등학교를 품고 있지만 단지가 커서 동별로 학교까지 거리가 차이가 있으니 현장답사한 동에서 초등학교까지의 동선을 체크하자.
대단지라 관리비가 저렴한 편으로 알려져 있으니 입주하려는 평형대의 관리비도 알아보자.

이 아파트 어때요?

출처: 호갱노노(국토교통부 제공 데이터, 2022년 7월 17일 기준)

아파트명	부천중동역푸르지오
세대수	1,001세대
준공년도	2005년
용적률	324%
건폐율	21%

33평 실거래가		
7억 4,000	21층	21.12.27
7억 3,300	5층	21.10.06
7억 7,800	7층	21.09.23
7억 3,000	16층	21.09.13

부천중동역푸르지오

2005년에 입주한 구축 단지이다.
1001세대 대단지에 중동역까지 도보 5분이 채 안 걸리는 역세권 단지이다.
24평형과 33평형 중소형 평형으로 이루어져 있어서 신혼부부들이 살기 좋다.
푸르지오 브랜드 아파트인 것도 장점이 된다.

현장답사시 체크포인트

대형마트는 거리가 있기 때문에 단지 주변 중형마트들을 이용하게 된다. 마트의 위치나 규모를 확인해 보자.
도보 10분 안쪽 거리에 거마산 등산로 입구가 있으니 산을 좋아한다면 위치도 파악해 보자.

땅땅무슨땅의 생각!
경기 부천시 중동 1호선 중동역세권은요~

수도권 1기 신도시 중 하나가 중동이다.

그만큼 새 정부의 1기 신도시 재개발, 재건축 정책의 영향을 받는 곳이며 현재도 풍성한 생활 인프라로 주거만족도가 좋은 곳이다.

특히 중동역 주변으로 대규모 재개발이 예정되어 있기 때문에 개발 후 정비된 모습의 중동역의 가치는 지금과는 다를것이고, 기존 좋은 위치에 자리 잡고 있던 역세권 구축 아파트들도 재평가가 이루어질 것이다.

여의도 출퇴근이 가능한 지역에다가 역세권에 있는 단지형 아파트 국평(30평대)을 매매가 7억대에서 찾는 것은 쉽지 않기 때문에 중동 주거지의 상승여력이 충분히 있다.

여의도권으로 출퇴근이 가능한 지역 역세권 아파트

도림사거리역세권

서울 영등포구 도림동 ──────── 신안산선

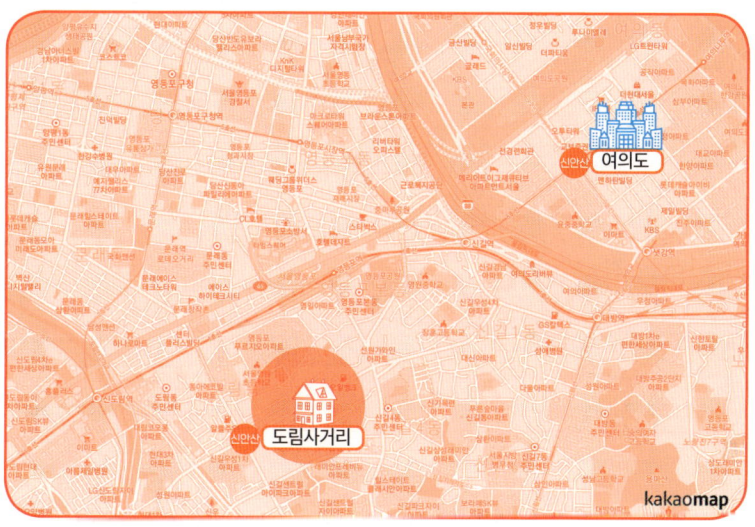

서울 영등포구 도림동은 업무지구인 여의도와 근거리에 위치해 있다. 도림동 영등포 아트자이 아파트에서 여의도역까지는 직선거리 약 2.5km 정도이다.

물리적 거리는 가깝지만 아쉽게도 지하철로 연결되는 노선이 없다. 신도림역도, 영등포역도 도림동에서는 애매한 거리에 있기 때문에 여의도까지 출퇴근이 편리하다고 하기에는 애매한 위치에 있는 게 도림동이었다.

 지하철

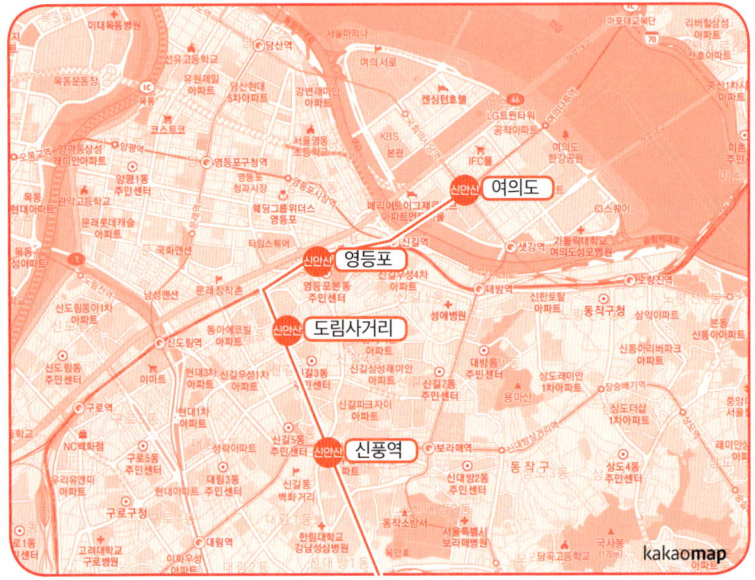

신안산선은 경기도 안산시 한양대 에리카캠퍼스 역에서 출발해 서울 여의도역까지 오는 노선이고 2024년 개통을 목표로 공사를 진행하고 있다.

업무지구 여의도와 직결로 연결되다 보니 신안산선이 정차하는 역들 주변 주거지들에 대한 관심이 뜨겁다.

그중에서도 기존에 지하철역이 없었는데 신규 역이 생기는 지역들에게 신안산선은 대형 호재일 수밖에 없다.

서울 영등포구 도림동도 그러한 지역이며 도림사거리 역이 생기면 여의도역까지 환승 없이 단 2 정거장이면 도착을 한다.

30평대 아파트 실거래가

출처: 호갱노노(국토교통부 실생 데이터, 2022년 7월 17일 기준)

신안산선 도림사거리역이 생기는 곳 주변으로 단지형 아파트들이 몇 개 있다.

80년대에 지은 재건축이 필요한 아파트도 있고 2010년대에 지어진 비교적 신축인 아파트 단지도 있다.

연식이나 역과의 거리 등 단지별 특징들이 다양해서 동일 평형에도 단지별 가격차이가 있는 편이다.

이 아파트 어때요?

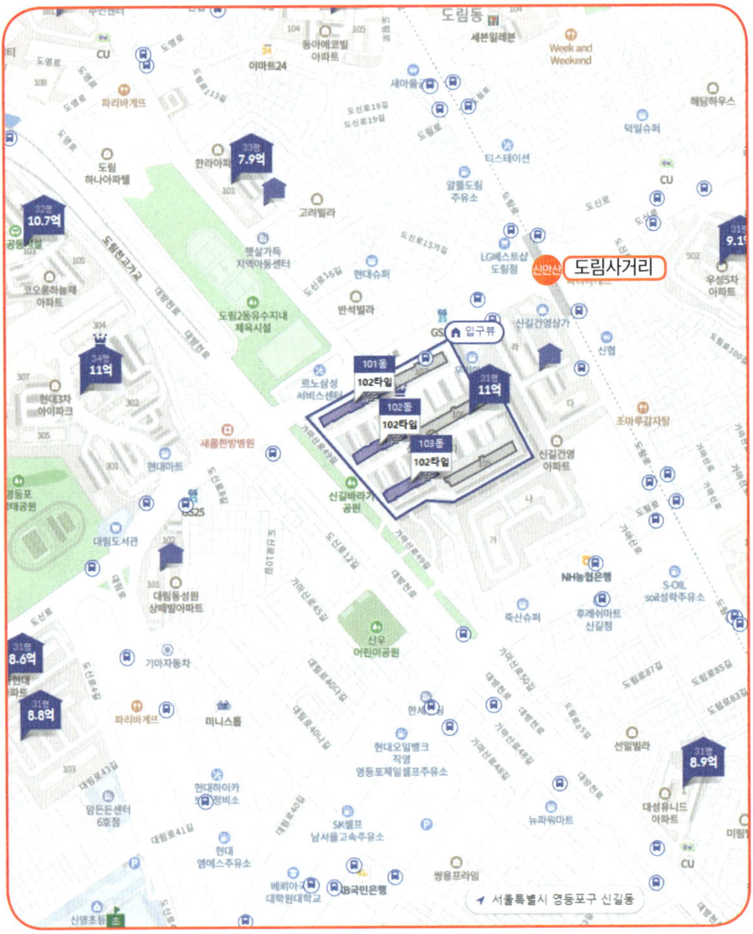

출처: 호갱노노(국토교통부 제공 데이터, 2022년 7월 17일 기준)

아파트명	신길우성1차
세대수	688세대
준공년도	1986년
용적률	176%
건폐율	18%

31평 실거래가		
10억	1층	22.06.22
10억 9,500	1층	22.03.25
12억 2,500	3층	21.11.23
10억 5,000	8층	21.01.09

신길우성1차

1986년에 입주한 재건축이 필요한 구축 아파트이다.

37년 차인 만큼 지하주차장이 없으며 주차공간도 부족하다.

외관은 누가 봐도 재건축이 필요한 느낌의 낡은 형태이다.

하지만 최근 1차 안전진단 통과를 하는 등 재건축에 박차를 가하고 있다.

신안산선이 생기면 초 역세권 단지가 되기 때문에 재건축이 된 미래에는 도림동의 대장 아파트로 거듭날 수 있다.

현장답사시 체크포인트

여의도를 2 정거장에 갈 수 있는 지하철역 바로 앞에 있는 역세권 아파트이다.

재건축 예정 단지이기 때문에 지금의 낡은 모습보다는 이곳이 신축이 되었을 때의 가치를 상상해 가며 현장답사에 임하자.

주차가 열악하기 때문에 퇴근 후 저녁시간 주차 상황을 살펴보자.

아직은 신안산선 도림사거리역이 개통 전이라 신도림역까지 도보로 동선과 소요시간을 체크도 해보고, 단지 앞 마을버스 노선도 확인해 보자.

이 아파트 어때요?

출처: 호갱노노(국토교통부 제공 데이터, 2022년 7월 17일 기준)

아파트명	현대3차
세대수	1,162세대
준공년도	1997년
용적률	325%
건폐율	26%

34평 실거래가		
10억9,500	21층	22.04.30
11억6,000	23층	21.08.14
11억4,000	19층	21.08.13
11억3,000	7층	21.07.20

현대3차

1997년 입주한 구축 아파트이다.
행정구역상 대림동에 속하지만 신안산선 도림사거리역을 도보로 이용 가능한 위치에 있다.
1162세대 대단지이고 리모델링을 추진중에 있다.
단지 옆으로 도림천이 있어 산책하기 좋고 고층의 경우 여의도 전망이 가능한 집들도 있다.
단지 입구부터 신안산선 도림사거리역 까지는 약 450m 도보 7분 정도 소요가 되며 개통 후에는 여의도 업무지구의 직주근접 아파트가 된다.

현장답사시 체크포인트

리모델링을 추진 중인 단지인만큼 현재 진행상황 정보를 현장에서 확인하자.
현대 3차 아파트 소유 중인 부동산 사장님을 만나면 가장 생생한 정보를 들을 수 있다.
신안산선 도림사거리역 입구까지 내 걸음으로 직접 다녀와보며 실 소요시간을 체크해보고 체감시간도 느껴보자.
1호선, 2호선 환승역인 신도림역도 도보권에 있기 때문에 여의도뿐 아니라, 강남권 광화문권도 출퇴근이 가능한 아파트가 된다.
단지에서 신도림역 도보 이동 동선도 체크하자.

땅땅무슨땅의 생각!
서울 영등포구 도림동 신안산선 도림사거리역세권은요~

서울 3도 심인 영등포구에 속하는데도 불구하고 이름이 많이 알려지지 않은 곳이 도림동이다. 도림동 내에 단지형 아파트가 많지 않아서이기도 하지만, 더 큰 이유는 도림동에 지하철역이 없다는 것이다. 하지만 이게 2년 정도 후면 해결이 된다. 그것도 서울 핵심 업무지구인 여의도로 2 정거장만에 도달하는 도림사거리역이 도림동 내에 생기게 되는 것이다.

발 빠른 투자자들은 벌써 선점하기도 했지만, 아직 개통까지 2년여 남았기 때문에 기회는 있다.

2024년쯤 신안산선이 개통되어 임차수요까지 늘어나면 일단 도림사거리라는 이름값이 생기게 될 것이고, 도림사거리 주변 낡은 아파트 단지들의 재건축/ 리모델링이 단계별 추진될 때마다 투자자들의 관심이 늘어날 지역이 서울 영등포구 도림동이다.

미래에 도림동의 낙후된 주택, 빌라 지역들까지 개발이 될 것을 생각하면 도림동의 위상은 지금과는 비교도 할 수 없을 정도로 높아져 있을 것으로 본다.

부동산 투자 전문가가 알려주는 꿀팁

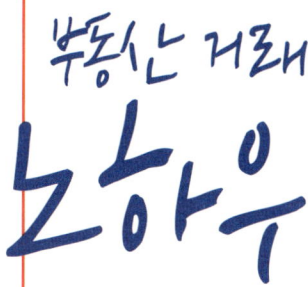

매수시 조금이라도 **깎아서 사는 방법**

중개사 사무소의 역할이 부동산 거래를 위한 중개나 대리 사무를 해주는 곳이라고 했다. 그런데 그 과정에서 양측의 의견을 조율하는 역할도 하는 곳이 중개사 사무소이다.

잔금 일자나 입주일자, 중도금 협의를 하기도 하고 이삿짐 센터나 인테리어 업체, 법무사/세무사 연결 등 다양한 부동산 관련 서비스 업체와 연결을 해주기도 한다.

그 외에 아주 큰 역할을 하는 것이 있는데 바로 가격 흥정이다.

매도인과 매수인의 희망 가격차이가 날 경우가 있는데 이를 잘 중재하면 거래가 성사될 가능성이 크기 때문에 가격 협의를 잘 만들어내는 부동산이 거래를 잘 성사시키는 부동산이라고 볼 수 도 있다.
그럼 중개인을 어떻게 활용해야 조금이라도 가격을 깎을 수 있을까?

이런 조건의 가격이라면 바로 매매하겠다는 표현을 하면 된다.

그런데 임장을 하고 바로 가격 흥정부터 하려고 하면 매도인 입장에서도 언짢은 느낌이 있을 수 있다. 임장 다녀온 날 봤던 매물과 부동산 사무소를 모두 기록해

두자. 그중 맘에 드는 물건을 추려놓은 후 다음날이나 다다음날쯤 부동산에 연락을 하자.

멘트 1.   엊그제 다녀갔던 OO동에 사는 홍길동입니다.
          그때 보여주셨던 OO 아파트 OO동 OO호 팔렸나요?
          저는 맘에 드는데 예산을 좀 초과해서 가족들이 걱정을 하거든요.
          상의 중이니 조금만 시간을 주세요.

이후 하루 이틀 후에 다시 부동산에 연락을 하자.

멘트 2.   사장님 홍길동입니다.
          가족들도 맘에 든다고 하는데 예산을 너무 초과해서요.
          혹시 OO원까지 조절이 되면 바로 살 수 있을 것 같은데 혹시 안될까요?
          된다면 지금 바로 가서 계약하고 계약금 입금하겠습니다.

이때 제시하는 가격은 전체적인 부동산 시장 상황과, 해당 단지의 인기도 등에 따라서 다르게 적용할 수 있다. 금리도 오르고 매물이 많이 나올 수 있는 정부 정책이 펼쳐지는 시기라면 좀 과감하게 가격조절을 시도해 볼 필요도 있다. 이 정도 해놓았으면 이제는 부동산 사장님의 회신을 기다려 보는 시간이다.

임장 후 두 번이나 전화가 왔기 때문에 실 매수자인 것은 확인이 된것이고, 가족들과 상의를 통해 심사숙고하여 결정했다는 것과 매도인만 가격에 오케이 해주면 지금 바로 계약한다는 확실한 매수 의사를 전달했다.

매도인 입장에서도 자꾸 집 보러 사람들이 오는 것도 번거롭고, 오케이 하면 지금 바로 와서 계약금을 입금하겠다고 하니 중개인이 잘만 협상해 준다면 좋은 가격에 빠른 거래가 가능할 수도 있다.

물론 부동산 대세 상승장에서는 적당선에서 빠르게 매수해야 하겠지만 혼조세를 이루는 장이거나 하락 장에서는 이러한 방법으로 조금이라도 가격 흥정을 통해 매매를 할 수 있다.

광화문권으로 출퇴근이 가능한 지역 역세권 아파트

녹번역세권

서울 은평구 녹번동 ──────── 3호선

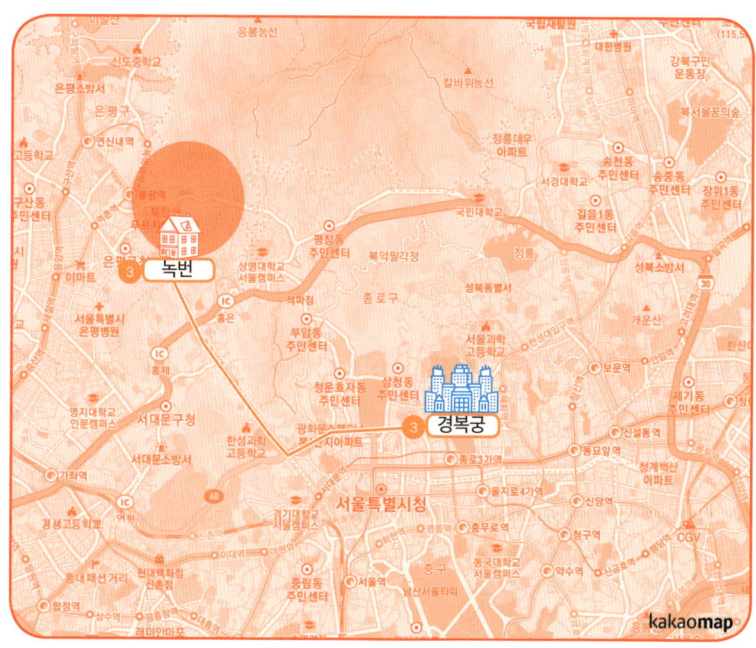

광화문권 업무지구를 통과하는 지하철이 몇 개가 있다.

광화문역을 지나가는 5호선이 있고, 을지로를 지나가는 2호선, 남대문(회현)을 지나가는 4호선이 있다.

그리고 경복궁역 과 안국역을 지나가는 3호선이 있는데 그중 경복궁역과 4 정거장 거리에 있는 곳이 3호선 녹번역이다.

녹번역과 경복궁역은 직선거리로는 4.5km 정도의 근접거리에 있지만 인왕산과 안산 등으로 인해 3호선 지하철은 직선으로 놓이지 못하고 홍제 무악재 독립문을 거쳐서 경복궁으로 들어가도록 만들어졌다.

녹번역 주변은 은평구 구도심 빌라들과 녹번 역세권 신축 아파트와 구축 아파트로 이루어져 있다.

3호선 녹번역에서 광화문권 업무지구인 경복궁역까지 정거장 수로 4정거장 약 8분 소요가 된다.

녹번 역세권 아파트에 거주한다면 door to 경복궁역 하차까지 15분이면 가능하다.

30평대 아파트 실거래가

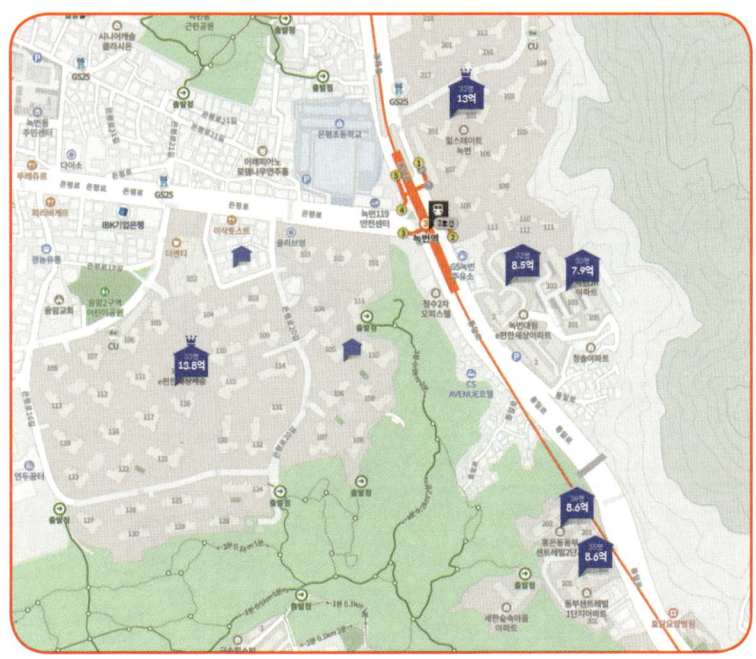

출처: 호갱노노(국토교통부 제공 데이터, 2022년 7월 18일 기준)

녹번역 주변으로 신축급 대단지 아파트들과 구축 중소단지 아파트들이 있다.

2~4년차 초 신축 아파트들과 기존 구축 아파트들과는 가격 차이가 있다.

이 아파트 어때요?

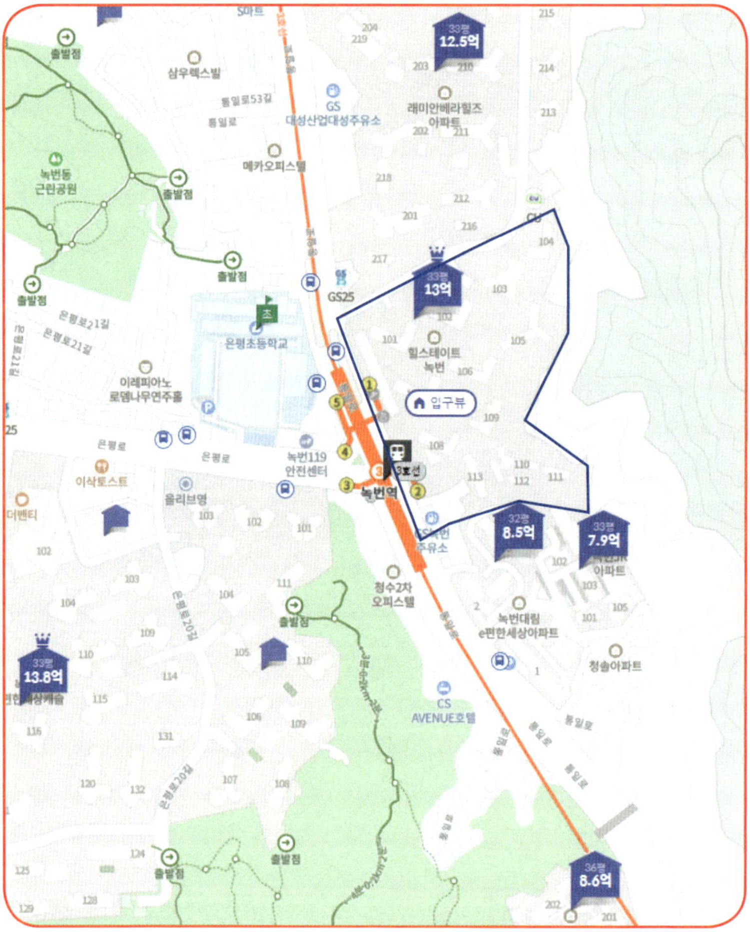

출처: 호갱노노(국토교통부 제공 데이터, 2022년 7월 18일 기준)

아파트명	힐스테이트녹번
세대수	952세대
준공년도	2019년
용적률	245%
건폐율	23%

33평 실거래가		
12억9,500	19층	22.01.22
12억5,000	7층	21.11.04
14억3,500	20층	21.10.02
11억7,000	2층	21.04.25

힐스테이트녹번

녹번역 초역세권에 있는 신축 대단지 아파트이다.

녹번동 지형이 오르막이지만 단지 내를 평탄화시킨 평지에 있는 아파트 단지이다.

초 역세권인 만큼 앞 동쪽은 집에서 나오면 지하철역 입구인 상황이고, 뒷동이어도 빠른 걸음으로 3~4분이면 지하철 탑승이 가능한 정도이다. 녹번역이 깊지 않은 것도 시간 절약에 도움이 된다.

바로 길 건너에 초등학교가 있고 아파트 내부 조경도 훌륭한 편이다.

현장답사시 체크포인트

뷰가 중요하다면 뒤쪽 동들 중 산 전망이 가능한 집들도 있으니 부동산 사장님께 전망 있는 집도 보여달라고 해 보자.

단지 내는 경사도가 거의 없어서 앞동, 뒷동 간 지하철역까지 이동시간 차이가 미미하니 전망이나 내부 컨디션을 위주로 살펴보자.

단지 앞으로 버스 노선도 잘 되어있으니 지하철 출퇴근 시간과 비교해서 버스를 이용한 출퇴근 시간도 함께 체크하자.

이 아파트 어때요?

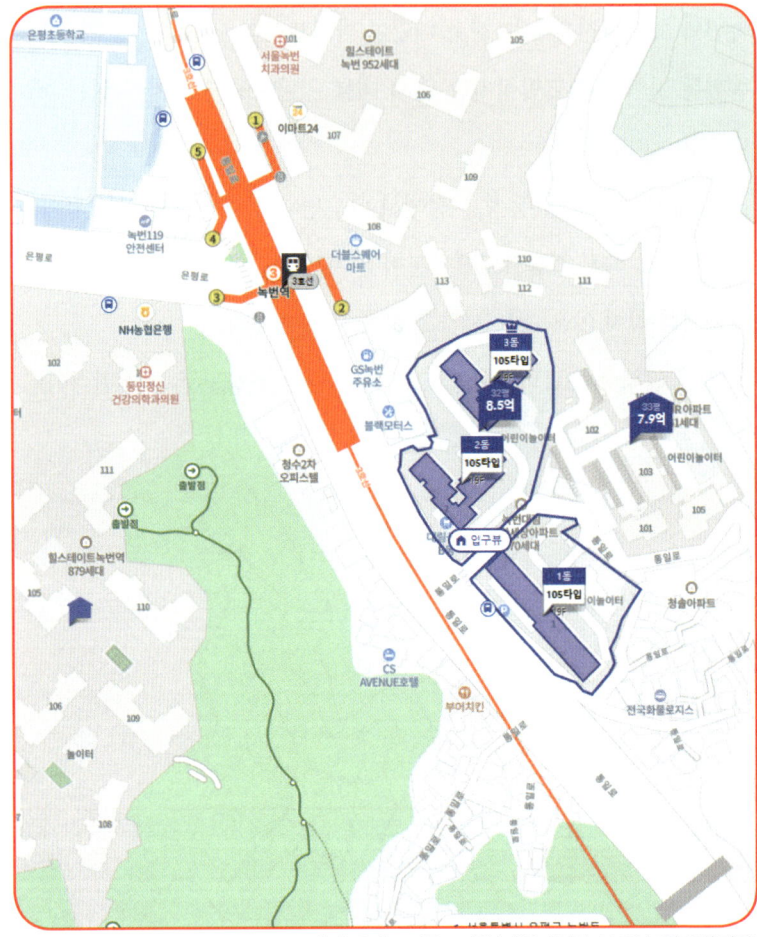

출처: 호갱노노(국토교통부 제공 데이터, 2022년 7월 18일 기준)

아파트명	대림
세대수	370세대
준공년도	1993년
용적률	
건폐율	

32평 실거래가		
8억5,000	8층	22.02.19
8억3,600	6층	21.05.29
7억9,700	4층	21.01.23
6억7,000	1층	20.11.03

대림

30년 차 된 구축 아파트인데 관리가 잘 되어있는 편이다.

주변으로 오래된 저층 건물들이던 곳에 신축 아파트가 들어오면서 정비된 지역의 깔끔한 느낌을 함께 받고 있다.

구축 아파트인 만큼 주차는 불편함이 좀 있다.

30년 차에 걸맞게 재건축이나 리모델링 논의가 활발하게 이루어지고 있다.

현장답사시 체크포인트

길 건너에 초등학교가 있지만 단지 앞쪽으로 건널목이 없어서 불편함이 있다. 민원이 많이 있는 부분인데 개선의 여지가 있는지 현장에서 확인해 보자.

땅땅무슨땅의 생각!
서울 은평구 녹번동 3호선 녹번역세권은요~

녹번역은 신축 아파트들이 들어오면서 분위기가 확 달라졌다. 높게 솟은 아파트들과 정비된 상가들로 인해 신도시 느낌이 나기도 하고 또 초등학교가 대로변 코너에 있어서 어린 학생도 쉽게 등하교가 가능하다.

3호선은 경복궁 광화문권도 지나가지만 그대로 쭉 타고 한강을 넘어가면 강남권까지 진입하기 때문에 맞벌이 부부의 직장이 광화문권, 강남권으로 갈릴 때에도 선택할 수 있는 주거지라고 볼 수 있다.

지하철뿐 아니라 통일로에서 버스를 타도 웬만한 곳은 다 가기 때문에 교통이 정말 편리한 지역이 녹번동이다.

출근시간 경복궁 방향으로 3호선 탑승 시, 녹번역에서 탑승은 괜찮은데 다음 역부터는 사람이 많이 탑승하는 구간이니 매매하기 전에 출근시간 지하철 현장 경험도 해보면 녹번을 직주근접 주거지로 결정하는데 도움이 될 수 있다.

대기업의 성장, 광화문권 업무지구의 팽창이 녹번동에 지속적인 호재이기도 하다. 투자 수익률 면에서 신축 아파트와 구축 아파트의 미래 수익률을 따져볼 필요가 있다.

신/구의 가격 갭이 꽤 나기 때문인데 현재와 근 미래에 가치를 둘 것인지, 장기적인 미래가치까지 생각할 것인지를 체크해 봐야 한다.

광화문권으로 출퇴근이 가능한 지역 역세권 아파트

석계역세권

서울 노원구 월계동 ──────── 1호선

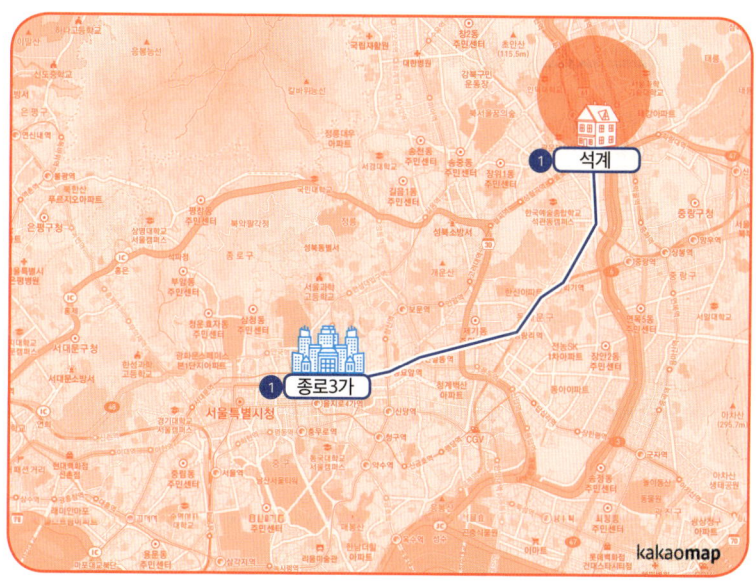

원조 도심인 한양, 광화문권에는 여러 개의 지하철이 통과를 한다. 그중에서도 핵심 상권이자 업무지구인 시청, 종각, 종로, 동대문에 정차하는 노선이 지하철 1호선이다.
광화문권에서 1호선으로 직결 연결되는 곳이 석계 역세권이고 역 주변으로 주거지가 형성되어 있다.
석계역에서 종로3가역까지는 직선거리로 약 8km 정도이다.

지하철

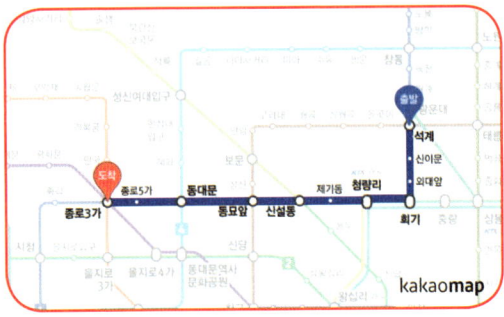

석계역에서 종로3가역까지는 1호선으로 환승 없이 10 정거장이다. 소요시간은 약 21분으로 석계역은 광화문권 업무지구의 직주근접 주거지가 된다.

30평대 아파트 실거래가

출처: 호갱노노(국토교통부 제공 데이터, 2022년 7월 18일 기준)

석계역 주변으로는 90년대 말부터 2000년대 초에 입주한 중대형 구축 아파트들이 있다.

이 아파트 어때요?

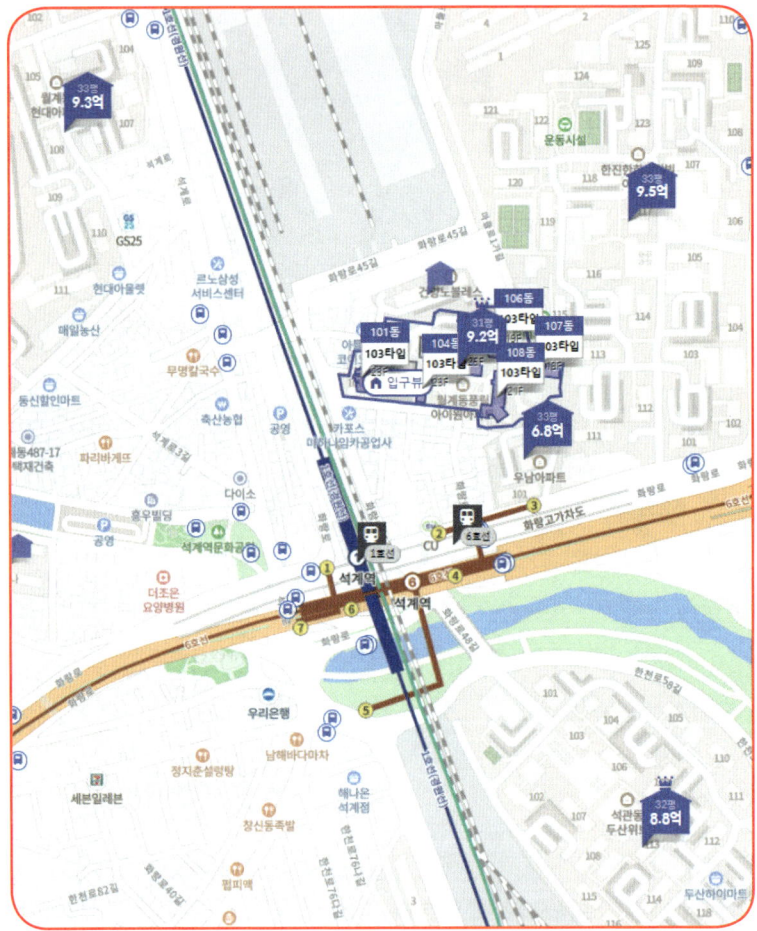

출처: 호갱노노(국토교통부 제공 데이터, 2022년 7월 18일 기준)

아파트명	월계풍림아이원
세대수	484세대
준공년도	2005년
용적률	269%
건폐율	19%

31평 실거래가		
9억 2,000	11층	22.06.01
8억 8,500	11층	22.03.31
9억 6,700	21층	21.11.18
10억 4,500	4층	21.08.12

월계풍림아이원

지하철 1호선, 6호선 환승역인 석계역 역세권 아파트이다.
도보로 5분 안쪽이면 석계역까지 도착할 수 있다.
단지 위쪽으로 약 14만m^2 정도 면적에 2025년 준공을 목표로 광운대 역세권 개발사업이 추진되고 있다.
초고층 랜드마크 건물과 주상복합 아파트 상업시설 등으로 개발이 된다.
근 미래에는 대형 상권을 옆에 둔 핵심 단지가 될 예정이다.

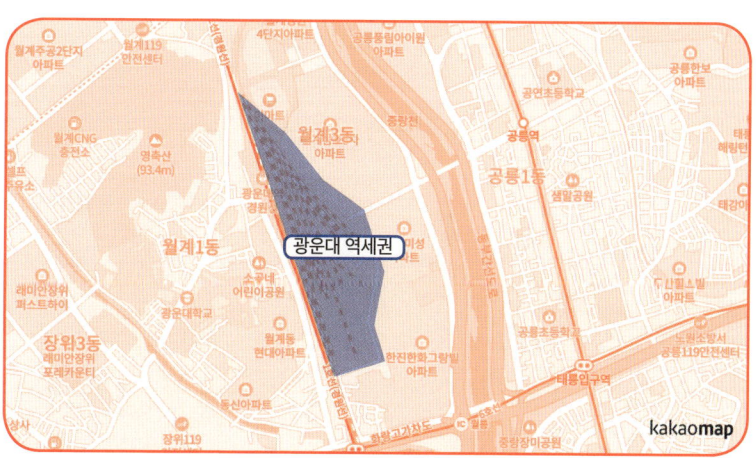

현장답사시 체크포인트

단지에서 지하철역까지 이동 동선을 체크해 보자.
큰길로 나가서 가는 방법과 골목길로 가는 방법이 있으니 두 곳 다 다녀보자.
단지 위쪽 광운대 역세권 개발상황을 눈으로 확인해 보자.
상업시설 호텔 주상복합 등 입주시설에 대한 최근 정보를 부동산 사장님에게 물어보자. 어린 자녀가 있다면 초등학교 등하굣길 동선도 파악해 보자.

이 아파트 어때요?

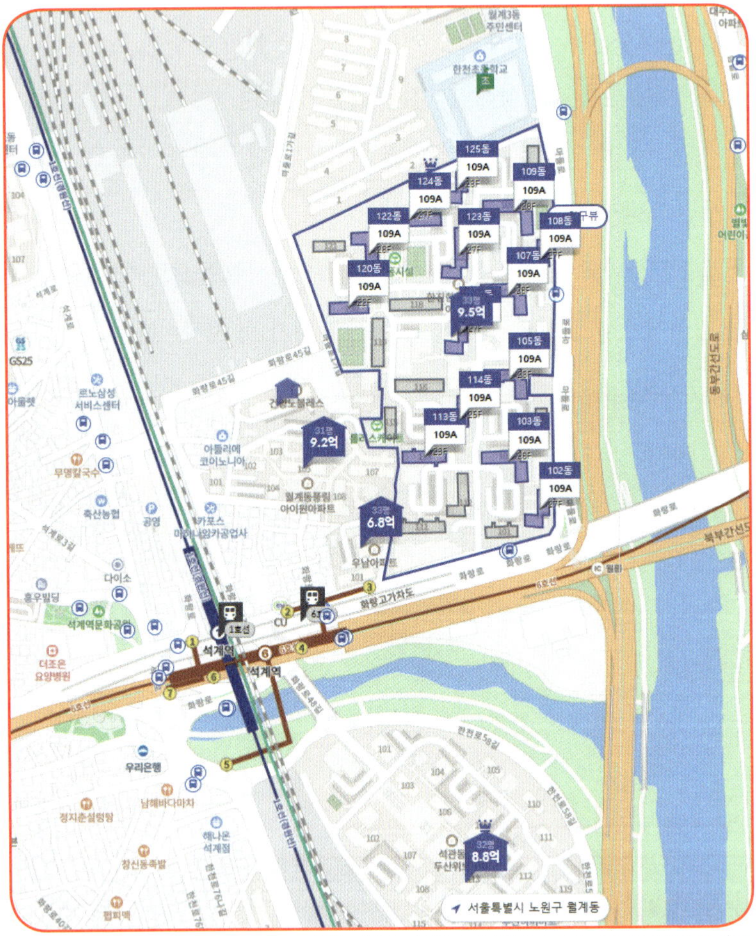

출처: 호갱노노(국토교통부 제공 데이터, 2022년 7월 18일 기준)

아파트명	월계한진한화그랑빌	33평 실거래가		
세대수	3,003세대	9억 4,500	7층	22.06.09
준공년도	2002년	9억 4,700	19층	21.11.13
용적률	358%	9억 9,000	3층	21.10.30
건폐율	20%	9억 9,900	2층	21.09.25

월계한진한화그랑빌

석계역 초근접 아파트로 3천 세대가 넘는 대단지 아파트이다.
한천초등학교가 바로 앞에 있어서 초등학생 자녀를 둔 가정에서 선호하는 곳이고 풍림아이원과 마찬가지로 광운대역 개발호재를 그대로 받는 지역이다.
지하주차장이 잘 되어있어 주차 스트레스가 없다.
단지 어린이집도 많고 대단지라 관리비도 저렴한 편이다.
학원 버스들이 단지 안쪽까지 들어오기도 한다.
단지 위쪽으로 2025년 준공을 목표로 광운대 역세권 개발사업이 추진되고 있다.
초고층 랜드마크 건물과 주상복합 아파트 상업시설 등으로 개발이 된다.
근 미래에는 대형 상권을 옆에 둔 핵심 단지가 될 예정이다.

현장답사시 체크포인트

25개 동에 3천 세대가 넘는 대단지라서 동별로 석계역 입구나 초등학교까지의 거리 차이가 있으니 동선 체크를 해 보자.
단지 위쪽 광운대 역세권 개발상황을 눈으로 확인해 보자.
상업시설 호텔 주상복합 등 입주시설에 대한 정보를 부동산 사장님에게 물어보자.
어린 자녀가 있다면 초등학교 등하굣길 동선도 파악해 보자.

이 아파트 어때요?

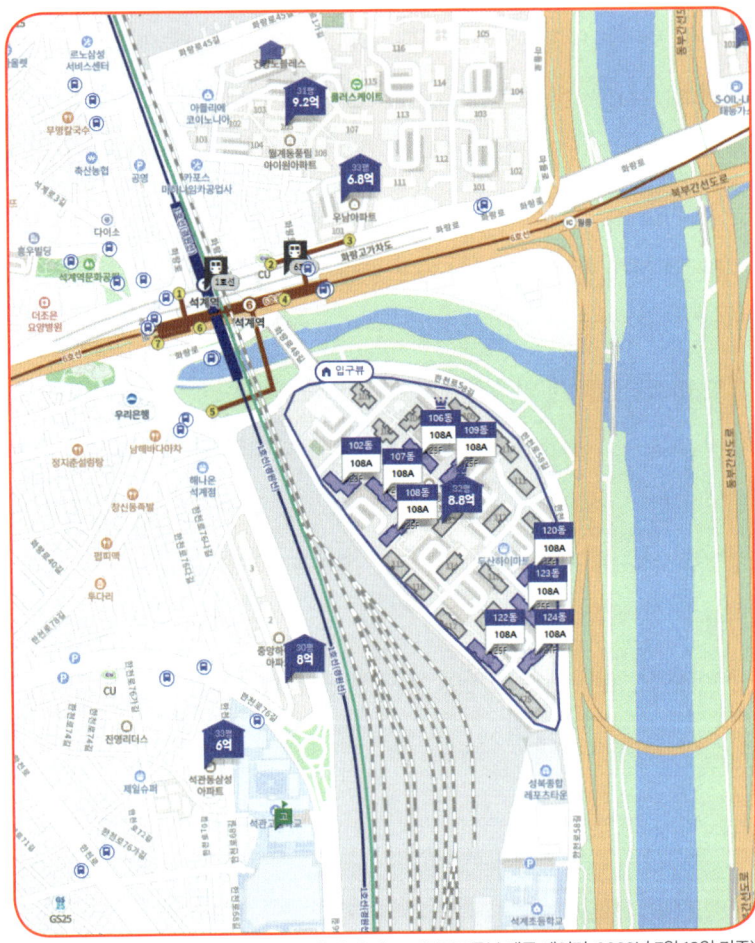

출처: 호갱노노(국토교통부 제공 데이터, 2022년 7월 18일 기준)

아파트명	두산
세대수	1,998세대
준공년도	1998년
용적률	277%
건폐율	17%

32평 실거래가		
9억 3,000	5층	22.04.30
8억 6,500	13층	22.04.09
8억 5,000	13층	22.04.01
직 8억 5,000	15층	22.02.08

두산

1998년에 입주한 구축 아파트이다.
구축이지만 지하주차장이 있고 단지 내 도로도 넓게 잘 되어있다.
중랑천이 바로 앞에 있어서 산책하기에 좋고 초등학교도 근거리에 있다.

> **현장답사시 체크포인트**
>
> 역세권이라는 것이 핵심이지만 중랑천을 즐길 수 있다는 점도 장점이 되는 단지이다.
> 중랑천 산책길을 경험해 보자.
> 대단지이다 보니 동별로 특징들이 있는데 지하철역이 가까운 동, 초등학교가 가까운 동, 중랑천 수변길 뷰가 가능한 동, 철도 쪽과 가까운 동 등 다양한 특징들을 미리 체크해놓고 현장을 보자.

땅땅 무슨 땅의 생각!
서울 노원구 월계동 1호선 석계역세권은요~

광화문권 업무지구에 직장이 있는 경우 주거지에 대한 고민이 많다. 원조 도심권이다 보니 지하철역 주변은 주거시설보다는 대형 건물이나 상업시설들로 이루어져 있기 때문이다. 주거지에 필요한 단지형 아파트, 공원, 학교 등을 새롭게 개발할 땅이 없다. 30평대 아파트를 8~9억 선에서 매매 가능하며 광화문권 업무지구로 출퇴근이 가능한 지역이 석계역이다.

석계역은 종로 3가까지 지하철 약 20분이면 도착할 수 있는 광화문 업무지구의 직주근접 주거지면서 6호선 환승역이기도 해 이태원 공덕 방향으로도 이동하기도 좋다. 중랑천 수변길까지 끼고 있어서 현재도 주거 만족도가 괜찮은 곳이다. 아쉬운 점은 대형 상업시설이 없다는 것인데 이 부분이 곧 해결이 된다. 석계역 위쪽으로 코레일 물류부지 광운대 역세권 개발이 되는데 약 14만㎡에 달하는 부지에 고층 주거, 상업시설이 들어온다. 이게 먼 미래 이야기가 아니라 2025년 준공을 목표로 빠르게 추진을 진행 중이다.

석계역의 가치 상승에 큰 역할을 할 사업인 만큼 현장에 방문하게 되면 공사 진행상황을 꼭 체크해 보자.

착공할 때, 건물 올라갈 때, 입주기업 발표할 때, 입주 후 등 개발과정이 하나하나 진행될 때마다 투자 수요도 함께 움직인다.

부동산 투자 전문가가 알려주는 꿀팁

부동산 거래 노하우

세를 빠르게 놓는 방법

최근 들어 갭 투자가 유행이다. 매매를 하면서 동시에 전세를 놓는 방법인데, 매매가와 전세가의 가격차이인 갭만큼의 자금으로 집을 매매할 수 있는 방법이다. 2010년 이후 전세 가격이 급격히 상승하면서 작은 갭으로 집을 살 수 있는 방법이 생겨났고 갭 투자라는 투자 방법으로 불리게 되었는데, 사실 이 갭 투자라는 것은 그냥 집을 사면서 바로 세를 놓는 아주 오래전부터 있던 방법이다. 내가 집을 가지고 있는데 전세를 놓고 있다면 그것도 갭 투자를 하고 있는 것이다. 곧 주택 임대사업을 하게 된다는 말인데 공실없이 임차인을 꾸준히 받는 게 중요하다. 임대인 입장에서 늘 걱정인 것은 임차인이 퇴거를 요청했을 때 시세에 맞는 임대료로 새로운 세입자를 빠르게 구해서 공실기간 없이 임차인 변경이 이루어져야 하는 것이다.

만약에라도 세가 나가지 않아서 보증금을 마련해서 빼줘야 하는 상황이 온다거나, 공급물량이 많은 시기에 임차인이 나간다고 하는데 새로운 임차인은 안 구해져서 보증금을 계속 낮춰야 하는 상황이 온다면 그만큼 가슴 졸이는 일도 없을 것이다.

세를 빨리 놓는 방법은 무조건 많은 부동산에 매물을 내놓는 것이다. 이때 퇴거를 요청한 임차인에게 충분한 양해는 구해놓자.

거래가 되면 더 이상 연락 오지 않도록 바로 조치를 취할 테니 당분간만 전화도 잘 받고 집도 깨끗하고 환하게 해 놓은 상태에서 보여 달라고 부탁해 놓자.

임차인 입장에서도 집이 빨리 나가야 이사 갈 집도 구하고 할 테니 협조를 안 해 줄 이유는 없다.

다음은 부동산에 매물을 내놓는 방법이다.

주의할 점은 전화나 문자로 내놓는 것보다 하루 날을 잡고 직접 지역을 돌아다니며 얼굴 보고 매물을 내놓는 게 좋다.

이때 구두로만 매물을 내놓고 오지 말고, 집에 대한 정보를 프린트해서 전단지 나눠주듯이 돌아다니며 직접 건네주면 부동산에서도 그 건네준 자료를 브리핑 때 또 사용할 수도 있어서 다른 매물보다 우선적으로 신경 쓴다.

이때 필수로 들어가야 하는 내용이 임대료, 입주 가능 시기, 집주인 연락처 그리고 임차인 연락처와 집을 볼 수 있는 시간대를 적어오면 된다.

임차인에게 부탁하여 내부 이미지나 거실 전망 사진을 받을 수 있다면 이미지까지 함께 넣어서 꾸며주면 더 좋다.

이렇게 까지 해야 하나 생각될 수도 있는데 천만의 말씀이다.

하도 집 보러 안와서 부동산에 전화해보면 내가 내놓은 매물 자체를 잊어버리고 있는 경우도 있다.

전세를 뺄 때는 아주 적극적으로, 현장 부동산에 얼굴을 비춰가며, 부동산이 브리핑하기 좋게 자료도 만들어주고, 임차인에게 집 잘 보여 달라고 적극 요청도 해서 단시간에 빠르게 신규 세입자를 구해야 한다.

마곡권으로 출퇴근이 가능한 지역 역세권 아파트

고촌역세권

경기 김포시 고촌읍 ─────── 김포골드

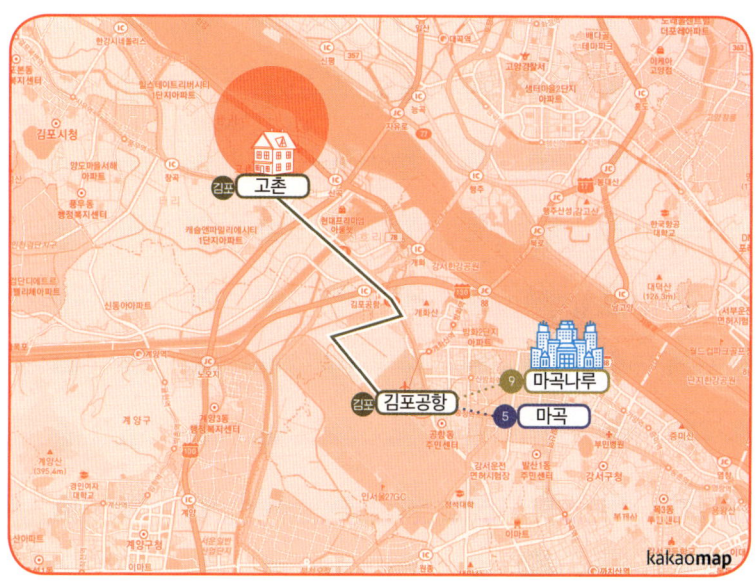

김포시 고촌읍은 인구 4만 8천 명의 작은 지역이지만 마곡 업무지구와 김포공항이 근거리에 있어서 매매와 임차수요가 꾸준한 곳이다.

김포 골드 고촌역에서 9호선 마곡나루 역까지는 직선거리 약 6.4km이고 지하철 연결도 잘 되어있어서 고촌은 마곡 업무지구의 직주근접 주거지가 된다.

 **지하철**

김포골드 고촌 → ⑨ 마곡나루	
소요시간	약 16분

김포 골드 고촌역에서 1 정거장만 가면 9호선이나 5호선으로 환승할 수 있는 김포공항역에 도착한다.

김포공항역에서 공항선으로 1정거장만 가면 마곡나루역에 도착한다.(9호선을 이용할 경우 3정거장)

김포골드 고촌 → ⑤ 마곡	
소요시간	약 21분

김포공항역에서 5호선으로 환승하여 2정거장만 가면 마곡역에 도착한다.

30평대 아파트 실거래가

출저: 호갱노노(국토교통부 제공 데이터, 2022년 7월 18일 기준)

김포 골드라인 고촌역 주변으로 단지형 아파트들이 입주해 있다. 2000년대 들어서 입주한 준신축 단지부터 최근 입주한 신축 단지까지 다양한 연식의 아파트들이 있다.

이 아파트 어때요?

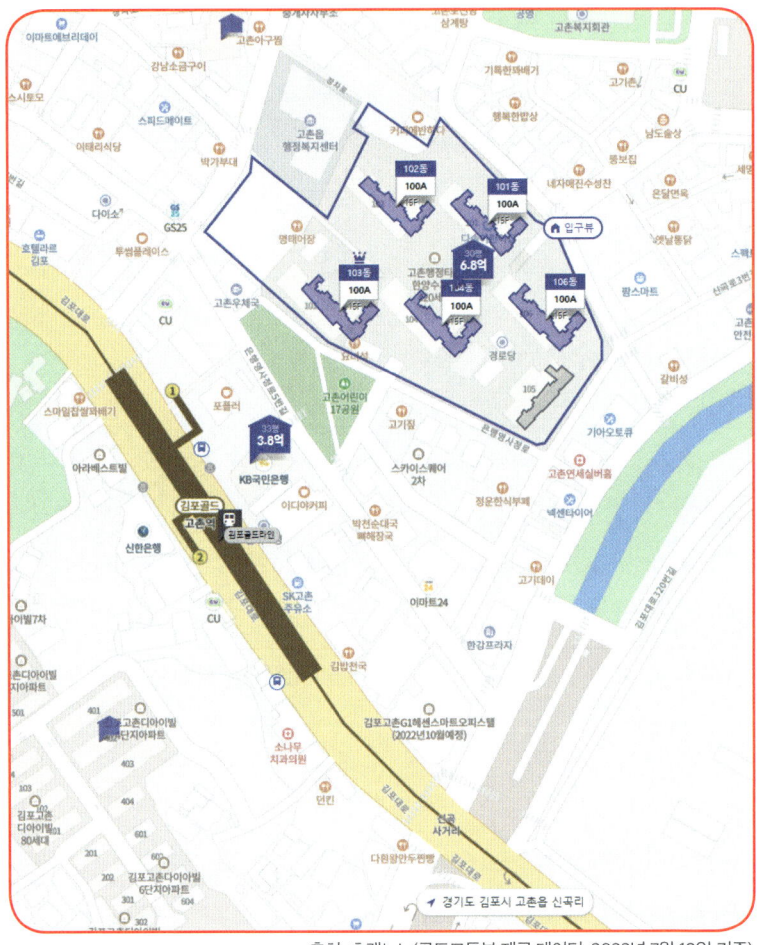

출처: 호갱노노(국토교통부 제공 데이터, 2022년 7월 18일 기준)

아파트명	고촌행정타운 한양수자인
세대수	420세대
준공년도	2017년
용적률	219%
건폐율	25%

30평 실거래가		
6억 8,500	6층	22.06.24
6억 8,000	13층	22.06.17
7억 1,000	12층	22.03.05
7억 5,000	10층	21.12.17

고촌행정타운한양수자인

고촌역에서 채 100m가 안 되는 역세권 아파트 단지이다.
2017년에 입주한 신축 단지이다.
주민센터가 붙어있고 도서관 농협 보건소 등 이용이 편리하며 아파트 1층 상가도 잘 되어있어서 생활 인프라가 뛰어난 단지이다.
신축이다 보니 헬스장 등 커뮤니티 시설도 갖추고 있다.
고촌역 주변 상권들을 이용하기에도 좋다.

현장답사시 체크포인트

단지 1층 상가와 역세권 상권을 둘러보고 오자.
대형마트가 있는 김포공항(롯데마트)이나 김포 현대 프리미엄 아웃렛도 다녀와 보자.
입주하게 되면 자주 이용하게 될 곳이다.

땅땅무슨땅의 생각!

경기 김포시 고촌읍 김포골드 고촌역세권은요~

마곡 업무지구까지 20분에 도달할 수 있는 곳이 고촌이다.

그만큼 마곡에 기업 입주, 일자리가 늘어날수록 호재를 같이 받는 지역이 고촌이다.

고촌의 아쉬운 점은 고촌 내에 대형 업무시설이 없어서 폭발적으로 주거 수요가 늘지 않는다는 부분이었는데 최근 이 부분을 해결해줄 좋은 소식들이 전해지고 있다.

고촌읍 신곡리와 풍곡리 일원에 총 46만m^2의 대규모 복합개발을 추진하고 있다.

대한항공의 교육. 연구. 업무시설로 조성할 예정으로 되어있고 자세한 일정은 협의 중이지만 2026년 준공을 목표로 개발에 박차를 가하고 있다.

신축급 아파트들이 많아 단지 내 주거 편의성이 뛰어나면서 업무지구와 가깝다 보니 임차수요도 풍부한 곳이 고촌이다.

실거주 겸 투자를 함께 생각한다면 꾸준한 가치 상승이 일어날 곳이 경기 김포시 고촌읍이다.

마곡권으로 출퇴근이 가능한 지역 역세권 아파트

방화역세권

서울 강서구 방화동 ──────── 5호선, 9호선

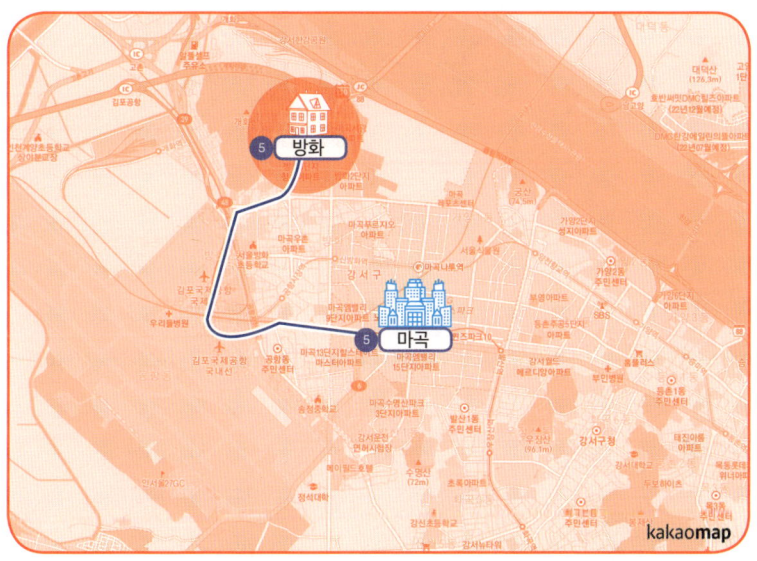

방화동과 마곡동은 법정 경계상 바로 붙어있는 지역이다.

지도상에서 봤을 때에도 마곡 업무단지와 방화역이 한 화면에 보일 정도로 근거리에 있다.

5호선 방화역에서 마곡역까지 직선거리로 약 2.2km이고 9호선 마곡나루 역 까지는 직선거리 약 1.7km이다.

방화역은 5호선 끝 역으로 출근시간에도 앉아서 탈 수 있다는 장점이 있어서 마곡뿐 아니라 5호선 라인 목동, 영등포, 여의도까지도 체력적 부담 없이 이동할 수 있다.

방화역은 마곡 업무지구의 마곡역과 마곡나루 역 모두 출퇴근이 편리한 지역이다.

마곡역까지는 환승 없이 5호선으로 4 정거장 소요시간은 약 8분이다.

마곡나루 역까지는 김포공항역에서 공항선으로 환승하여 1정거장만 가면 된다.(9호선 이용시 3정거장)

전체 정거 장수는 3 정거장으로 정거장 수로만 따지면 오히려 마곡역 가는 것보다 1 정거장 적다. 소요시간은 약 10분이다.

30평대 아파트 실거래가

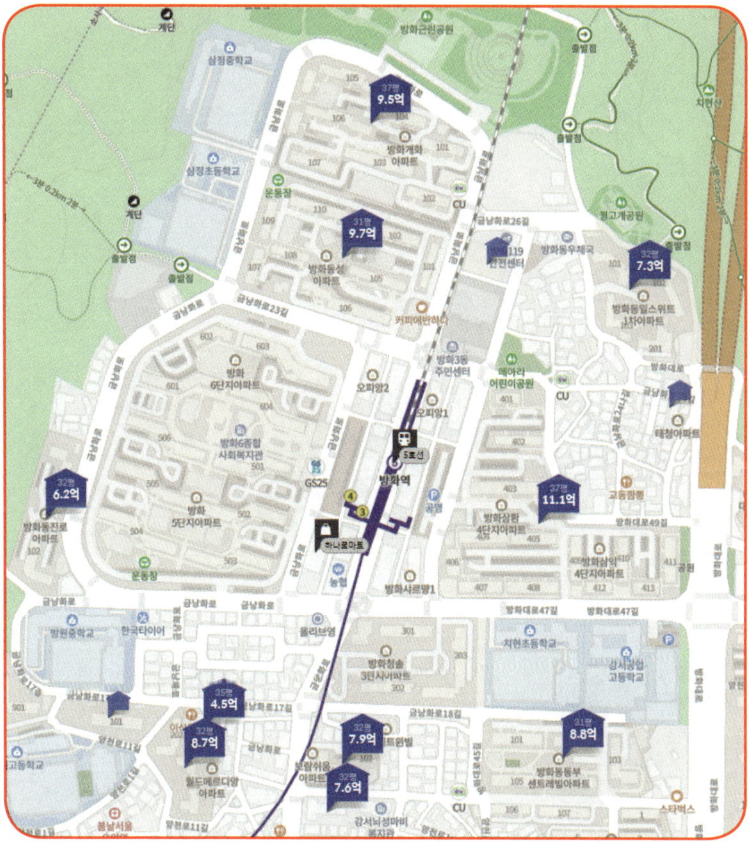

출처: 호갱노노(국토교통부 제공 데이터, 2022년 7월 18일 기준)

5호선 방화역 주변으로 1990년대에 지어진 구축 아파트 단지들이 있다.
역과의 거리나 연식 등에 의해 가격 차이가 있다.

이 아파트 어때요?

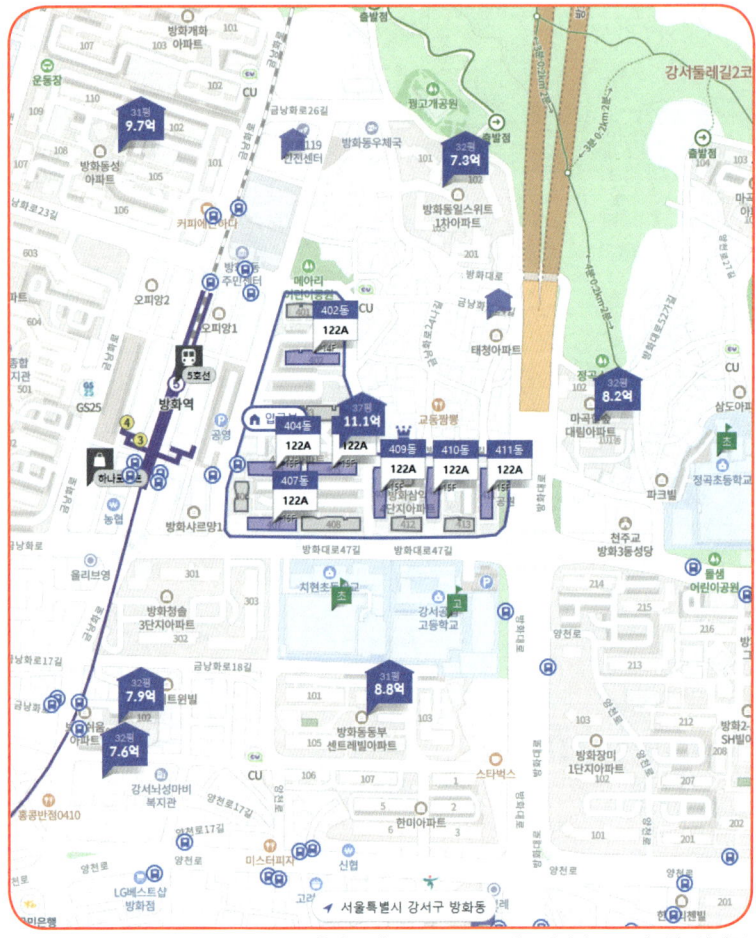

출처: 호갱노노(국토교통부 제공 데이터, 2022년 8월 2일 기준)

아파트명	방화4단지	37평 실거래가		
세대수	680세대	11억 1,000	6층	21.11.05
준공년도	1994년	9억	1층	21.07.30
용적률	247%	10억 4,000	13층	21.07.10
건폐율	22%	9억 7,000	14층	21.07.03

방화4단지

1994년 입주한 구축 아파트이다.
역세권 단지로 매매뿐 아니라 임차 수요도 풍부한 곳이다.
구축임에도 지하, 지상주차장이 잘 되어있어 주차 스트레스 없이 이용할 수 있다.
지하철뿐 아니라 후문 쪽 방화터널로 나가면 올림픽대로로 바로 빠질 수 있어서 승용차를 이용해도 마곡까지 빠르게 도달할 수 있다.
단지 앞에 치현초등학교가 있고 공원도 잘 되어 있다.
최근에 엘리베이터를 교체해서 오래된 느낌이 좀 덜해졌다.

현장답사시 체크포인트

대형 평형들로 이루어져 있으며 pc공법으로 만든 아파트라서 재건축 가능성은 늘 열려있으니 재건축, 리모델링 관련 이슈들에 대해 현장 부동산에 물어보자.
마곡 업무지구 위치에 따라서 도보나 자전거로도 출퇴근이 가능할 수 있으니 지도에서 직장 위치를 파악해보고 현장에서도 움직여 보자.

이 아파트 어때요?

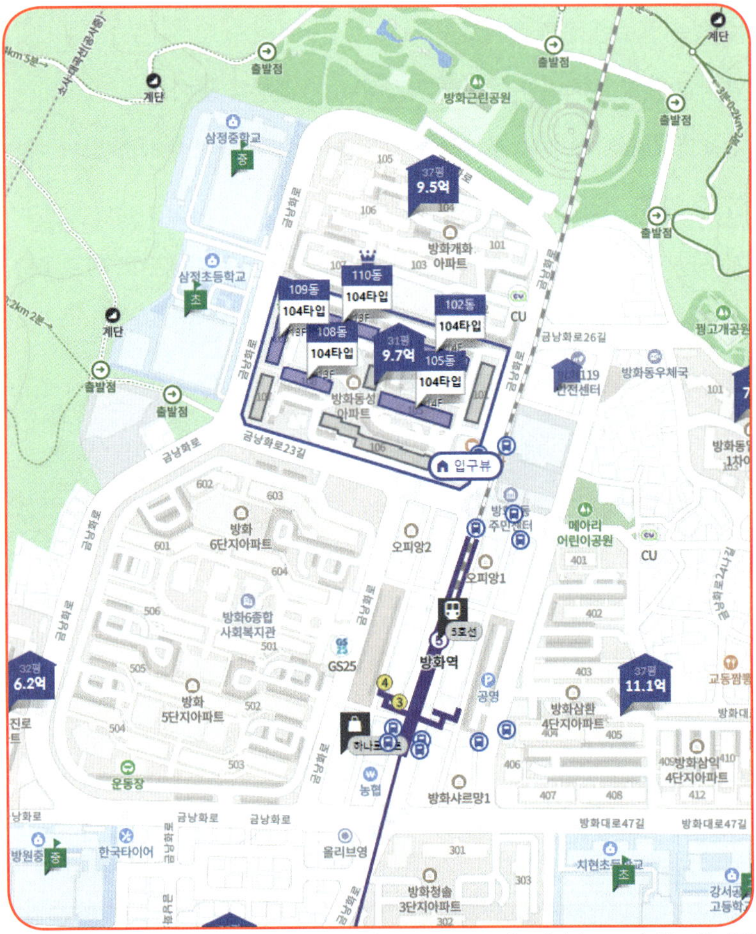

출처: 호갱노노(국토교통부 제공 데이터, 2022년 7월 18일 기준)

아파트명	방화7단지 동성	31평 실거래가		
세대수	686세대	8억 8,500	1층	21.12.01
준공년도	1993년	9억 7,000	4층	21.09.18
용적률	222%	4억 6,500	9층	21.07.22
건폐율	15%	7억 8,000	10층	21.04.09

방화7단지 동성

1993년 입주한 구축 아파트이다.

삼정초등학교와 삼정중학교가 길 건너에 있어서 학령기 자녀가 있는 가정이 선호하는 아파트이다.

방화근린공원에 운동시설과 산책로가 잘 되어있는데 단지에서 공원 입구까지 약 200m 정도로 가깝다.

30년 차에 역세권 아파트로 재건축 이야기가 꾸준히 나오는 단지이다. 지하주차장이 있어 여유로운 주차가 가능하다.

현장답사시 체크포인트

30년 차가 되다 보니 재건축에 대한 움직임은 없는지 현장 부동산에 자세히 물어보자.
2~3분 거리에 있는 방화근린공원에 가서 시설도 살펴보고 두어 시간 코스인 치현산 산책로 코스도 보고 오자.

땅땅무슨땅의 생각!
서울 강서구 방화동 방화역세권은요~

마곡 업무지구의 직주근접 지역은 지금도 앞으로도 꾸준히 주목받을 것이다. 마곡은 아직도 입주가 진행 중이며 마곡 업무단지가 팽창할수록 방화역의 주거가치는 올라갈 것이다.

5호선 출발역이라 앉아서 갈 수 있기 때문에 마곡뿐 아니라 5호선 라인인 목동, 영등포, 여의도까지도 큰 부담 없이 움직일 수 있다.

몸테크(재건축이나 리모델링을 기다리며 오래된 집에 불편하게 사는 것)를 할 때 가장 힘든 것이 주차문제인데 방화 역세권 아파트들은 주차에 대한 스트레스가 거의 없어서 실내 인테리어만 잘 꾸며주면 장기간 만족스럽게 살 수 있는 곳이다.

김포공항 거점 개발 등 강서구 관련 큰 이슈들도 꾸준히 있어서 수도권 서부쪽 개발의 직간접적 호재를 받는 곳이 방화동이다.

학교가 잘 되어있고 유해시설이 거의 없어서 자녀를 둔 가정에서 만족도도 크고 2시간 코스의 산책로가 있어 중장년층과 노년층의 만족도도 큰 지역이다.

마곡권으로 출퇴근이 가능한 지역 역세권 아파트

운양역세권

경기도 김포시 운양동 ──────── 김포골드

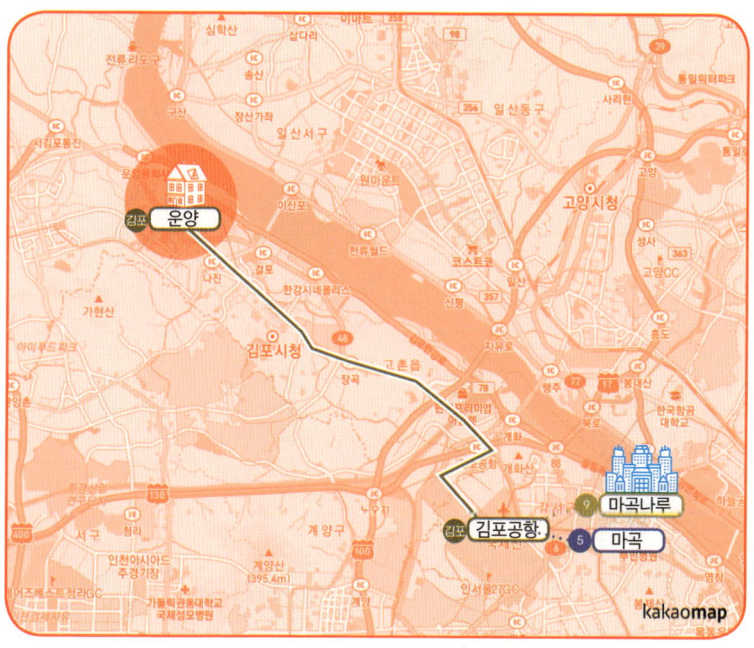

김포한강신도시에서 인기가 많은 지역이 운양동이다.
김포 골드라인 지하철이 정차하는 곳이기도 하다.
마곡 업무지구에서는 직선거리로 약 16km 정도 되고 김포 골드라인 지하철이 연결이 되어있어서 마곡 업무지구로 출퇴근이 가능하다.

김포골드 운양 → ❺ 마곡	
소요시간	약 30분

김포한강신도시 운양동 운양역에서 마곡역까지는 김포 골드 노선에서 5호선으로 1회 환승이 필요하며 총 7 정거장, 소요시간은 약 30분이 걸린다.

김포골드 운양 → 공항 마곡나루	
소요시간	약 27분

마곡나루 역으로 가야 한다면 김포 골드 노선에서 9호선(또는 공항선)으로 환승을 하면 되고 총 8 정거장(공항선 이용 시 6 정거장) 소요시간은 약 27분이 걸린다.

근무지가 마곡 업무지구의 북부 쪽(9호선)이냐 남부 쪽(5호선)이냐에 따라 김포공항역에서 5호선 또는 9호선으로 환승하여 이용할 수 있다.

30평대 아파트 실거래가

출처: 호갱노노(국토교통부 제공 데이터, 2022년 7월 18일 기준)

김포 골드 노선 운양역 주변으로 2010년대 중반에 입주한 준신축 아파트들이 많이 있다.

운양역 이용이 편리한 역세권 아파트들이 많은데 역과의 거리로 인한 가격차이는 크지 않고 단지 크기나 학교와의 거리 내부 컨디션 등에 따라서 차이가 좀 있다.

이 아파트 어때요?

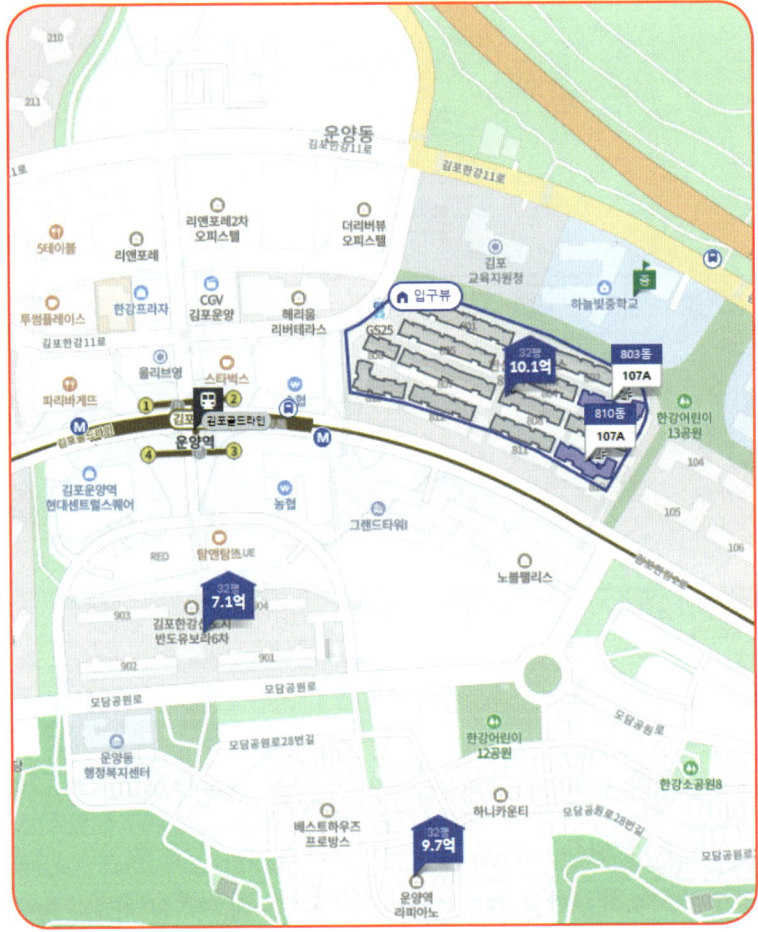

출처: 호갱노노(국토교통부 제공 데이터, 2022년 7월 18일 기준)

아파트명	한신더휴테라스 8단지(도시형)
세대수	232세대
준공년도	2017년
용적률	104%
건폐율	39%

32평 실거래가		
10억 1,000	5층	22.05.09
7억 5,000	1층	22.01.24
7억 5,500	2층	21.12.17
8억 500	1층	21.10.05

한신더휴테라스8단지(도시형)

2017년 입주한 준 신축 아파트이다.

운양역 2번 출구에서 100미터 거리에 있는 초 역세권 아파트이고 단지 내 느낌이 날 정도로 바로 앞에 하늘빛중학교와 하늘빛초등학교가 있다.

옆 상가건물에 학원이 밀집해 있어서 자녀 키우는 맞벌이 부부에게 최적의 환경이라고 볼 수 있겠다.

거기에 운양역 앞 상업지구도 코앞에서 누릴 수 있어서 학세권 역세권 몰세권 아파트로 불리는 운양동에서는 최고 입지로 꼽히는 아파트이다.

신축 아파트답게 골프연습장, 피트니스, 노인정, 독서실, 게스트하우스 등 커뮤니티 시설이 잘 되어있다.

4층으로 이루어진 단지로 하늘을 잘 볼 수가 있고 이름에서 알 수 있듯이 넓은 테라스의 특별함을 누릴 수 있는 곳이다.

현장답사시 체크포인트

넓은 테라스를 어떻게 이용할지 상상해보며 답사를 하는 재미 포인트가 있다.
집마다 테라스의 형태가 다르니 비교해가며 보자.
학교와 학원 집으로 이동하는 자녀들의 동선도 파악해 보자.
중심상권을 도보로 이용 가능한 단지인 만큼 상권을 이용해 보자.

이 아파트 어때요?

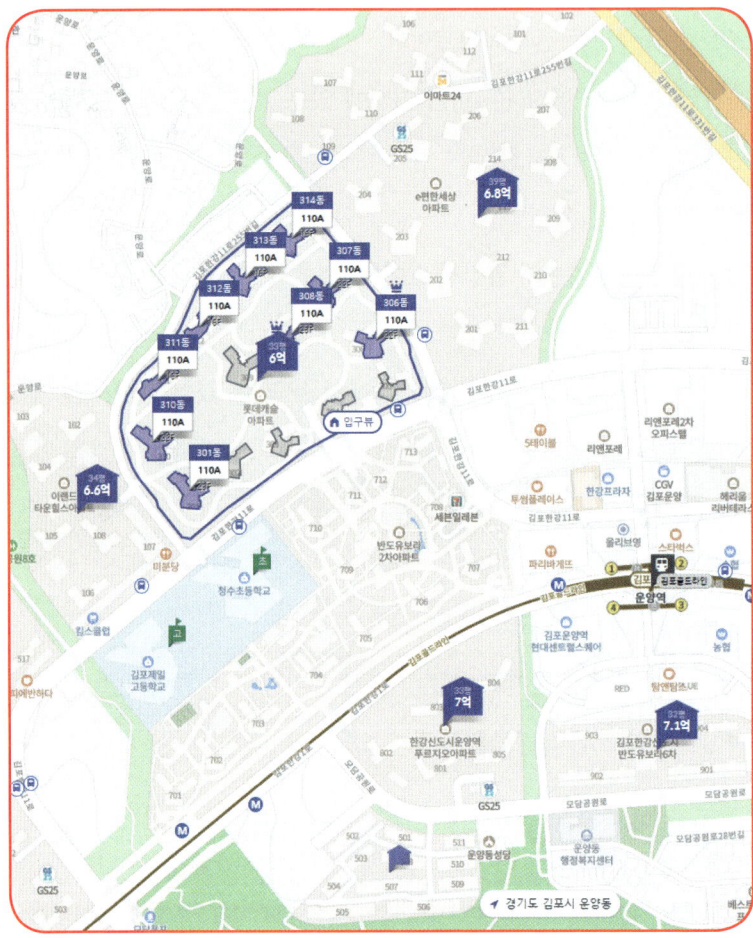

출처: 호갱노노(국토교통부 제공 데이터, 2022년 7월 18일 기준)

아파트명	한강신도시 롯데캐슬
세대수	1,136세대
준공년도	2014년
용적률	219%
건폐율	17%

33평 실거래가		
6억	11층	22.06.25
6억 2,000	2층	22.06.19
직 4억 5,000	9층	22.05.26
6억 1,500	4층	22.05.19

한강신도시 롯데캐슬

1136세대 대단지 아파트로 2014년에 입주를 했다.

이제 9년 차로 여전히 신축 아파트 느낌이 있고 운양동에서는 대장 아파트라 불리는 단지이다.

바로 길 건너에 청수초등학교가 있어서 학령기 자녀를 둔 세대에게 인기가 많다.

피트니스 스크린골프 카페 독서실 등 단지 내 커뮤니티 시설도 잘 갖추었다.

지상으로 차량통행이 안되는 형태로 되어있어 아이들이 뛰어놀기에도 좋다.

> **현장답사시 체크포인트**
>
> 대단지이다 보니 동의 위치에 따라 지하철역까지의 거리가 꽤 차이가 있으니 입주할 동에서 역 입구까지 걸어가 보자.
> 중심상권을 도보로 이용 가능한 단지인 만큼 상권을 이용도 해 보자.

땅땅무슨땅의 생각!

경기도 김포시 운양동 운양역세권은요~

김포 인구수는 2012년 28만 명에서 2021년 48만 명까지 늘어났다. 그만큼 김포에 대한 관심이 점차 커지고 있고 투자수요든 실거주든 임차수요든 메리트가 있는 지역이라는 증거이다.

마곡 업무지구까지 지하철 출퇴근이 가능한 곳에 신축급 30평대 아파트를 6억 선에서 매매할 수 있다는 메리트가 있다.

운양 역세권 주거지는 김포 내에서도 대장에 속하며 역세권 상권도 가장 발달해 있다.

게다가 스포츠몰, 도서관, 환승센터, 스타필드 등 수많은 추가 개발 계획들이 예정되어 있거나 진행 중인 곳이 운양동이다.

주거 편의성도 꾸준히 상승 중이며 GTX 노선에 대한 가능성도 충분히 열려있기 때문에 대형 호재들이 아직도 많이 남아있는 곳이 김포 한강신도시 운양 역세권 주거지들이다.

> 부동산 투자 전문가가 알려주는 꿀팁

부동산 거래 노하우

매도를 **좋은 가격**에 **빠르게** 하는 방법

부동산을 팔아야 비로소 부동산 투자를 한 이유를 달성하는 것이다. 집값이 오르기도 하고 내리기도 하는데 장기적으로 보면 늘 우상향하고 있다. 몇 년 단위로 보면 집값이 파도치면서 오르고 내리고 하는 것 같지만 몇십 년 단위로 보면 단기간 오르고 내리는 것은 하나의 점에 불과하다.

결국 타이밍을 잘 맞추면 아파트는, 특히 수도권 아파트는 매도하여 수익을 낼 수 있는 시기가 늘 있다.

그럼 집을 어떻게 팔아야 잘 팔았다고 할 수 있을까? 시세에 맞게 빠르게 파는 게 잘 파는 것이다. 아파트라는 것은 시세가 투명하게 정해져 있다.
층수나 인테리어 등에 의해 약간의 차이가 있을 수 있지만 같은 아파트 같은 평수라면 어느 정도 시세가 정해져 있다. 실제 거래가 된 실거래가와 현재 매도자가 받고 싶어 하는 매도 희망가(호가)만 파악하면 거래가격의 움직임을 파악할 수 있다.

실제 거래 가격을 제공하는 네이버 부동산, 호갱 노노, 아실 등의 사이트에서 실거래가를 바로 확인이 가능하다.

국토교통부에서 제공하는 실거래가 공개시스템은 가장 빠르고 정확한 정보일 수 있으나 기능면에서 사설 사이트들의 편리함을 따라가지는 못한다.
실제 거래 가격을 알았으면 이번에는 매도를 희망하는 매도 희망가(호가)를 파악해 보자.

매도 호가 정보는 단연 네이버 부동산이 매물도 많고 정보도 많다.

부동산 사무소에서 직접 매물을 올리면서 집에 대한 특징들을 함께 올려주기 때문에 현장에 가기 전 얻을 수 있는 정보도 많고 면적, 층, 방수/욕실수, 세대수 등 아파트 단지에 대한 기본적인 정보도 함께 제공하고 있다. 매물을 올린 부동산 사무소에 바로 전화해서 매물 정보를 자세히 알아볼 수 있다. 실거래가와 매도호가 확인이 가능하면 내가 얼마 정도에 매물을 내놓는 것이 현재 적정선인지 파악이 가능하다. 실거래 가격이 꾸준히 오르는 추세라면 배짱을 부려 비싸게 내놔도 되는 시장이라고 판단할 수 있고 실거래 가격이 종전 거래가 보다 낮아지는 추세라면 매도호가를 잘 살펴보며 눈치껏 매매가를 결정해야 하는 시기이다.
중개사 사무소 소장님의 의견도 들어봐야 하겠지만 결국 매도 가격은 내가 직접 결정해야만 한다.

매도 가격을 결정하였다면 이번에도 전세를 놓을 때처럼 적극적으로 자료를 부동산에 제공해 보자.

하루 날 잡고 매물 주변의 부동산뿐 아니라 옆 동네 부동산까지도 쭉 돌면서 얼굴 보며 자료를 전달해 주고, 내 집 먼저 팔아달라고 부탁도 하자.
현재 주거하는 집을 매매하는 것이라면 노력할 수 있는 것들이 더 많다.
예를 들어 청결 상태나 온습도 조절을 하여 쾌적한 이미지를 보여주자.
또 밤늦게 또는 오전 일찍도 집을 보여줄 수 있다고 부동산에 이야기 해두면 부동산 사무소 입장에서 부담 없이 보여줄 수 있는 집을 먼저 가게 된다.
부동산은 매도에 적극 협조적인 집을 우선적으로 보여주게 되어 있다.

판교권으로 출퇴근이 가능한 지역 역세권 아파트

곤지암역세권

경기 광주시 곤지암읍 ──────── 경강선

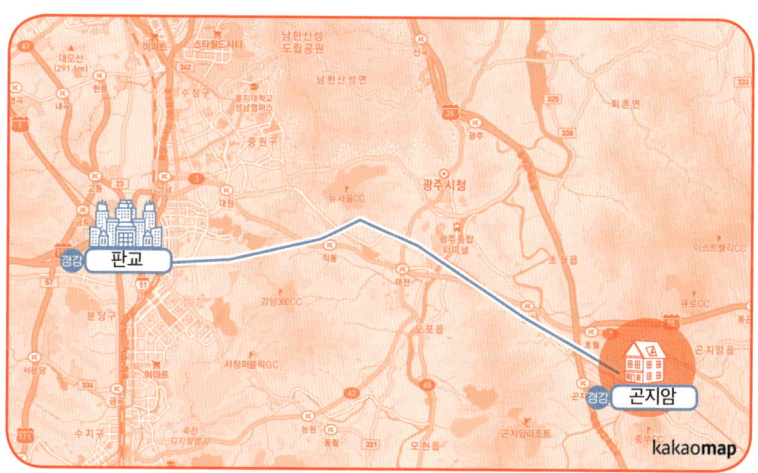

판교 업무지구가 계속해서 팽창하면서 판교 출퇴근이 가능한 경강선 라인에 관심도가 높아지고 있다.

경강선 곤지암역은 판교역에서 직선거리 약 22km로 물리적 거리가 있고 차량으로 이동시 정체도 심한 구간지만 정시성이 보장되는 경강선을 이용하면 환승 없이 직결 노선으로 판교 출퇴근이 가능하다.

판교역에서 곤지암역은 경강선으로 환승 없이 5 정거장, 소요시간은 약 21분이 걸린다.

경강선 도착시간을 체크해서 바로 탈 수 있도록 집에서 나온다면 door to 판교역까지 3~40분이면 가능한 지역이 곤지암이다.

30평대 아파트 실거래가

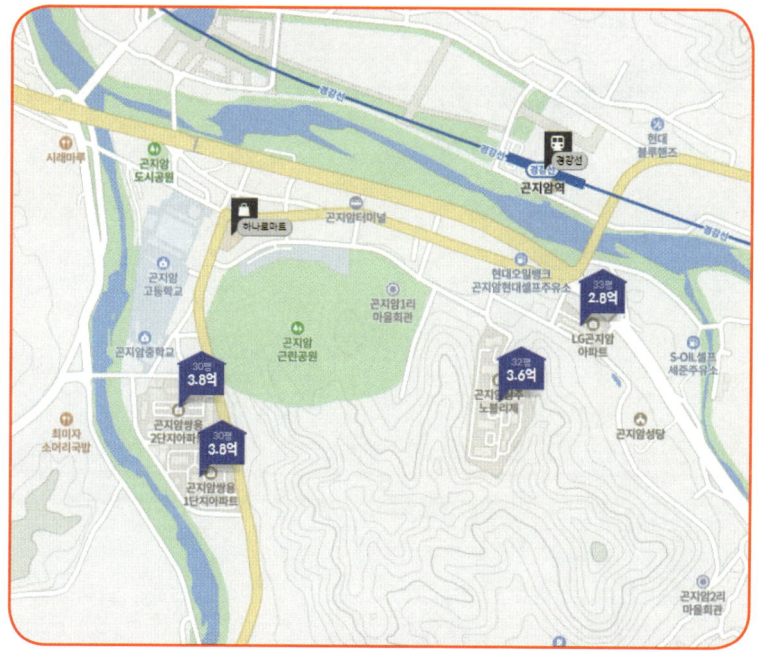

출처: 호갱노노(국토교통부 제공 데이터, 2022년 7월 18일 기준)

곤지암역 주변에 1990년대~2000년대에 입주한 구축 아파트 몇 개 단지가 있다.

단지별로 주변 환경도 다르고 역까지의 거리차이도 큰 편이다.

이 아파트 어때요?

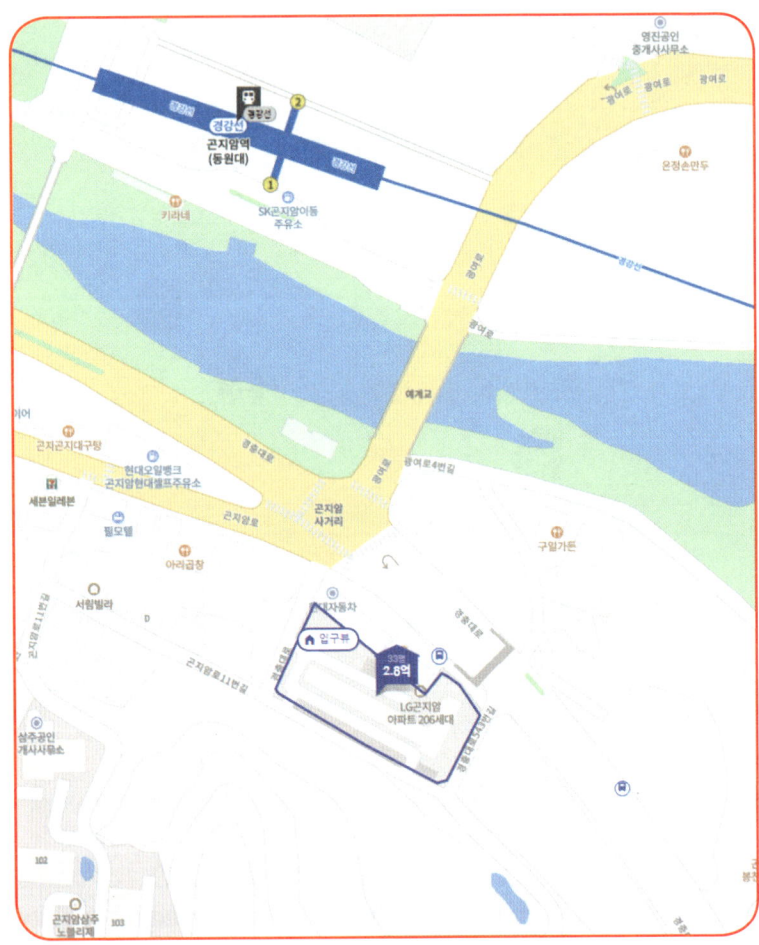

출처: 호갱노노(국토교통부 제공 데이터, 2022년 7월 18일 기준)

아파트명	LG
세대수	222세대
준공년도	1997년
용적률	371%
건폐율	28%

33평 실거래가		
2억 8,000	4층	22.03.11
3억 4,000	3층	21.11.27
3억 2,700	6층	21.09.25
3억 4,000	10층	21.09.24

LG

1997년 입주한 구축 아파트이다.

곤지암 사거리 도로변에 위치한 아파트이고, 집 앞 곤지암 사거리에서 예계교를 건너면 바로 곤지암역이다.

도보로 5분 정도 거리여서 판교 업무지구로 출퇴근에 무리가 없는 위치이다.

구축 아파트지만 지하주차장이 되어있고 좌측으로 시가지 느낌의 상권이 크게 형성되어 있어서 생활 편리성도 괜찮은 편이다.

세대수가 많지 않아서 소유주 단합만 잘 이끌어 낸다면 빠른 시일 안에 리모델링의 가능성도 있어 보인다.

역세권이라는 입지는 변하지 않기 때문에 곤지암 쪽 투자자들이 우선으로 보는 단지이다.

최근 매수세 유입으로 가격 상승이 있었는데 지금도 33평에 3 억대면 충분히 메리트가 있는 가격대이다.

현장답사시 체크포인트

대형 상권은 없지만, 단지 좌측으로 기존 시가지가 잘 형성되어 있으니 다녀와 보자.

리모델링 이야기가 조금씩 나오고 있는데 추진 움직임이 있는지 현재 분위기를 부동산에 물어보자.

판교 출퇴근권 역세권 아파트라는 직주근접 입지가 주는 가치를 중점으로 보자.

이 아파트 어때요?

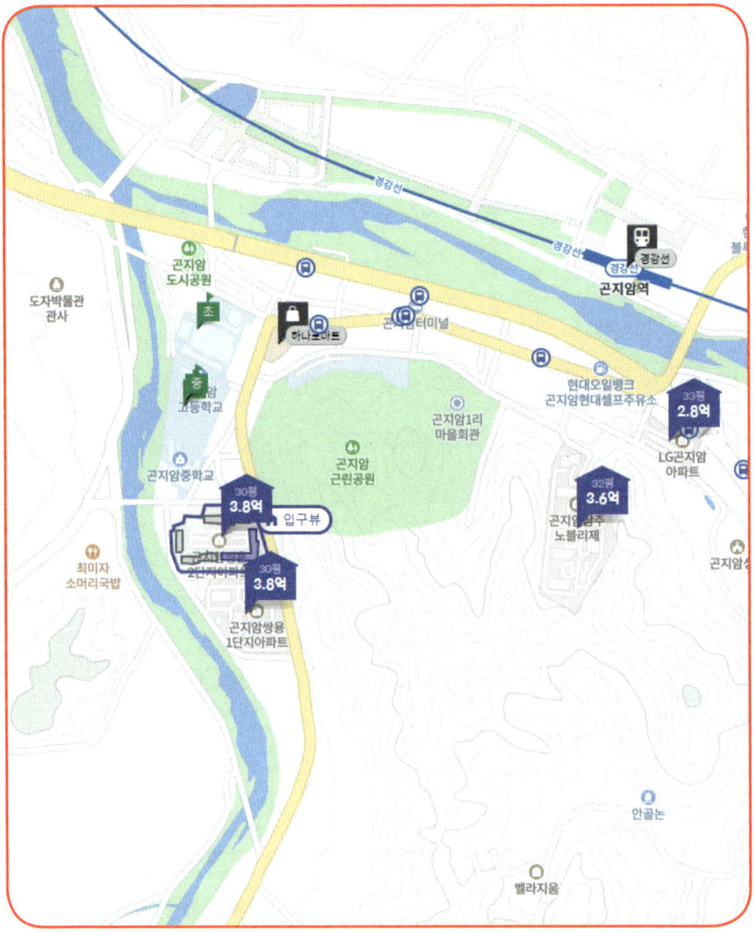

출처: 호갱노노(국토교통부 제공 데이터, 2022년 7월 27일 기준)

아파트명	곤지암쌍용2차
세대수	409세대
준공년도	2000년
용적률	261%
건폐율	20%

30평 실거래가		
직2억 1,000	8층	22.04.27
3억 8,000	13층	22.04.03
3억 7,800	18층	22.03.19
3억 9,400	17층	21.12.09

곤지암쌍용2차

2000년에 입주한 구축 아파트이다.

단지 옆에 곤지암중학교, 곤지암고등학교, 곤지암초등학교가 붙어 있어서 학령기 자녀가 있는 가정에게 선호되는 아파트이다.

곤지암천이 앞에 흐르고 있고 수변길이 잘 되어있어서 산책하기에도 좋다.

구축임에도 지하 2층까지 주차장이 되어있어서 주차 걱정이 없다.

곤지암역과는 거리가 좀 있는데 도보로 15분 정도가 소요되고 버스를 이용할 수도 있다.

역으로 걸어가는 길에 시가지가 형성되어 있다.

현장답사시 체크포인트

초. 중. 고 등하굣길을 다녀보자.
곤지암역으로 가는 버스 노선도 살펴보고 도보로도 다녀와 보자.
농어촌전형 대입제도 혜택이 있는 것으로 알려져 있으니 내 자녀가 해당될 수 있는지 알아보자.

땅땅무슨땅의 생각!
경기 광주시 곤지암읍 곤지암역세권은요~

투자수익률면에서 곤지암 역세권을 잘 살펴볼 필요가 있다.

30평대 아파트를 3~4억 선에서 살 수 있으면서 판교, 강남까지도 출퇴근을 할 수 있는 곳을 찾기란 쉽지 않다.

구축 아파트이니 언젠간 리모델링이나 재건축이 진행될 거고, 교통은 좋지만 단지가 많지 않아서 관심도가 조금만 높아져도 호가가 움직일 수 있다.

경강선 이매역과 판교역 사이에 생기는 GTX-A노선 성남 역이 개통을 하면 판교 강남권 뿐 아니라 서울역까지도 출퇴근을 노려볼 수 있는 곳이 된다.

GTX-D노선이 Y자 형태로 곤지암 쪽으로 연결되는 계획이 있는데 단계별 계획이 진행될때마다 큰 이슈가 될것이고, 개통까지 된 미래의 곤지암 가치는 지금과는 비교할 수 없을 만큼 높아질 것이다.

곤지암역 역세권 도시개발도 추진 중인데 단독주택용지, 공동주택용지, 상업지 등으로 계획되어 있어서 부족한 인프라도 조만간 충족이 될 예정이다.

판교권으로 출퇴근이 가능한 지역 역세권 아파트

인덕원역세권

경기 안양시 ──────── **4호선**

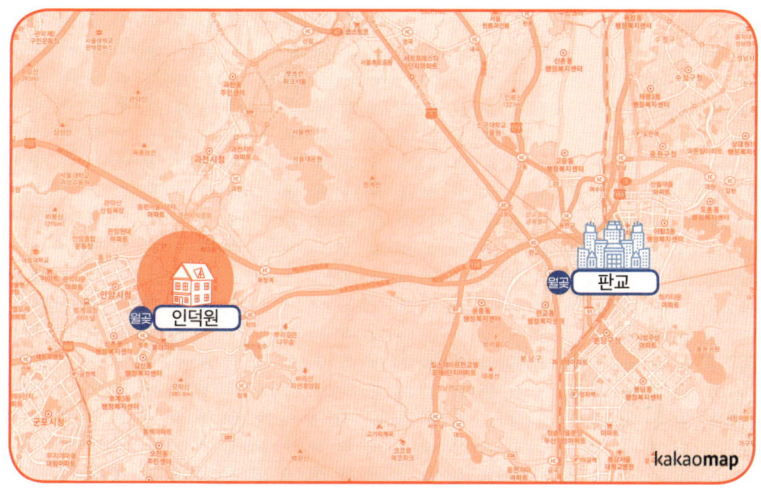

인덕원과 판교는 물리적 거리는 가깝지만 철도 연결이 안 되어 있어서 인덕원을 판교의 출퇴근권 주거지로 보기는 어려웠다.

게다가 청계산, 매봉산 등 크고 작은 산으로 막혀있어서 심리적 거리는 더 멀다.

인덕원역과 판교역 간 직선거리는 약 12km이고 제2경인고속도로를 통해 출퇴근을 한다면 매일 겪어야 할 교통체증이 부담스럽기도 하고 또 자가용으로 판교 출퇴근이라면 인덕원이 아니어도 선택지가 많기 때문에 판교 출퇴근 주거지로 인덕원을 생각하는 경우는 많지 않았다.

지하철

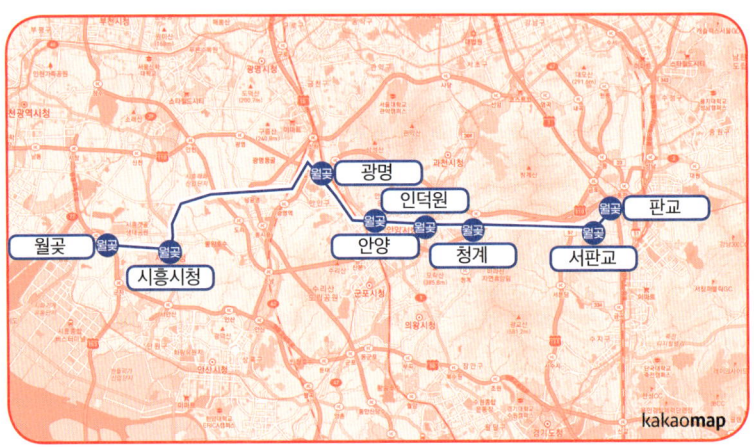

하지만 월판선(월곶-판교)이 생기면 이야기가 달라진다.

인천 쪽에서 내려온 수인선이 월곶을 지나 인덕원-판교 그리고 경강선으로 이어지는 코스이다.

월판선은 지하철 9호선의 1.5배속도인 71km로 달리는 준 고속열차이며 지하로 이동을 한다.

완공이 되면 인덕원과 판교는 3 정거장으로 지하철 출퇴근권이 된다.

현재 공사 중이며 2026년 정도 개통을 예정으로 하고 있다.

30평대 아파트 실거래가

출처: 호갱노노(국토교통부 제공 데이터, 2022년 7월 27일 기준)

인덕원 역세권에 단지형으로 된 아파트가 많지 않다.

역 좌우로 상업지구가 자리 잡고 있고 위쪽으로는 개발제한구역이 있기 때문이다.

30평대 아파트 매매가도 단지의 크기나 연식 역과의 거리 등 아파트별로 차이가 있다.

이 아파트 어때요?

아파트명	창덕 에버빌	35평 실거래가		
세대수	160세대	10억 2,500	17층	21.08.15
준공년도	2000년	6억 8,000	10층	21.05.20
용적률	803%	6억 9,000	11층	21.04.08
건폐율	66%	6억 3,000	9층	21.02.17

출처: 호갱노노(국토교통부 제공 데이터, 2022년 7월 18일 기준)

330 집 살라고?

창덕 에버빌

기존 4호선에 월판선, GTX-C, 인동선까지 인덕원역으로 연결이 될 예정이다.

인덕원역이 교통 핵심이 될 거라는 것은 많이들 아는 사실이다.

하지만 인덕원 역세권은 상업시설과 개발제한구역으로 둘러싸여 있어서 주거지를 찾기가 쉽지 않다.

창덕에버빌은 초 역세권을 넘어서는 역품아 아파트이다.

아파트 단지에서 지하로 바로 지하철 연결이 되는 단지를 역품아라고 하는데 흔치 않은 경우로 극강의 교통 편의성을 자랑한다.

게다가 인덕원역 근거리에 아파트 자체가 귀해서 인덕원을 주거지로 생각한다면 꼭 들리게 되는 아파트이다.

월판선이 개통되고 판교 직주근접 주거지를 찾는 수요가 늘어난다면 역품아 아파트의 가치가 높아 질 것이다.

주차장도 지하 5층까지 있고 1층~4층까지는 상업시설과 사무실 등이 있다.

특히 내과 가정의학과 치과 등 병원이 많이 입주해 있으며, 헬스장 사우나도 있어서 생활 편의성이 매우 뛰어나다.

> **현장답사시 체크포인트**
>
> 최근 아파트 이름 변경을 추진 중에 있으니 진행상황을 알아보자.

이 아파트 어때요?

출처: 호갱노노(국토교통부 제공 데이터, 2022년 7월 18일 기준)

아파트명	인덕원마을 삼성
세대수	1,314세대
준공년도	1998년
용적률	353%
건폐율	24%

32평 실거래가		
13억 1,000	7층	21.07.31
13억 3,000	11층	21.07.22
12억 7,800	5층	21.06.25
12억	25층	21.06.14

인덕원마을삼성

현재 인덕원역에서 가장 가까운 단지형 아파트이다.

1998년 입주 때부터 인덕원을 대표하는 대단지 아파트이고, 인덕원 단지형 아파트를 고민할 때 1순위로 검토하게 되는 위치에 있다.

역에서 아파트 입구까지는 200m 거리로 걸어서 3분이면 도달하는 역세권 아파트이고 단지 바로 뒤에 인덕원 초등학교가 있어서 학령기 자녀를 둔 가정에서도 선호하는 아파트이다.

주차가 여유롭지는 않지만 그렇다고 주차문제로 스트레스받을 정도는 아니다.

현장답사시 체크포인트

인덕원역 주변 유흥가 건물들 매매 소식이 있다.
어떤 건물이 팔렸고 또 어떤 시설이 들어올 예정인지 부동산에 확인해 보자.

땅땅무슨땅의 생각!

경기 안양시 4호선 인덕원역세권은요~

인덕원은 월판선으로 인한 판교 출퇴근권이 아니더라도 많은 개발호재와 교통호재들로 인해 앞으로 투자수요, 실거주 수요가 늘어날 곳이다. 사당역으로 가는 기존 4호선도 좋은 노선이며 이번장에 설명한 판교로 이어지는 월판선이 공사 중이고, 인덕원과 동탄을 연결하는 인동 선도 추진 중이며, 특히 스치기만 해도 집값에 영향을 미치는 GTX-C 노선까지 인덕원에 정차한다.

또 인덕원 주변으로 과천과 인덕원 사이에 과천 지식정보타운 공공주택지구가 개발 중에 있고, 인덕원역 주변 개발제한구역 해제가 되어 역 주변으로 복합환승센터, 공동주택, 근린생활시설 등이 들어올 계획도 있다.

많은 호재들이 긴 시간을 두고 하나씩 진행될 때마다 인덕원 역세권 아파트의 가치는 계속 올라갈 것이다.

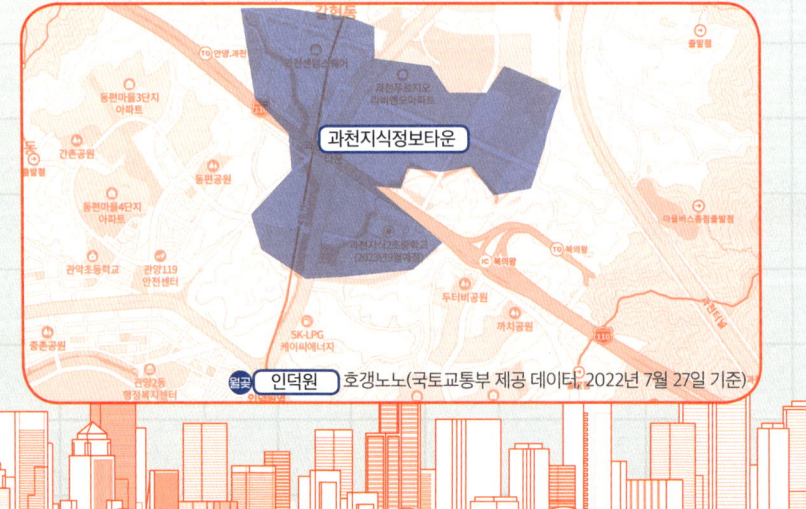

부동산 투자 전문가가 알려주는 꿀팁

부동산 거래 노하우

부동산 소장님의 **기억에 남는 손님** 되기

부동산 사무소는 내가 서비스를 받고 수수료를 내는 곳이기도 하지만, 다른 면에서는 나의 투자처를 추천해주고 투자한 부동산을 팔아 수익을 내도록 도와주는 곳이기도 하다.

능력 있는 부동산 사무소장님을 알고 지내는 것만큼 인생에 도움 되는 일도 없다.

시세보다 싼 급매물이 나왔다면 부동산 사장님은 어떤 생각을 하게 될까? 첫째는 내가 또는 가족이 잡아야겠다는 생각을 할 수 있을 테고, 그 다음으로 친구나 친척에게 추천해 줄 수도 있을 것이고, 아니면 기억에 남는 손님 얼굴이 떠오를 수도 있다.

우는 아이에게 먼저 젖을 물려주는 것처럼 평소 좋은 매물이 나오면 연락 주면 바로 사겠다고 귀찮을 정도로 연락을 자주 하는 손님이 먼저 생각이 난다.

빠르게 거래하여 중개수수료를 벌 수도 있으니 매력적인 매물일수록 자주 연락 오는 매수 의지가 강한 손님에게 먼저 연락하게 되는 것이다.

그러면 어떻게 하면 부동산 사무소장님에게 매수 의지가 강하다는 인상을 남길 수 있을까?

반복적으로 찾아오는 손님

매주 같은 시간에 부동산 사무소에 방문하여 소장님의 머릿속에 그냥 박혀 버리자. 부동산 사무소가 가장 바쁜 때가 언제일까?

바로 토요일 오전 시간대이다.

부동산을 방문하는 손님들이 주중에는 업무로 바쁘고, 일요일은 부동산이 쉴거라는 생각에 토요일에 가장 많이 부동산에 방문한다.

그런 정신없는 시간대에 자꾸만 찾아가면 사무소장님 입장에서도 좋은 게 있으면 이 손님부터 처리해주고 싶은 생각이 들 수밖에 없다.

부동산 서너 곳을 정해놓고 토요일 오전 11시쯤 반복적으로 찾아가자.

사고는 싶은데 예산이 부족해서, 급매물이 나오면 바로 살 수 있다고 확실히 이야기를 해두고 다시 한번 싸야 살 수 있다는 말을 또 하고 나오자.

그리도 다음 주 토요일에도, 그다음 주 토요일에도 같은 시간에 반복적으로 방문해 보자.

바쁜 시간 자꾸만 찾아오는 손님. 부동산 사무소장님의 머리에 완전히 박혀버릴 수밖에 없다.

먹을 것을 사 오는 손님

먹을 것을 사 오는 손님이 있다면 부동산 사무소장님도 감사한 맘이 생길 것이다. 근데 이게 그냥 흔한 병 음료나 사무소 앞에 있는 커피점에서 산 커피라면 그 효과가 떨어진다. 종종 받게 되는 선물이기도 하고 오늘 이미 마셨던 음료일 수도 있어서 크게 기억에 남지 않는다.

추천하는 것은 사무실에서 두고두고 먹을 수 있는 믹스커피 라던가 이야깃거리가 되는 유명한 빵집에서 사 온 빵 같은 것이 좋다.

꿀팁을 하나 주겠다.

부동산에 선물로 사 온 사람은 지금까지 없었는데 사실 부동산에서 가장 필요한 것은 바로 물이다.

손님들의 음료 취향도 다양하기 때문에 그냥 작은 병(300ml 정도)에 들은 물을 손님에게 내어주는 게 사실 가장 좋다. 인터넷으로 사면 20개 들이로 저렴하게 구입이 가능하니, 물을 미리 주문해 뒀다가 부동산 방문할 때 가져가 보자. 정말 깜짝 놀라면서 고마워하고 또 고마워할 것이다.
그럴 땐 넌지시 한마디 하면 된다.

시세보다 싼 거 좋은 거 나오면 저에게 먼저 연락 주세요, 사무실에서 이 물 다 사용하시기 전에 연락 주셔야 돼요!

베스트 오브 베스트 선물과 멘트가 될 것이다.

학연 지연 종교 등 연관이 되는 손님

우리나라 사람은 학연 지연 등 무언가로 연관되어진 관계라는 것을 중요하게 생각한다. 부동산 사무소장님과 어떤 것이라도 엮일 수 있는 부분들 찾아낸다면 자연스럽게 머릿속에 남는 손님이 될 수 있다.
같은 "성"을 가졌다면 족보도 따져보고 좋은 집안이라며 공감대를 형성해도 좋다. 고향이 같다면 더 좋고, 종교가 같아도 이야깃거리가 된다. 그 외에도 자식들 나이대, 학교, 정치색, 골프, 낚시, 취미 등 뭐든지 좋다.

공감대가 형성될 수 있는 부분을 집요하게 찾아내서 이야기를 끌고 나간다면

잠시 같이 있었지만 꽤나 친한 사이 같은 느낌도 줄 수 있다.

물론 공감대만 형성하는 것으로 끝나면 안 되고 나를 도와줘야 한다는 메시지는 꼭 남겨야 한다.
시세보다 싼 매물정보를 얻는 게 목적임을 잊지는 말자.

총알이 준비된 손님

거듭 강조하지만 중개사무소는 거래가 성사되어야 중개 수수료 수입이 생긴다. 반대로 말하면 거래를 안 할 것 같은 손님에게 적극적으로 매물을 소개할 이유가 없다.

매매를 할 수 있는 자금이 마련되어 있다는 것을 어필하자.

실제로 투자할 수 있는 준비가 되어있어 부동산에 방문한 것이 아니겠는가? 어떻게 투자금을 모았고 지금 어느 정도 준비되어 있는지를 있는 그대로 이야기하는 편이 더 좋다.
예를 들면, 이번에 전세금이 많이 올라 현금이 확보되었는데 가만히 둘 수 없어서 투자를 알아보고 있다 라던가, 건물을 팔아서 돈이 생겼는데 아파트로 투자처를 옮기려고 한다 라던가 하는 식으로 말이다.

자금이 준비된 것이 확실한 손님이야 말로 부동산 사무소에게는 가장 기억에 남는 손님이 될 수 있다.

문자로 커피쿠폰 쏘는 손님

부동산 사무소는 전화나 문자 연락이 원래 많다. 거래량이 많은 부동산의 경우는 하루에도 여러 통씩 전화가 오고 문자도 수시로 주고받는데 문자로 '잘 지내시죠? 좋은 거 나오면 연락 주세요.'라고 보내 놓으면 형식적인 답변만 오고 다시 연락이 오지 않는 경우도 있다.

신생 부동산이라면 모를까 지역에서 오래되었고 손님도 많은 바쁜 부동산의 경우에는 안부성 문자에 크게 신경을 못쓰는 경우도 있다.

그럼 조금이라도 내 존재를 나타내며 문자도 질문도 주고 받고 하려면 어떻게 해야 할까? 뭐 별거 없다.

커피 쿠폰 정도를 문자로 보내주며 이야기를 건네자.

과할 필요도 없고 그냥 5천 원~1만 원 정도의 커피 쿠폰 정도면 충분하다.
쿠폰과 함께 확실한 메시지도 남기자.
"식사 후 커피 한잔 하세요, 좋은 인연이 되고 싶습니다. 확실히 메리트 있는 매물 나오면 연락 주세요!"

무려 5천 원이나 썼는데 얼버무릴 필요가 있겠는가?
필요한 것을 정확히 말하자.

대놓고 싸면 산다고 말하는 손님

부동산에 가면 매번 묻는 것이 "어떤 것 찾으세요?"이다.
신혼부부나 학생으로 보이는 경우라면 자연스럽게 임차물건(전. 월세)을 찾는 것으로 짐작할 수 있는데 그렇지 않은 나이대의 손님이라면 부동산에 갈 때마다 이

질문을 받게 될 것이다.
매매를 찾는 것인지, 전. 월세를 찾는 것인지, 아니면 상담만 받으러 온 것인지, 그도 아니면 그냥 길 물어보러 들어온 것인지 알수가 없기 때문이다.
이럴 땐 길게 고민할 필요 없이 있는 그대로 말하는 게 좋다.
이렇게 이야기해 보자.

"저는 부동산 투자자입니다. 시세에 비해 매력적인 가격의 매물이 있다면 보여주십시오. 싸면 삽니다."

초면에 뭔가 건방져 보이기도 하면서 또 화끈한 느낌도 드는 멘트이다.
싸면 산다지 않는가? 반대로 싸지 않으면 안 산다는 뜻도 된다.
이 사람은 시세 분석을 할 줄 알겠구나 생각도 될 것이고, 이게 왜 싼 건지 증명이 될 만한 물건이 나오면 이 사람에게 소개 해야겠다 라는 생각도 들것이다.

"싸면 삽니다!"

부동산 사무소장님 머리에 확 박히는 멘트가 될 것이다.